KB068806

숏폼 기획 아이디어

120개 광고에서 빌리기

연희승 저

박영사

머리말

1. 왜 숏폼에 주목할까?

숏폼(짧은, Short form)이라는 단어가 언제부터인가 자주 들리게 되었고, 점점 동영상 콘텐츠 길이가 짧아지기 시작했습니다. 몇 분 내외의 드라마나, 기존 방송의 핵심 부분만 편집하여 보여주는 형태가 인기를 끄는 것을 보면 숏폼의 대중화를 실감할 수 있습니다. SNS용 숏폼 플랫폼과 앱이 활성화되면서 전문 제작자가 아닌 시청자도 제작을 하고, 어떻게 하면 더 재미있게 만들 수 있을까를 궁리합니다. 이러한 숏폼의 인기 비결을 살펴보기 위해 동영상을 분석할 때 사용하는 '세 가지(시청자, 콘텐츠, 제작자) 관점'을 적용해 보겠습니다.

시청자 관점: 숏폼을 즐기는 이유

1. 간단하게 보고 싶을 때(읽는 매뉴얼보다 보여주는 튜토리얼 선호)
2. 깊게 알기보다는 넓고 다양하게 알고 싶을 때
3. 재미와 흥미 위주로 보고 싶을 때
4. 중간에 끊지 않고 보고 싶을 때(막간 이용 가능)

콘텐츠 관점: 숏폼이 증가한 이유

1. 시간과 장소 관계없이 시청 가능(예: 모바일로 지하철에서 시청)
2. 여러 세대가 (스마트폰, 태블릿) 기기를 손쉽게 사용함에 따라 콘텐츠 수요도 증가

3. (정보, 후기 등) 콘텐츠 제공자 증가, 업로드 주기도 잦아짐

4. 콘텐츠를 볼 수 있는 매체(온라인 플랫폼, 디지털 사이니지 등) 증가

제작자 관점: 숏폼을 반기는 이유

1. 짧은 시간에 메시지 전달 가능
2. (불필요한 부분 줄이고) 주요 내용만 간단하게 표현 가능
3. 제작 비용 절감 가능(기술력 부족해도 아이디어로 승부)
4. (타인의 콘텐츠에 반응하여 자신도 빠르게 업로드하는 등) 상호작용의 즐거움이 있음

우리에게 밀접하게 다가온 숏폼은 매력적인 콘텐츠의 한 형태로 자리를 굳혀가고 있고, 제작자에게는 (수요가 증가하고 있기 때문에) 피할 수 없는 영역이 되었습니다. 하지만 초보 제작자에게는 아직 구체적인 생각과 방법이 부족해 주저하게 되는 영역이기도 합니다. 좀 더 수월하게 도전하고 시작할 수 있도록 지금부터 극복하는 방법을 알아볼 테니 편안한 마음으로 함께 하면 좋겠습니다.

2. 어떻게 만들어야 할까?

수강생(대학생, 직장인, 프리랜서 등)에게 숏폼 만들기에서 어떤 부분이 가장 문제인지 물어보면 '시작 부분'이라고 말합니다. 다른 사람 콘텐츠를 보면 쉬운 것 같은데 막상 내가 하려면 첫 단계부터 막힌다는 이야기입니다. 동영상 제작 경험이 어느 정도 있는 학생도 숏폼은 기획 단계에서부터 어렵다고 합니다. 보여주고 싶은 것은 많고, 시간은 모자라고, 어떤 부분을 덜어내야 하는지, 어떤 부분을 강조해야 하는지 결정하기 쉽지 않습니다. 더구나 한 번에 쉽게 이해할 수 있도록 시각과 청각을 활용해야 하는데 숙련된 경험과 지식 없이는 표현이 서투를 수밖에 없습니다.

초보 제작자가 어렵지 않게 숏폼을 시작할 수 있도록 기획력 향상 방법을 고민하다가 '광고 기획 과정'이 좋은 학습 모델이 될 수 있음을 발견했습니다. 흥미롭게도 광고와 숏폼은 많이 닮았더군요. 짧은 시간에 메시지를 전달하려는 궁극적인 목적이 같고, 콘텐츠 성격, 시청자에게 접근하는 방법, 아이디어 도출 과정도 비슷한 것을 알고 나니 참 신기했습니다.

두 형태가 똑같은 것은 아니지만 오랜 시간 여러 전문가에 의해 발전해 온 광고 기획에서 방법적 노하우를 빌려온다면, 초보 제작자가 첫걸음을 쉽게 뗄 수 있을 것으로 생각합니다. 어려웠던 기획이 한결 수월해질 것이고, 창의적인 발상 등 제작 능력 향상에도 도움이 될 것입니다. 구체적으로 1부에서는 숏폼과 광고의 유사성을 살펴보면서 '왜 광고로 기획을 배울 수 있는지' 알아보겠습니다. 2부에서는 실질적으로 아이디어 내기에 초점을 맞춰 '어떻게 광고에서 배울 수 있는지' 유형별로 분석해 보겠습니다.

차례

Chapter 03 상호작용형 • 319

21~40초

11~20초

10초 이하

숏폼과 광고의 닮은 점

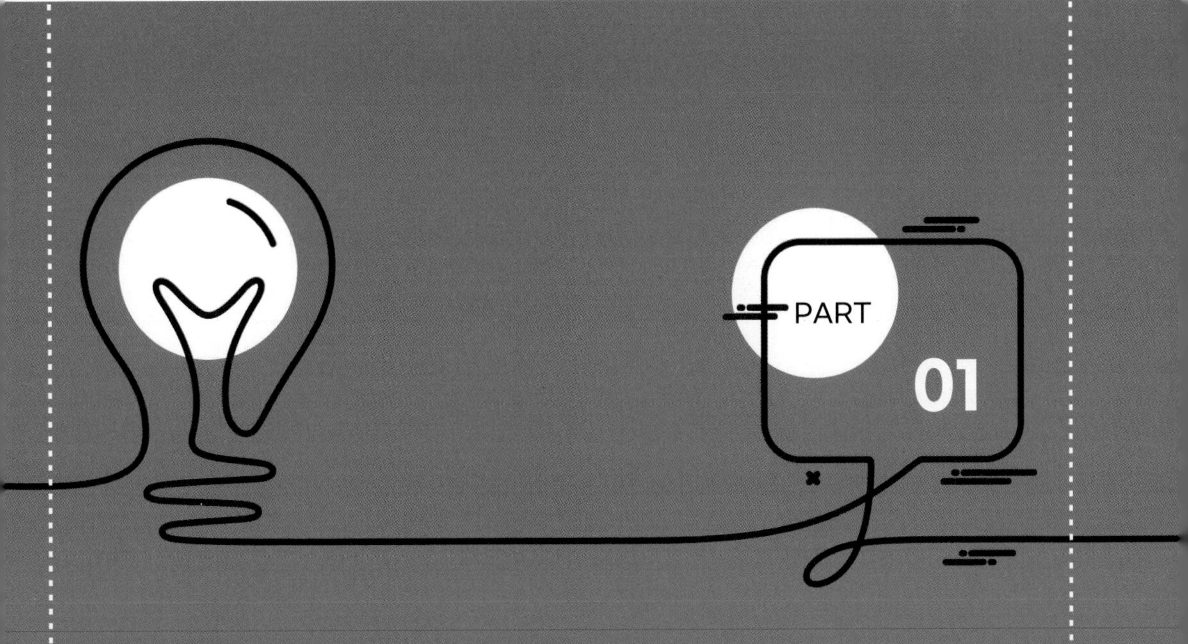

콘텐츠의 성격

'숏폼은 몇 초(분)이다'라고 규정할 수 있는 러닝 타임(상영 시간)은 아직 구체적으로 정해지지 않았습니다. 통상 길이가 짧은 콘텐츠를 구분할 때 사용하고, SNS용의 몇 초 댄스 동영상부터 전문가가 제작하는 10분 내외의 웹 드라마까지 종류가 다양합니다. 기존 동영상 플랫폼에 전용 업로드 영역이 따로 생기고 관련 앱도 늘어날 만큼 수요도 많아졌습니다. 아직 숏폼을 접해 보지 못한 초보 제작자를 위해 대표적인 플랫폼을 소개합니다. 잠시 짬을 내어 구경해 보면 제작에 앞서 시장 조사(Market research) 같은 의미 있는 경험이 될 겁니다.

• • 다양한 숏폼 콘텐츠 플랫폼

서비스명	릴스(Reels)	바이트(byte)	모먼트	톡드립
소속	인스타그램	트위터	네이버 블로그	카카오페이지
로고	Instagram	byte	blog	
서비스명	틱톡(TikTok)	쇼츠(Shorts)	탄지(tangi)	패스트 래프 (Fast Laughs)
소속	바이트댄스	유튜브	구글	넷플릭스
로고	TikTok	Shorts	tangi	NETFLIX Fast Laughs

동영상 콘텐츠의 궁극적인 목적은 '메시지 전달'이고, 길이가 짧아져도 목적에는 변함이 없습니다. '말(언어)'도 길게 설명하는 것보다 짧게 핵심 정리하는 게 어렵듯이 동영상도 짧을수록 표현이 어려울 수는 있습니다. 하지만 길이에 관계없이 '메시지 전달'이라는 목적이 같다는 것을 유념하면 숏폼, 도전 못 할 일은 아닙니다.

숏폼과 광고의 콘텐츠 성격을 비교하기 위해 시간적인 면을 먼저 살펴보면, 태생부터 숏폼인 광고는 30초, 15초 등 '초' 단위의 짧은 형태입니다. 매체 특성에 따라 '분' 단위의 광고도 있지만 대부분 광고는 길이가 짧은 '초' 단위입니다. 온라인에서 '광고 건너뛰기' 기능이 생기면서 6초라는 아주 짧은 형태도 등장했죠. 사실 광고는 일부러 찾아보는 사람이 거의 없고 피하려는 대상이기도 한데, 이 부분이 오히려 창의적인 아이디어를 배울 수 있는 포인트이기도 합니다. 몇 초라는 짧은 순간에 시청자의 마음을 움직이게 하는 매력적인 콘텐츠라는 얘기니까요.

독특한 발상과 획기적인 기획 등 다양한 방법을 배울 수 있는 학습 모델인 '광고'의 성격 중 특히 '숏폼'과 맞물리는 부분은 '순발력', '압축력', '표현력', '경쟁력', '공감력'입니다. 구체적인 내용은 아래에 정리했습니다. 이 부분에 대한 이해와 연습이 충분히 이루어지면 초보 제작자도 숏폼 제작에 점점 자신감이 붙을 것이니 특징을 자세히 살펴보길 바랍니다.

순발력	빠르게 이해되어야 함 (때로는 직관적으로 받아들일 수 있을 정도로)
압축력	메시지를 간단하게 압축할 수 있어야 함 (최대한 단순하게, 복잡한 부분은 제거)
표현력	관심이 가도록 흥미 있는 표현이어야 함 (재미없으면 시청을 지속하지 않음)
경쟁력	타 콘텐츠와 구별되는 특별함이 있어야 함 (비슷한 내용과 형태의 콘텐츠 속에서 차별화될 수 있도록)
공감력	신뢰 가는 정확한 메시지로 공감을 얻을 수 있어야 함 (시청자는 냉정한 평가자임)

시청자 접근 방법

촬영과 편집 앱이 다양해져 간단한 형태로 작업하는 사람이 늘어났고, 매일 전 세계의 사람이 손쉽게 SNS 플랫폼에 업로드하고 있어 숏폼은 어느 콘텐츠보다도 빠르게 성장하고 있습니다. 하지만 막상 본인이 시작하려면 생각만큼 쉽지 않고 모르는 누군가가 본다고 생각하면 두려움부터 생기죠. '제대로 표현한 걸까?', '다른 사람이 공감할 수 있을까?', '재미있어 할까?', '나쁜 피드백이 돌아오지 않을까?' 등 고민이 많아질 겁니다. 나만 보고 끝나는 게 아닌 공유 콘텐츠이기 때문에 시청자 분석이 필요하다는 이야기입니다.

시청자 분석은 기획에서의 필수 작업인데, 이를 위해 첫 번째로 할 일은 '누구'에게 필요할지 예상 시청자를 정하고 그 범위를 좁혀가는 겁니다. 광고에서는 나이, 성별, 생활 방식, 관심사 등을 기준으로 시청자를 구분하고 필요에 따라 좀 더 세분화합니다. 숏폼에서도 콘텐츠 내용과 성격에 맞게 시청자를 정하는데, 여기에서 멈추지 않고 한 번 더 구체화합니다. '범위 좁히기'는 콘텐츠 차별화 전략과도 이어지는 중요한 내용으로 수많은 동영상 중에서 시청자가 내 콘텐츠를 봐야 하는 특별한 이유를 만들어 주는 방법입니다. 이해를 돕기 위해 예를 들어 설명하겠습니다.

1단계		
'누구'에게 필요할지		
예상 시청자(범위를 좁히기 전)	→	예상 시청자(범위를 좁힌 후)
음악에 관심 많은 청소년		트로트에 관심 많은 고등학생
스포츠를 즐기는 MZ세대		유산소 운동을 즐기는 20대
요리를 즐기는 1인 가구		채식 요리를 즐기는 30대 1인 가구

1단계에서 대상이 구체적으로 정해지면 2단계로 '왜' 보게 될지를 생각합니다.

1단계	2단계
'누구'에게 필요할지	'왜' 보게 될지
트로트에 관심 많은 고등학생	재미와 유머 코드가 맞아서
유산소 운동을 즐기는 20대	꿀팁과 사용법을 알고 싶어서
채식 요리를 즐기는 30대 1인 가구	다른 제작자와 소통하거나, 그들로부터 더 배우고 싶어서

1, 2단계에서 자세하게 분석하는 이유는 3단계에서 쉽게 작업하기 위해서입니다. 예상 시청자를 구체적으로 정하고 그들의 니즈(Needs, 요구)를 파악하면 '어떻게' 접근할지 방향이 빠르게 잡힙니다.

1단계	2단계	3단계
'누구'에게 필요할지	'왜' 보게 될지	'어떻게' 접근할지
트로트에 관심 많은 고등학생	재미와 유머 코드가 맞아서	즐거움 추구 및 흥미 유발 형태로 접근
유산소 운동을 즐기는 20대	꿀팁과 사용법을 알고 싶어서	정보 전달 형태로 접근
채식 요리를 즐기는 30대 1인 가구	다른 제작자와 소통하거나, 그들로부터 더 배우고 싶어서	상호 작용 형태로 접근

더 많은 접근 방법이 있지만 광고나 숏폼에서 대표적으로 자주 사용하는 것은 위에서 살펴본 '즐거움 추구 및 흥미 유발', '정보 전달', '공감도 올리는 상호 작용'입니다. 그 방법을 사용하는 이유를 아래에 정리하겠습니다.

시청자 접근 방법	방법을 사용하는 이유
즐거움 추구 및 흥미 유발	관심을 끌 수 있도록 즐겁고 재미있는 시청이 되도록
정보 전달	사실 위주의 내용을 정확하게 전할 수 있도록 진정성 있는 콘텐츠로 기억될 수 있도록
공감도 올리는 상호 작용	제품 광고에서는 구매로 이어질 수 있도록 공익 광고에서는 실천으로 이어질 수 있도록 숏폼에서는 시청을 지속시킬 수 있도록

이렇게 둘의 접근 방법이 유사한 이유는 지향하는 바가 비슷하기 때문입니다. 광고는 시청 후 구매로 연결하려는 의도가 있지만, 콘텐츠 자체로서는 시청자가 눈여겨보는 것과 기억하는 것에 관심이 있습니다. 숏폼도 시청자를 주목하게 하고 구독과 재방문하는 것을 목표로 합니다. 나아가려는 방향이 비슷하므로 시청자에게 다가가는 방법도 다르지 않게 나타난 겁니다. 이렇게 전문가가 잘 다져 놓은 방법을 알았으니 이제 자신의 콘텐츠에 적합하게 적용하는 일만 남았습니다. 지금까지 어렵게 생각해왔던 기획이 좀 더 쉽게 느껴지길 바라면서 마지막 내용인 아이디어 진행 과정으로 넘어가겠습니다.

아이디어 진행 과정

동영상 콘텐츠를 구성할 때 기본적이면서도 중요한 작업 중 하나는 '캐릭터 설정'입니다. 짧은 콘텐츠인 광고와 숏폼도 마찬가지인데, 광고에서 캐릭터가 될 수 있는 것은 '제품(또는 서비스)'이고, 숏폼에서는 드러내려는 '주체(주인공)'입니다.

캐릭터 설정을 위해 가장 먼저 할 일은 대상이 가진 특징을 파악하고 장단점을 살펴보는 겁니다. '타 콘텐츠의 주인공과 다른 점을 강조할지', '나만의 장점을 부각할지', '단점을 솔직하게 드러낼지' 등을 결정하고 캐릭터를 정립합니다.

①
캐릭터 특징 파악

설정이 확실해지면 다음 과정이 수월해지는데, 뚜렷한 캐릭터는 스토리 구성의 기본요소가 되어 앞으로의 이야기가 어떻게 펼쳐질지 상상하게 해줍니다. 이야기의 흐름도 자연스럽게 이어지고 구조도 탄탄하게 만들어주죠. 다시 말해 앞 단계에서 캐릭터 설정을 확실하게 하면 다음 단계인 '이야기 전달 방법'을 쉽게 진행시킬 수 있게 됩니다.

그 다음 과정은 이야기를 어떻게 이미지로 옮길지 미리 생각해보는 겁니다. '시각화 방향을 구체화'하는 단계로 '촬영과 일러스트 중 어떤 것이 적합할지', '둘을 함께 사용할지', 'CG(Computer Graphics)를 넣어야 할지', '전반적인 색감과 분위기는 어떻게 설정할지' 등을 정합니다. 장면 하나하나를 세세하게 정하지는 않더라도 전반적인 시각화 계획을 세우는 겁니다.

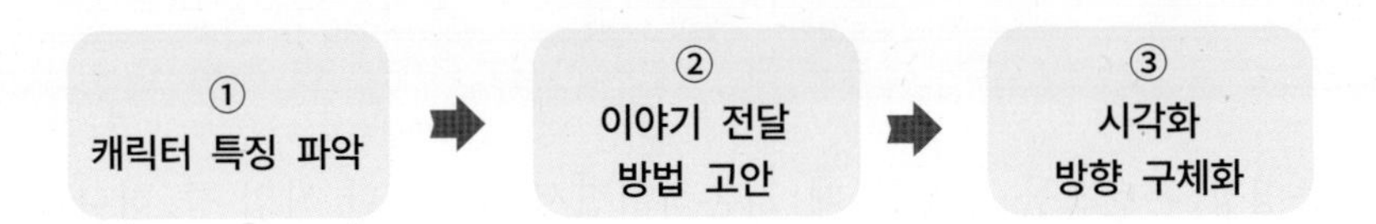

위의 아이디어 과정에서 광고와 숏폼이 공통으로 유의해야 할 부분이 있습니다. 첫 번째는 캐릭터를 알리는 속도입니다. 숏폼과 달리 서사가 긴 스토리는 캐릭터를 여유 있게 소개할 수 있습니다. 한 번에 모든 성격을 보여주기보다 부분부분 조금씩 드러내고, 특징이 하나둘 쌓여 입체적 캐릭터를 형성하게 되죠. 하지만 숏폼에서는 캐릭터가 가진 모든 특징을 드러내거나 넌지시 스토리 속에 녹여낼 여유가 없습니다. 우선순위를 정해 뺄 것은 과감하게 빼고, 보여줄 부분은 정확하고 빠르게 보여줘야 합니다.

두 번째는 전달할 메시지는 간단할수록 좋습니다. 실제 많은 광고 제작자도 '단순하게 만들기'를 강조합니다. 지나가는 사람이 잠깐 봐도 이해할 수 있을 정도로, 어린이가 봐도 어렵지 않을 정도로 쉽고 심플해야 합니다. 그래야 짧은 시간에 시청자가 주목할 수 있습니다.

마지막은 위에 나온 두 가지(캐릭터와 메시지)를 표현할 때 시청자 흥미를 고려해야 합니다. 재미없고, 유익함 없고, 얻을 것이 없어 관여하고 싶지 않은 콘텐츠에는 시청자가 머무를 이유가 없습니다.

• • 아이디어 과정에서 유의할 점

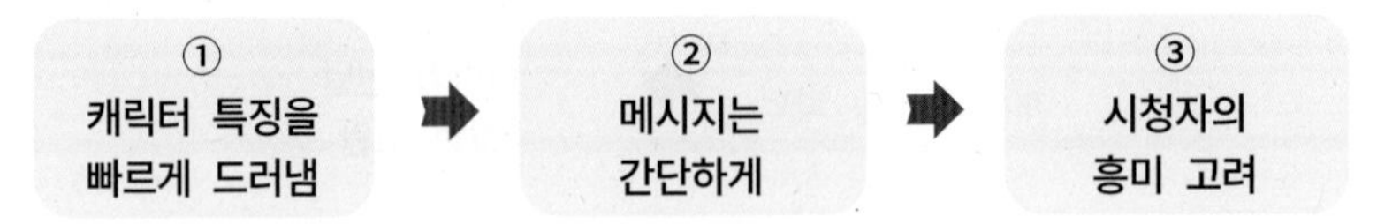

지금까지 1부에서는 '왜 광고로 숏폼 기획을 배울 수 있는지' 구체적으로 파악하기 위해 두 유형의 서로 닮은 점을 살펴보았습니다. 강조하지만 둘이 똑같은 형태는 아닙니다. 어디로 가야 하는지 방향조차 잡기 어려운 초보자에게 '광고 기획 과정'이 학습 모델로서 배울 점이 있다는 것을 다시 말씀드립니다. 2부에서는 실질적인 광고 노하우를 하나씩 소개하며 아이디어는 어떻게 발전시킬 수 있는지 알아보겠습니다. 다양한 예가 있으니 자신의 콘텐츠 성격에 맞는 유형을 골라 살펴본다면 지금보다 훨씬 수월한 기획을 시작할 수 있을 겁니다.

기발한
기획 아이디어

예시로 사용된 광고는 총 120개입니다. 광고를 두 가지 방법으로 분류하였는데, 1부에서 살펴본 '시청자 접근 방법'인 즐거움 추구형, 정보 전달형, 상호 작용형으로 일차 분류했습니다. 그리고 '상영 시간'을 기준으로 21~40초, 11~20초, 10초 이하로 한 번 더 나눴습니다.

광고는 기본적으로 짧게 느껴지지만 20초 이상은 상대적으로 호흡이 덜 빠르고, 10초 이하는 정말 빠르게 진행됩니다. 지상파 광고가 주를 이룬 시절에는 대부분 30초, 15초였지만 지금은 온라인, 디지털 사이니지 등 여러 매체가 등장하면서 상영 시간이 다양해졌지요. 시간에 유연성이 필요하다고 생각해 똑떨어지는 몇 초보다 호흡의 상대적 빠르기를 기준으로 세 단계로 분류했습니다. 시간에 따라 같은 유형 안에서도 아이디어가 어떻게 바뀔 수 있는지 흥미롭게 관찰할 수 있을 겁니다.

추가로 예시 자료가 동영상이어서 함께 보면서 이야기를 나누면 이해가 빠르겠지만, 책이라는 지면 특성상 장면 캡처를 이용한 부분에 미리 양해를 구합니다. 하지만 편리하게 동영상을 바로 시청할 수 있도록 QR코드를 넣었으니 번거롭더라도 시청 후 본문을 읽어 주시길 바랍니다. 소리와 함께 진행되는 이미지의 연속은 한순간의 캡처와는 다른 느낌을 줄 것입니다.

즐거움 추구형

1. 동물이 메시지 전달하기 | 비텔 먹는 물 (3편)

물 브랜드 비텔(Vittel)광고입니다. 물은 동영상으로 어떻게 이야기를 풀어낼 수 있을까요? 광고에서는 제품의 두드러진 점을 표현하는 것이 기본 전달 방법이지만 물은 다른 제품에 비해 크게 드러낼 것이 없습니다. 가전제품에서는 '성능이 향상됐다', 의류에서는 '디자인과 착용감이 훨씬 좋다', 식품에서는 '더 맛있고 조리하기 편하다' 등의 특징을 살릴 수 있습니다. 하지만 물은 대부분의 브랜드가 깨끗하고 미네랄이 풍부하여 차별점이 별로 없습니다. 그래서 빅 모델(유명 연예인이나 스포츠 스타 등)이나 자연 경치를 보여주며 이미지적인 방법으로 전달하는 경우가 많지요.

비텔은 다른 시도를 했는데, 거의 30년 동안 수천 그루의 나무를 심고 숲을 보호하는 적극적인 자연 보호 활동을 실제 하고 있었습니다. 단순히 제품이 깨끗한 차원이 아닌 그 깨끗함을 위해 생태계 보호에 앞장서고 있었습니다. 하지만 자랑은 클수록 받아들이는 입장에서 부담을 느낄 수 있겠죠. 그래서 비텔은 자신들의 활동을 노골적으로 알리는 방법은 피했습니다. 만약 나무 심는 장면이나 숲을 보여주면서 거창하게 이야기한다면, 메시지 자체는 진중하고 무게 있어 보일 겁니다. 하지만 과시하는 것처럼 느껴지기도 하고 너무 당연한 이미지에 감흥도 잘 오지 않을 겁니다.

비텔은 메시지를 동물이 대신 전달하는 방법을 택했습니다. 동물 중에서도 큰 동물보다 작은 동물인 다람쥐, 벌, 무당벌레를 선택했는데, 작은 생태계까지 세심하게 신경 쓰고 있다는 의미입니다. 각 동물은 자연 속에서 스포츠를 즐기며 건강한 생태계를 보여줍니다. 다람쥐는 도토리를 농구공처럼 들고 드리블하며 농구를 하고, 벌은 꽃을 샌드백처럼 사용하며 복싱 연습을 하고, 무당벌레는 매끈한 나뭇잎 위에서 비보이처럼 춤을 춥니다. 이런 재미난 광경을 보여주며 비텔은 자신들이 실제 전달하고 싶은 자랑스러운 이야기를 넌지시 드러냅니다.

No.1 먹는 물 '비텔' 광고(다람쥐 편)

• 광고내용 • 활기찬 리듬의 배경 음악이 들리며 다람쥐가 도토리를 들고 뛰기 시작합니다. 마치 농구 드리블 장면 같습니다. 숲을 위해 점프를 하고 멋지게 덩크슛합니다.

30초

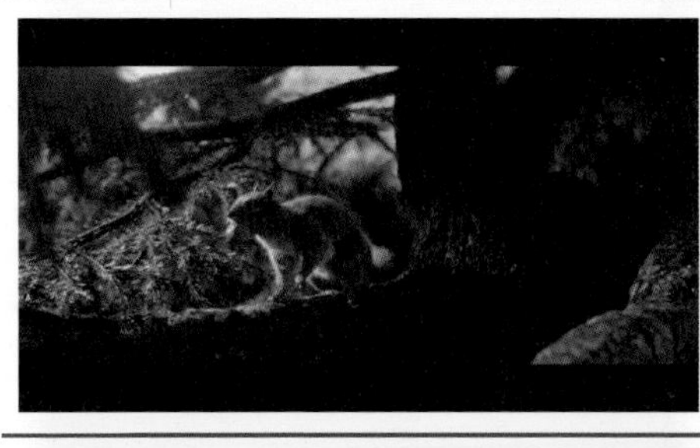

다람쥐가 도토리를 들고 있음

내레이션
비텔(Vittel)은 생각합니다
물은 생기 넘치는 자연에서 오는 거라고

도토리를 들고 뛰기 시작함

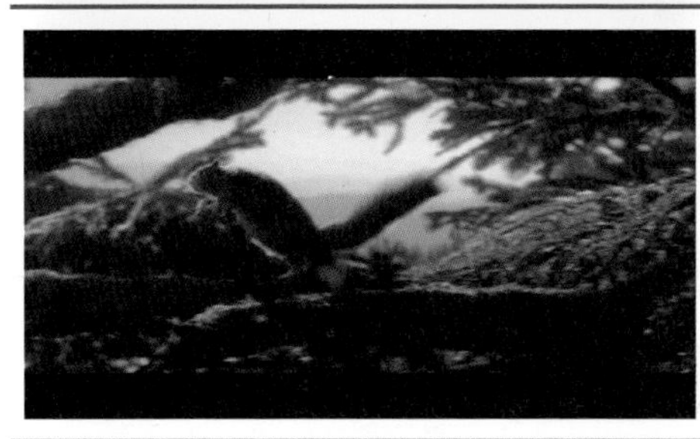

빠르게 뛰는 중

농구 드리블 같은 장면

슛을 위해 점프

덩크 슛을 위해 한 손으로 도토리를 잡음

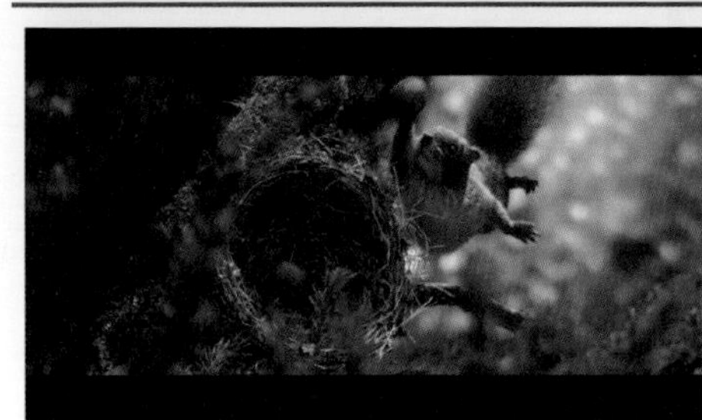
덩크 슛 직전

덩크 슛 성공

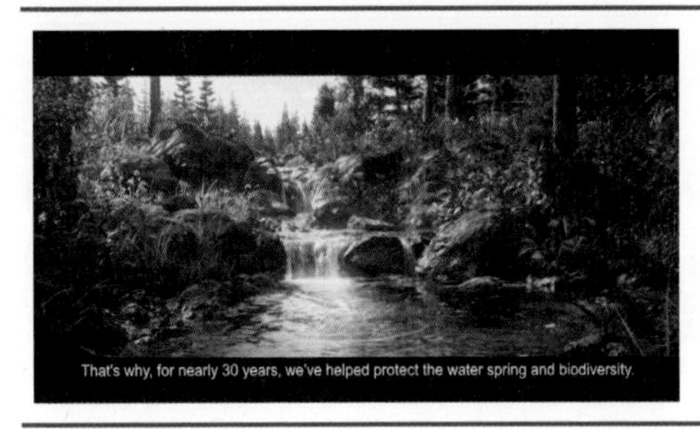

물이 흐르는 자연 풍경

내레이션
약 30년 동안 비텔은 물과 생물의 다양성 보호에 힘써왔습니다

https://www.youtube.com/watch?v=BN1qBIczc9g

No.2 먹는 물 '비텔' 광고(벌 편)

• 광고내용 • 활기찬 리듬의 배경 음악이 들리며 벌이 날아가다 꽃 앞에 멈춥니다. 공중에서 날갯짓하며 권투선수처럼 샌드백 치기 연습을 합니다. 동료의 도움을 받아 열심히 연습하고 있는 중, 갑자기 개구리가 나타나 벌을 잡아먹습니다.

30초

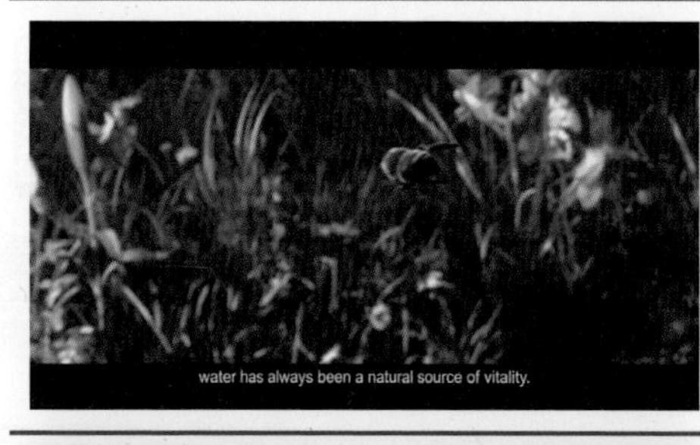

벌이 꽃을 향해 날아감

내레이션
비텔(Vittel)은 생각합니다
물은 생기 넘치는 자연에서 오는 거라고

꽃 앞에 정지한 벌

샌드백 치기 연습 시작

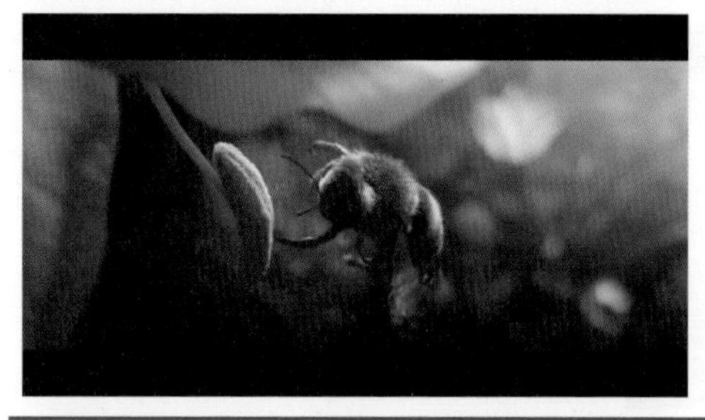

샌드백 치기(다른 각도)

샌드백 치기(다른 각도)

동료 도움을 받는 중

갑자기 등장한 긴 혀가 벌을 낚아챔

개구리가 벌을 먹음

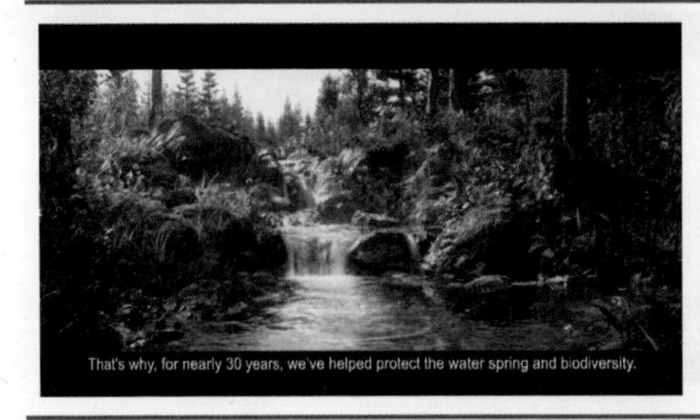

물이 흐르는 자연 풍경

내레이션
약 30년 동안 비텔은 물과 생물의 다양성 보호에 힘써왔습니다

https://www.youtube.com/watch?v=d-8Med5wo2A

No.3 먹는 물 '비텔' 광고(무당벌레 편)

• 광고내용 • 활기찬 리듬의 배경 음악이 들리며 무당벌레가 나뭇잎 위에서 춤을 추기 시작합니다. 비보이처럼 물구나무 상태에서 회전하고, 점프하고, 등을 바닥에 대고 돕니다. 한바탕 멋지게 춘 춤이 끝나자 무당벌레는 날개를 펴고 공중으로 날아갑니다.

나뭇잎 위에 있는 무당벌레

비보이처럼 춤을 추기 시작

물구나무 상태로 회전 중

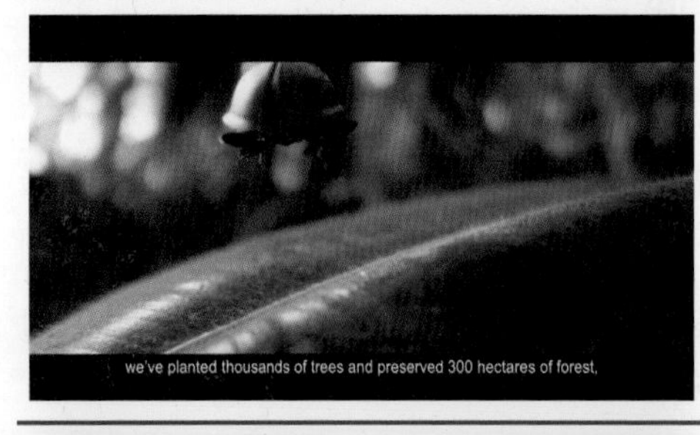

공중으로 점프

내레이션
비텔은 자연을 위해 수천 그루의 나무를 심고 300헥타르의 숲을 보호하고 있습니다

다리를 뻗으며 춤을 춤

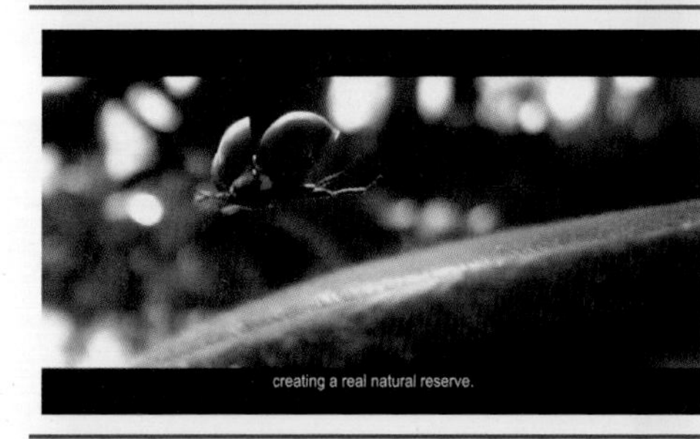

공중에서 춤을 춤

내레이션
정말로 자연을 보호하고 있는 거죠

한 다리로 중심을 잡으며 춤을 춤

내레이션
농부와 지역 자치단체의 협력으로 이루어졌습니다

등을 바닥에 대고 회전 중

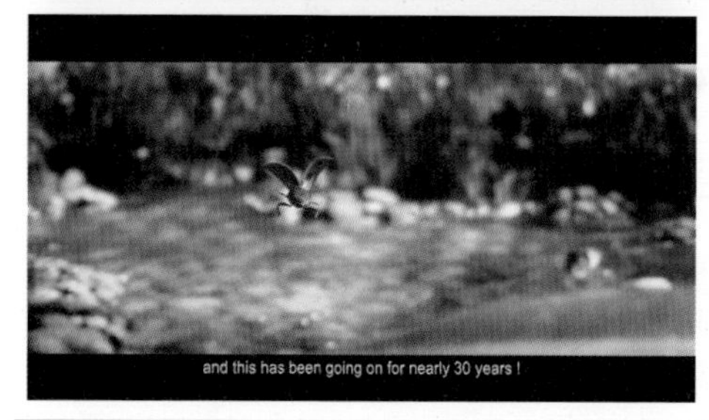

춤이 끝나자 날개를 펴고 공중으로 날아감

내레이션
약 30년 동안, 그리고 지금도 그렇게 하고 있습니다

https://www.youtube.com/watch?v=0o4itSevZFU

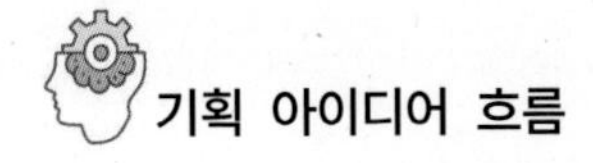

기획 아이디어 흐름

* **브랜드:** 비텔(Vittel)(먹는 물)
* **브랜드 특징**: 환경을 우선으로 생각

  나무 심기 등 적극적으로 자연 보호 활동 중
* **특징 드러내기**

  1. 생태계의 순환을 예로 들어 건강한 자연을 보여줌
  2. 곤충, 동물을 등장시켜 생동감 부여
  3. 스포츠를 접목하여 활기찬 모습을 표현
* **의인화 장점**

  1. 시청자의 흥미 유발(시청을 지속시킴)
  2. 메시지를 자연스럽고 재치 있게 전달(전형적인 이미지(나무 심기 등)를 피함)
* **의인화 대상 및 역할 정하기**

  1. 다람쥐: 농구
  2. 벌: 복싱
  3. 무당벌레: 춤
* **연기가 펼쳐질 배경 설정하기**

  1. 다람쥐(농구): 둥지(골대)
  2. 벌(복싱): 꽃(샌드백)
  3. 무당벌레(춤): 나뭇잎(잘 미끄러지는 바닥 표면)
* **사운드를 활용하여 시청자 흥미 돋우기**

  : 활력 넘치는 리듬의 배경 음악 사용
* **메시지 자연스럽게 전달하기**

  : 자연 보호는 다소 무게 있는 메시지임

  기업이 자랑스러운 활동처럼 얘기하면 오히려 시청자에게 부담을 줄 수 있음

  의인화를 통해 재치 있게 의미를 넌지시 전달함

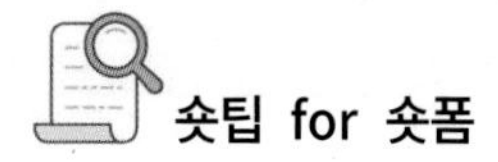

숏팁 for 숏폼

자랑하고 싶은 내용이 있다면 노골적으로 드러내지 말고 대신 말해줄 대상을 설정해보세요.

2. 슬로 모션으로 강조하기 | 메소드 다목적 클리너 (1편)

다목적 세제는 여러 용도로 사용하죠. 그 효과를 시각적으로 잘 보여줄 수 있는 것은 닦기 어려운 얼룩을 말끔하게 지울 때입니다. 세제 광고에서는 주스 같은 유색 액체가 바닥에 쏟아지거나 기름이 있는 곳을 깨끗하게 닦는 장면을 보여줍니다. 힘줘 여러 번 문지르지 않아도 쉽게 닦을 수 있는 점을 강조하죠. 메소드(method)도 타 브랜드와 비슷하게 기름을 쉽게 닦을 수 있는 광고를 진행했습니다. 베이컨 기름이 가득 묻은 식탁 표면을 세제를 뿌리고 닦으면 말끔해지는 연출입니다.

하지만 주스나 기름기는 일반적으로 잘 알려진 장면이기 때문에 좀 더 강렬한 느낌이 필요했습니다. 다른 회사 제품도 해결할 수 있는 것을 넘어서 메소드는 좀 더 더러운 얼룩을 선택합니다. 쉽게 지워지지 않는 진흙 같은 얼룩이죠. 진흙이 한 군데에 떨어져 있다면 제거하기 쉽겠지만, 아주 미세한 크기로 셀 수 없이 여기저기 튀어 있다면 어떻게 닦아야 할지 막막할 겁니다.

메소드는 광고에서 단순 얼룩이 아닌 스케일이 큰 더러움을 보여줍니다. 강아지가 진흙탕에서 신나게 놀고 들어와 온몸을 털며 사방에 진흙을 튀깁니다. 이마저도 더 극적으로(드라마틱하게) 표현하려고 진흙이 사방으로 튀는 장면을 아주 천천히 슬로 모션으로 보여줍니다.

• • 기름을 쉽게 닦는 '메소드' 광고

clean is easy

https://youtu.be/Oz9phtjODFc

No.4 다목적 클리너 '메소드' 광고(진흙)

• 광고내용 • (슬로 모션 장면) 강아지가 몸에 묻은 진흙을 털어내려고 몸을 흔들고 있고, 진흙은 주변 여기저기로 튀면서 바닥으로 떨어지고 있습니다.

30초

슬로 모션
강아지가 몸에 묻은 진흙을 털고 있음
아주 천천히 화면 재생 중

좌우로 몸을 돌리는 중
주변에 진흙이 떨어짐
(천천히 몸을 돌리고 진흙도 천천히 떨어짐)

자막
두렵지

자막
않습니다

자막
이렇게 엉망일 때는

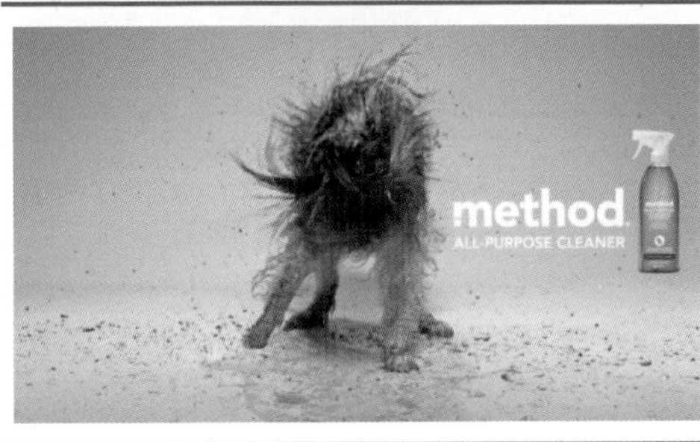

자막
메소드
다목적 클리너가 있습니다

https://youtu.be/861ZpZHX1P8

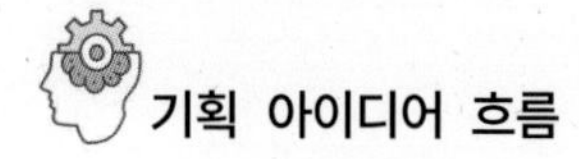

기획 아이디어 흐름

* **브랜드:** 메소드(method)(제품: 클리너)
* **특징(메시지):** 얼룩과 더러움을 말끔하게 제거
* **메시지 구체화**

1. 어떤 더러운 환경도 깨끗하게 청소(세척)할 수 있음
2. 어지럽혀지는 걸 두려워하지 않아도 됨(마음 편히 놀고 나중에 메소드로 깨끗이 청소하면 됨)

* **메시지 시각화**

1. 쉽게 닦이지 않는 얼룩이 많은 곳을 보여줌(이런 곳도 청소 가능함을 전달)
   예) 진흙탕에서 놀고 온 강아지가 진흙을 털어내어 주변이 더러워짐

* **시각화 강조**

1. 강아지 몸 털기를 슬로 모션(Slow motion)으로 보여줌
2. 진흙이 느리게 사방으로 튀어 비주얼이 강한 장면이 됨
3. 공중에 흩날리고 바닥에 떨어진 진흙이 자세하게 보여 더러움이 강조됨

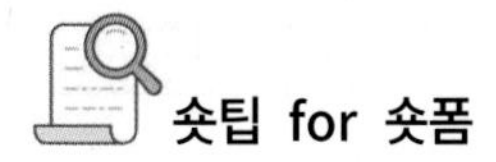

숏팁 for 숏폼

특징을 길게 강조하고 싶을 때 슬로 모션으로 촬영하면 극적인(드라마틱한) 효과를 줄 수 있습니다.

3. 시점(POV, Point of View) 촬영하기 | 니콘 안경 렌즈 (1편)

안경은 일반적으로 패션으로 분류하지만 과학적인 부분도 빼놓을 수 없는 품목입니다. 안경테의 디자인, 착용 시 편안함이 '패션'의 영역이라면, 렌즈는 눈 건강과 관련한 '과학'과 '의학'의 영역입니다. 렌즈가 정교하지 않다면(또는 성능이 좋지 않다면), 당장은 불편하지 않더라도 궁극적으로는 눈 건강에 해로울 겁니다.

렌즈를 잘 만드는 회사라면 이러한 과학적인 정보를 중요하게 다루고 싶을 겁니다. 하지만 다수의 사람은 딱딱한 정보는 별 흥미 없어 하고, 특별하게 관심 있는 사람만 귀 기울여 줍니다. 가뜩이나 사람들이 피하는 동영상 중 하나인 광고에서 저런 이야기를 늘어놓는다면 끝까지 봐줄 사람은 정말 드물겠죠.

• • 최초의 니콘 안령 렌즈 '포인탈'(1946년)

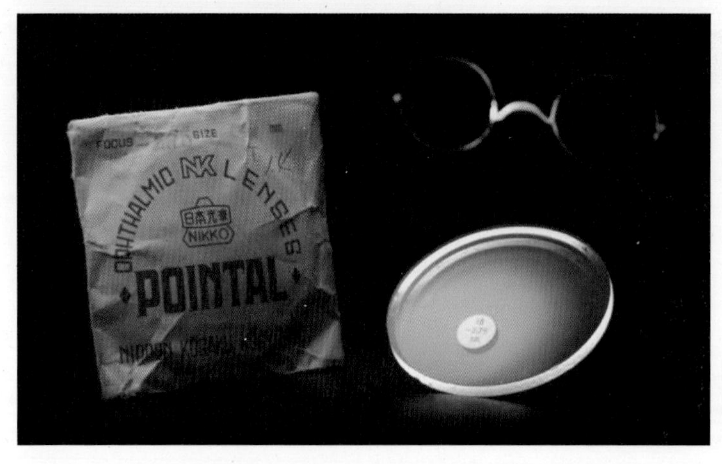

https://www.nikonlenswear.com/ca/why-nikon/the-history-of-nikon-lenses

니콘(Nikon)은 안경 렌즈를 오래전(1946년)부터 만들어왔고, 우수한 광학 기술로 유명할 만큼 품질에 자신 있는 회사입니다. 타 브랜드와 차별되는 전문성 높은 렌즈이기 때문에 제품에서부터 특징이 두드러집니다. 그리고 카메라와 렌즈로 대중에게 잘 알려져 이 장점을 함께 드러내면 전달력 높은 메시지를 만들 수 있습니다.

광고에서는 '전문성'과 '카메라로 잘 알려진 점'을 비주얼로 집약시켰습니다. 카메라 렌즈로 사진을 찍는 것처럼, 안경 렌즈를 착용한 사람이 사물을 정교하게 볼 수 있다는 내용으로요.

동영상 초반에 카메라 렌즈 시점으로 화면을 잡고, 사진을 찰칵찰칵 찍고 있는 것처럼 보여줍니다. 사실은 카메라가 아닌 안경 낀 사람의 눈이 깜빡이고 있는 겁니다. 시점(POV) 촬영 방법과 찰칵하는 효과음으로 의도적으로 오해하게 연출한 겁니다. 자신들의 장점이자 대표 제품인 '카메라 렌즈'처럼 '안경 렌즈'도 선명한 시야를 갖게 해줌을 표현한 것이죠.

No.5 '니콘' 안경 렌즈 광고

• 광고내용 • 아담하고 색이 예쁜 개구리가 움직일 때마다 찰칵 소리가 납니다. 화면도 깜박입니다. 카메라로 찍는 것 같지만 사실은 사람 눈이 깜박이고 있는 겁니다.

개구리가 나무에서 점프하기 직전임 (카메라 렌즈 시점) 개구리의 이동을 따라다니며 촬영

개구리가 다른 장소로 이동
찰칵 소리(사진기 셔터 소리)가 나면서 화면이 깜박임

빠르게 깜박이는 화면

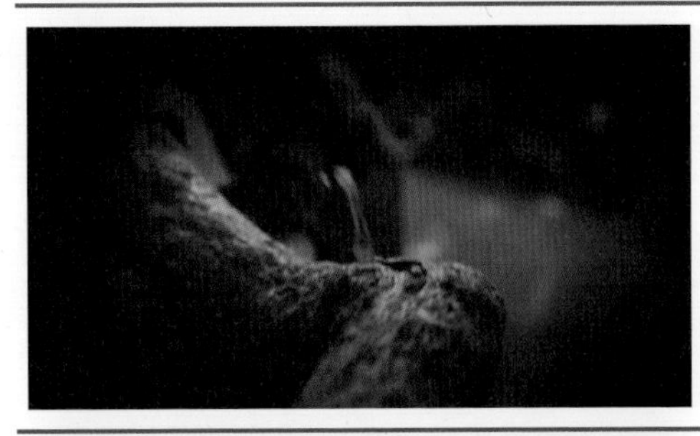

개구리가 점프 중
찰칵 소리와 함께 화면이 깜박임

다시 찰칵찰칵 소리가 나고 개구리는 이동하고 있음

검은 화면이 빠르게 보임

개구리가 화면을 바라봄

개구리를 바라보는 사람

사람이 눈을 깜박이자 카메라 셔터 소리가 남

(지금까지의 '카메라 렌즈 시점'이 '사람 눈 시점'이었던 것임
카메라 렌즈처럼 선명한 시야를 갖게 해주는 안경 렌즈 어필)

자막
니콘 전문가는 멀리 있지 않습니다
주변에서 쉽게 만날 수 있습니다

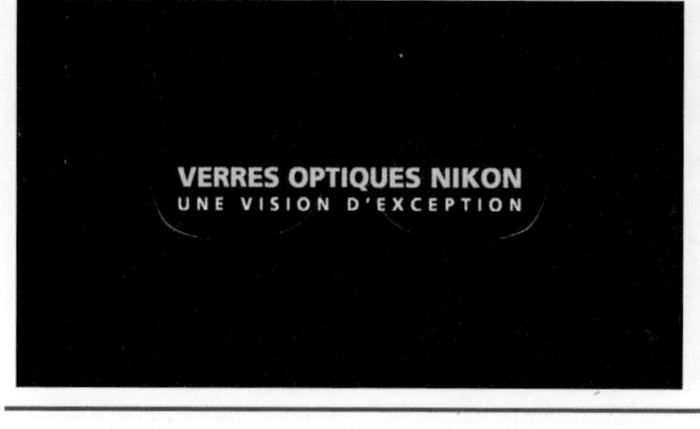

자막
광학 렌즈 니콘
비교할 수 없는 최고의 시야

https://youtu.be/rI8xwbB8CiM

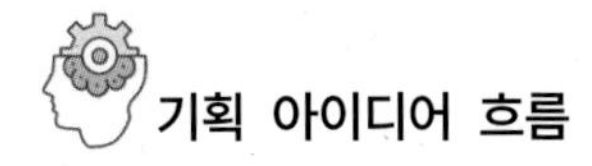

기획 아이디어 흐름

* **브랜드:** 니콘(Nikon)
* **브랜드 사전 지식**

1. 카메라와 렌즈로 유명한 브랜드
2. 광학 기기인 망원경, 잠망경 등을 생산하는 회사로 영업 시작
3. 1946년부터 안경 렌즈 제작

* **광고 제품:** 안경 렌즈
* **제품 특징:** 작은 사물도 자세하고 선명하게 볼 수 있음
* **커뮤니케이션 방향**

: 광학 기술로 유명한 브랜드의 장점을 살려 전문성 높은 안경 렌즈임을 강조

* **커뮤니케이션 방법**

: 카메라 렌즈처럼 안경 렌즈도 정교한 시야를 확보할 수 있음을 어필

* **방법 시각화**

: 사람이 눈을 깜박이며 작은 사물을 보는 것을 카메라가 사진을 찍는 것처럼 표현

* **구체적인 시각화**

1. 색이 예쁜 작은 개구리를 카메라의 시점으로 보여줌
2. 찰칵 소리와 함께 화면이 깜박임
3. 개구리의 움직임을 따라가며 사진 찍는 것처럼 보여줌
4. 사실은 사람이 눈을 깜박이면서 개구리를 보고 있는 것임
5. 선명하게 보여서 카메라가 사진을 찍는 것 같이 느껴짐

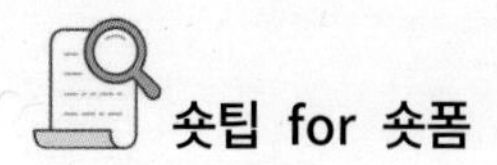

실제 같은 체감이 중요한 콘텐츠라면 시점(POV, Point of View) 촬영을 도전해보세요.

4. 배경을 단순하게 만들기 | 페덱스 물류 배송 (1편)

우리는 택배 회사에게 어떤 점을 기대할까요? 빠르고 안전한 배송을 가장 먼저 기대할 겁니다. 필요한 물품이 제때 오지 않는다면 애가 탈 것이고, 진짜 급하면 손해를 보더라도 오프라인 매장을 찾아 그 물건을 다시 사야 합니다. 손상되기 쉬운 물건이 만약 파손된 상태로 배송되면 나중에 보상은 받겠지만 시간적으로 손해지요.

국제 배송 업무가 많을수록 빠르기와 안전함은 중요한 요소여서 글로벌 물류 회사에서는 이 부분을 특히 강조합니다. 이를 수행하기 위해서는 직원의 역할이 중요한데, 직원들이 튼튼하게 단련되지 않으면 실수를 피하기 어렵기 때문입니다.

페덱스(FedEx)는 최고의 배송을 위해 직원들이 꾸준하게 노력하고 있는 모습을 보여줍니다. 하지만 뻔한 이야기와 비주얼인, 안전하게 배송을 완료한 모습이나 택배를 받고 웃는 고객의 모습 등은 피했습니다. 오히려 만족스러운 결과를 위해 배송 직원이 노력하는 훈련 과정을 보여줍니다.

직원들이 택배 상자를 들고 역도, 한 손 팔굽혀펴기, 타이어 끌기 등의 강도 높은 훈련을 합니다. 이 모습을 흥미롭게 표현하면서 업무 수행능력이 뛰어남을 전하는 겁니다. 모습과 행동에 초점을 두려고 주변 배경을 단순하게 하여 시청자의 시선이 분산되지 않게 했습니다. 인물의 움직임, 유니폼의 로고, 들고 있는 택배 상자에 시선이 머무를 수 있도록 다른 불필요한 요소는 제거한 겁니다.

No.6 물류 배송 '페덱스' 광고

• 광고내용 • 페덱스 직원들이 빠르고 안전한 배송을 위해 체력 단련하는 모습을 보여줍니다.

30초

하얀 가루가 날림
미끄러지지 않게 양 손바닥에 가루를 묻힘

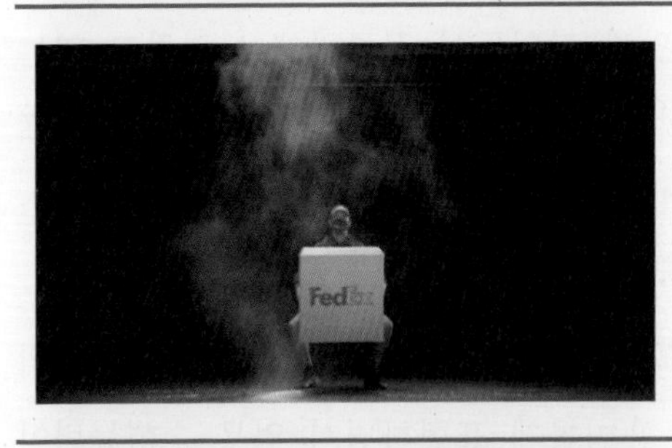

페덱스 유니폼을 입은 직원이 큰 상자를 들어 올림

왼손으로는 상자를 들고 있고, 오른손으로는 팔굽혀펴기 중

여러 상자를 한꺼번에 끌며 전진

(충격 방지) 스티로폼 조각을 맞으며 상자를 들고 전진

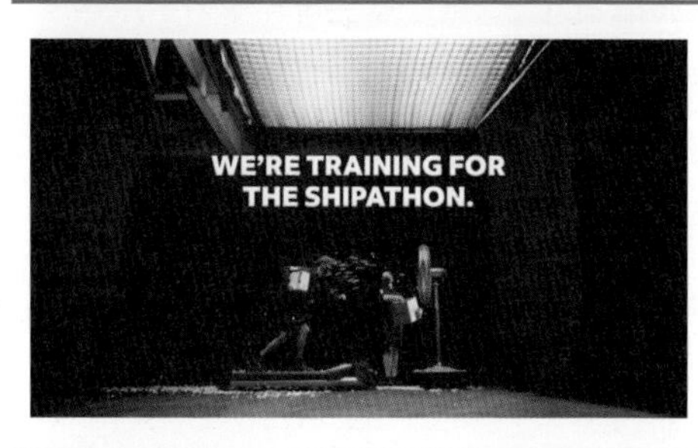

직원 한 명은 트레드밀 위에서 전진 훈련하고 있고, 다른 직원은 스티로폼 조각을 선풍기 바람에 날림

자막
배송을 위한 철인 훈련 중입니다

로고
페덱스

https://vimeo.com/477738736

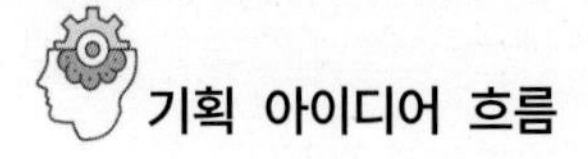

기획 아이디어 흐름

* **브랜드:** 페덱스(FedEx)

* **브랜드 특징**

1. 세계적으로 유명한 배송 회사
2. 빠르고 안전함을 어필

* **브랜드 특징 강조**

: 고객에게 빠르게 다가가고, 파손 없이 안전하게 배송하려면 직원의 업무 수행능력이 뛰어나야 함

* **메시지 시각화**

1. 안심하고 맡길 수 있는 믿음직스러운 직원들의 모습
2. 직원들의 강도 높은 체력 훈련 과정을 보여주며 항상 노력하고 있음을 어필

   예) 역기 운동하듯 무거운 상자 들어올리기
   택배 상자를 들고 한 손으로 팔굽혀펴기
   몸에 타이어를 묶고 끄는 것처럼 여러 상자를 한 번에 끌기
   바람 뚫고 전진하기(기후 악조건 속에서도 배송에 문제없음)

* **시각화 강조(배경을 단순하게)**

1. 배경을 단순하고 어둡게 하여 인물에 시선을 집중시킴(인물의 움직임을 보여주는 것이 중요한 동영상이기 때문에)
2. 미끄러지지 않게 손바닥에 바르는 흰색 가루가(배경이 단순하고 어두워) 잘 보임
3. 바람에 날리는 흰색 스티로폼 조각도 잘 보임
4. 유니폼에 있는 브랜드 로고(흰색, 주황색)도 눈에 잘 들어옴

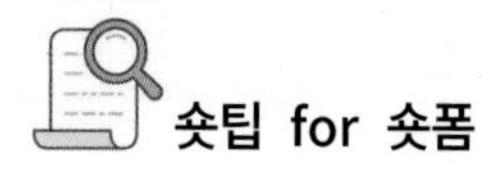

숏팁 for 숏폼

인물의 행동에 시청자를 집중시키려면 배경을 최대한 단순하게 만드세요.

5. 유머로 시청자 이목 끌기 | 코네토 아이스크림 (4편)

아이스크림은 질감과 종류의 다양성을 특별히 내세워 광고하지 않아도 될 만큼 시중 제품 대부분이 부드럽고 맛도 다양해졌습니다. 빙과류, 과자 등 간식류는 주 소비자층이 어린이인데, 어린이는 맛이 없다면 고민할 것 없이 돌아섭니다. 어른처럼 소비할 때 가격과 성분을 따지지 않죠. 이렇게 시중 제품이 전반적으로 향상되어 특징이 비슷비슷하다면 어떤 방법으로 자신을 알려야 할까요?

코네토(Cornetto)는 유머를 사용하여 가벼운 마음으로 제품에 관심 갖도록 아이스크림 빨리 먹기 게임(대회)을 만들었습니다. 아이스크림은 혀로 핥는다는(먹는다는) 특징이 있는데, 이 점을 게임에 도입하여 핥기 경쟁을 하는 겁니다.

시청자가 누군가와 대결한다는 느낌이 들도록 대결자를 설정하였는데, 혀가 보통사람보다 길어 자유자재로 움직일 수 있는 사람을 데려왔습니다. 온라인에서 긴 혀(8.9cm)를 이용해 묘기 부리기로 유명한 사람입니다. 참여자는 게임을 할 때 열심히 핥으면서 재미를 느낄 것이고, 직접 몸으로 체험하기 때문에 제품에 대한 기억이 오래 지속될 겁니다.

• • **혀가 긴 모델 '닉 아파나시에브'**

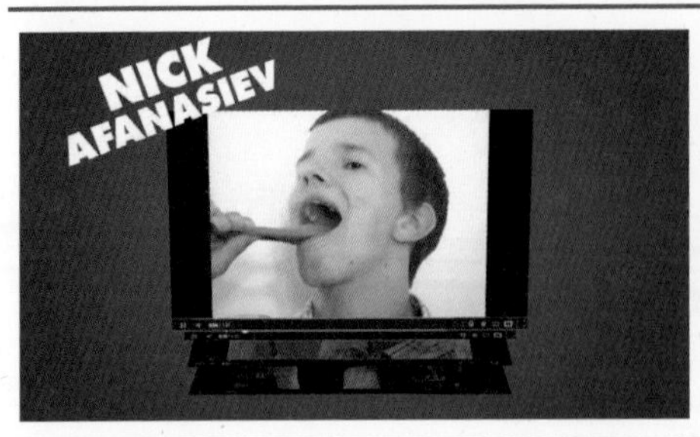

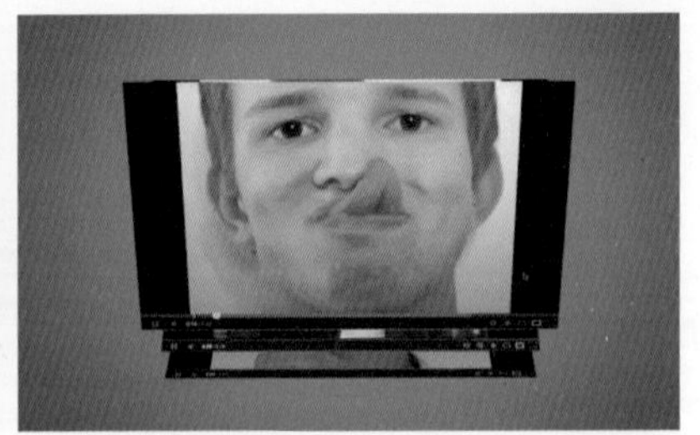

https://youtu.be/Hd-5ox1gHUo 

이 대결을 홍보하기 위해 동영상을 만들었습니다. 혀가 긴 대결자가 시합을 준비하는 장면으로 혀를 단련하는 모습(운동)을 다양하게 보여줍니다. 볼링, 복싱, 역도, 골프 등 여러 종목으로 혀를 강하게 훈련하며 대결에 만발의 준비가 되었음을 알립니다. 동영상 마지막에는 시청자가 참여할 수 있는 링크를 공개하여 게임으로 안내합니다. 시청자를 유머로 끌어들여 브랜드를 경험할 수 있게 한 아이디어가 돋보이는 콘텐츠입니다.

No.7 아이스크림 '코네토' 광고(볼링 편)

• 광고내용 • 혀가 긴 사람이 등장하여 볼링공을 혀로 굴립니다.

 21초

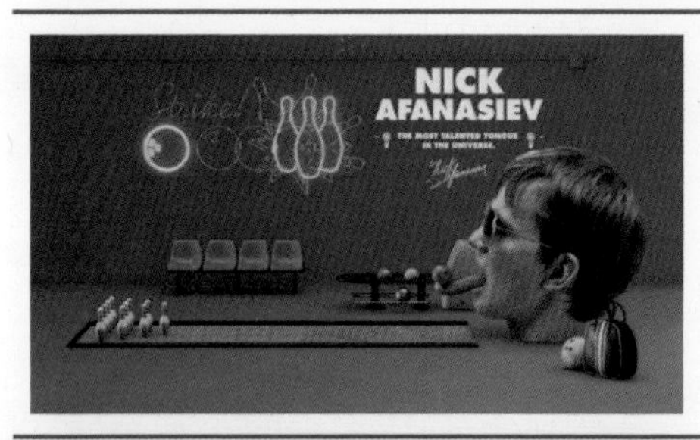

닉(모델)이 볼링공을 굴리려고 준비 중

자막
닉 아파나시에브(모델 이름)
세계에서 가장 재능있는 혀

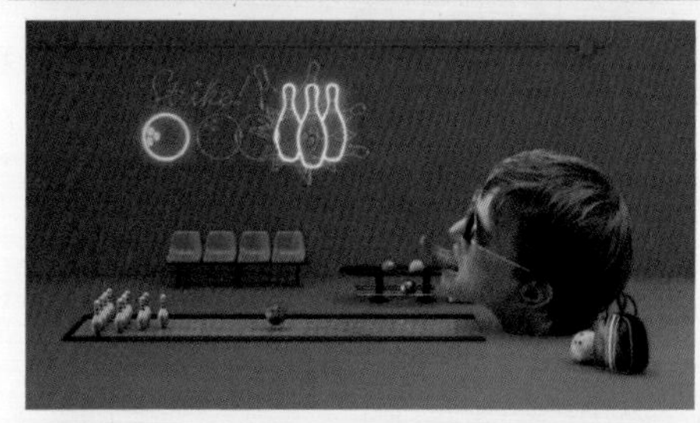

공을 굴림

스트라이크
볼링 핀이 모두 넘어짐

만족한 웃음을 짓는 닉

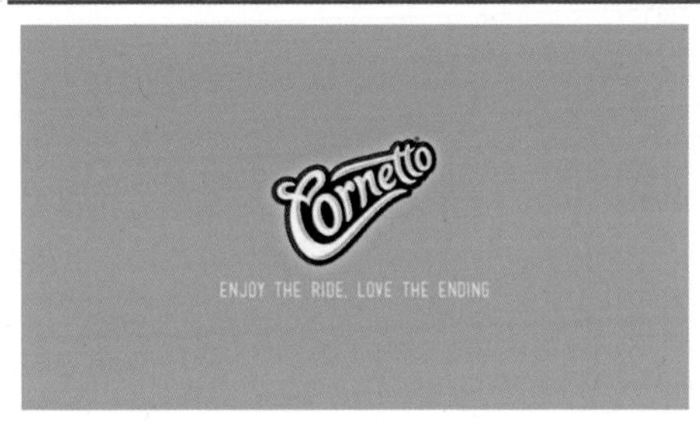

로고와 자막
즐겨보세요
마지막까지 좋아하게 될 거예요

https://youtu.be/7meizziII6Y

No.8 아이스크림 '코네토' 광고(복싱 편)

• 광고내용 • 무거운 샌드백을 혀로 칩니다.

24초

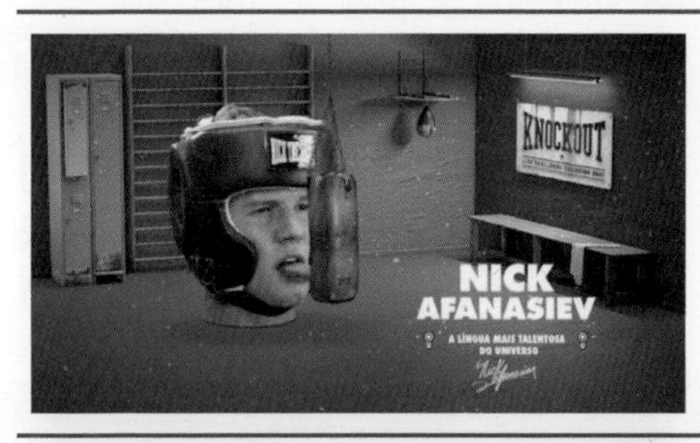

복싱 연습 준비 중

자막
닉 아파나시에브(모델 이름)
세계에서 가장 재능있는 혀

혀로 샌드백을 날리기 직전

샌드백을 날림

만족한 웃음을 짓는 닉

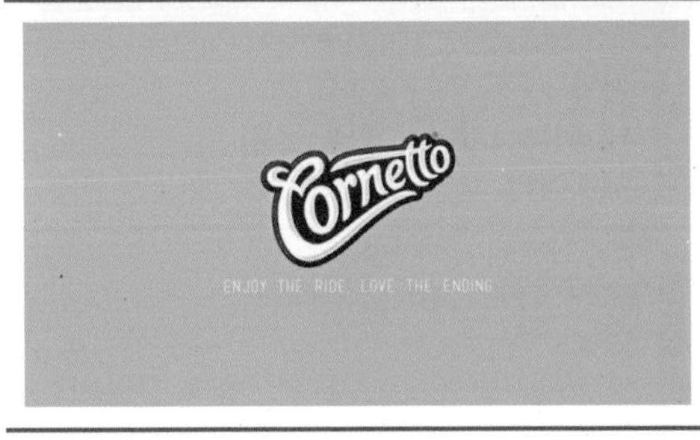

로고와 자막
즐겨보세요
마지막까지 좋아하게 될 거예요

https://youtu.be/-ggNVPhaiGU

No. 9 아이스크림 '코네토' 광고 (역도 편)

• 광고내용 • 역기를 혀로 들어 올립니다.

33초

역기를 들기 위해 혀끝에 흰 가루를 묻힘

자막
닉 아파나시에브(모델 이름)
세계에서 가장 재능있는 혀

역기를 들기 직전

들어 올리는 중

역기를 최대한 올림

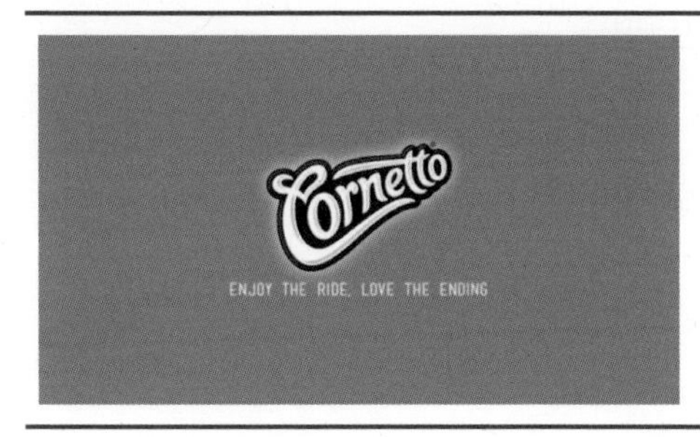

로고와 자막
즐겨보세요
마지막까지 좋아하게 될 거예요

https://youtu.be/dCIvSXR4MVs

No. 10 아이스크림 '코네토' 광고(골프 편)

• 광고내용 • 정교한 운동인 골프도 혀로 합니다.

27초

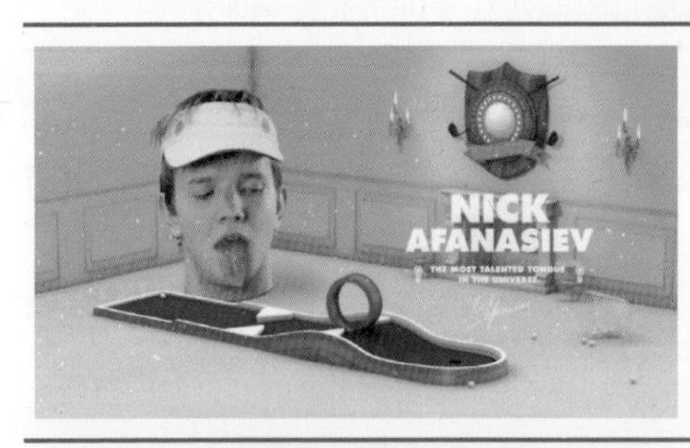

자막
닉 아파나시에브(모델 이름)
세계에서 가장 재능있는 혀

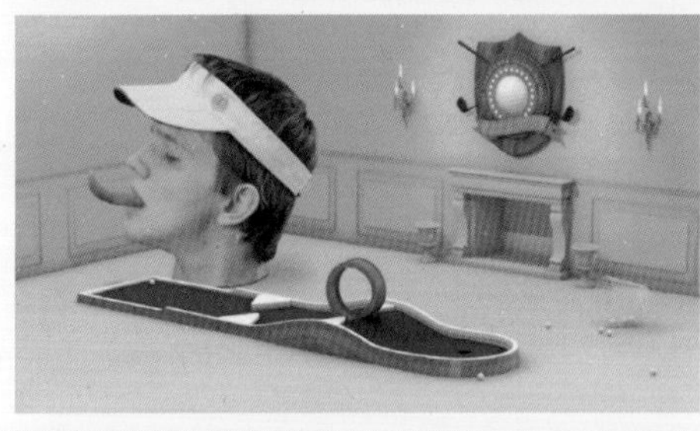

골프공을 굴리기 직전

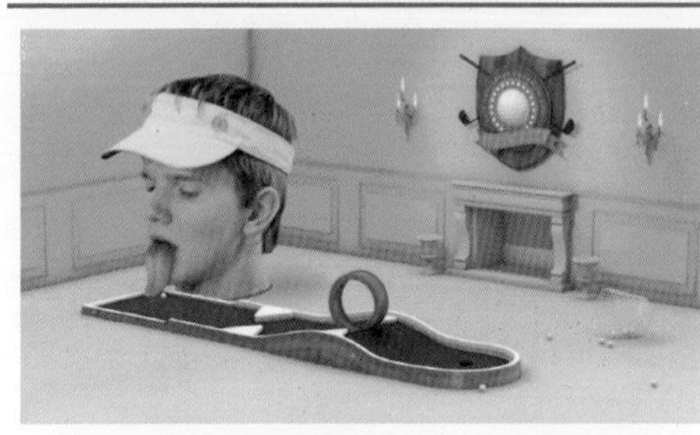

공을 굴림

공이 홀 컵(Hole cup)에 들어감

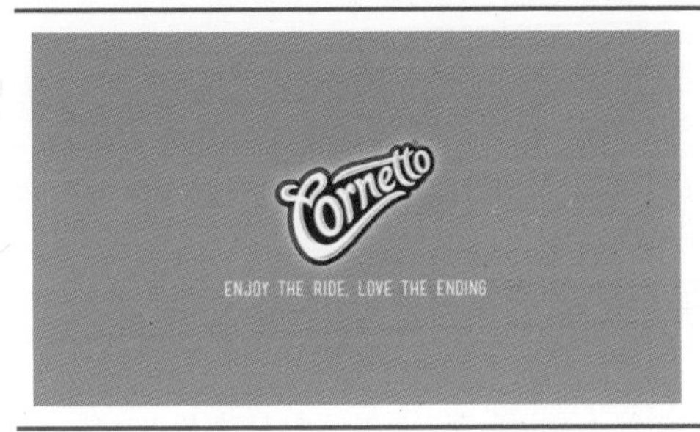

로고와 자막
즐겨보세요
마지막까지 좋아하게 될 거예요

https://youtu.be/u3ve3PyEjNE

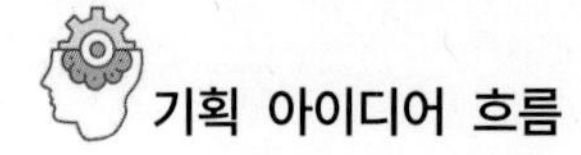

기획 아이디어 흐름

* **브랜드:** 코네토(Cornetto) (아이스크림)

* **제품의 일반적 특징:** 아이스크림을 먹을 때 혀를 사용

* **특징 살리기**

: 평범한 특징인 '혀의 사용'이란 부분에 '유머'를 첨가하여 시청자가 특별하게 인식하도록 함

* **방법 구체화:** 특별한 이벤트가 될 수 있도록 시청자가 참여하는 캠페인(온라인 대회) 기획

* **캠페인 아이디어:** '혀가 긴 사람 vs. 시청자'의 아이스크림 빨리 먹기 대결

* **캠페인 실행 방법**

1. 혀가 긴 사람을 섭외
2. 시청자가 빨리 먹기 대회에 참가할 수 있도록 게임 개발
3. 캠페인 홍보 동영상 제작(혀가 긴 사람이 모델로 등장)
4. 홍보 동영상에 제시된 대회 참가 주소로 게임 참여

* **캠페인 홍보 동영상 구체화**

1. 시청자의 이목을 끄는 유머 사용. 긴 혀로 운동하는 모습을 보여줌
   예) 볼링, 복싱, 역도, 골프
2. 운동 장면은 건강하고 튼튼한 혀의 이미지로 연결

* **캠페인 진행 메이킹 필름 장면**

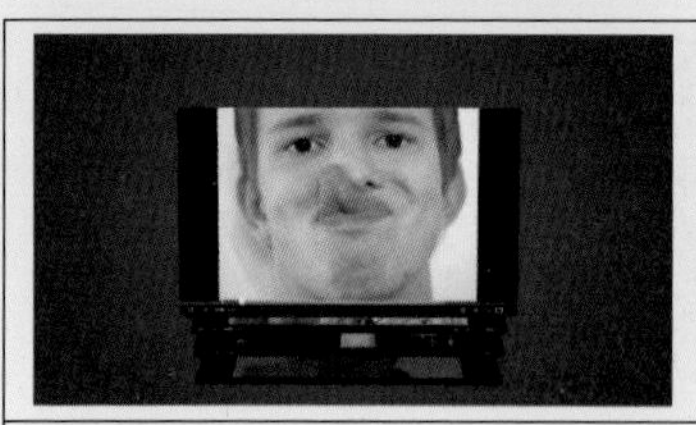	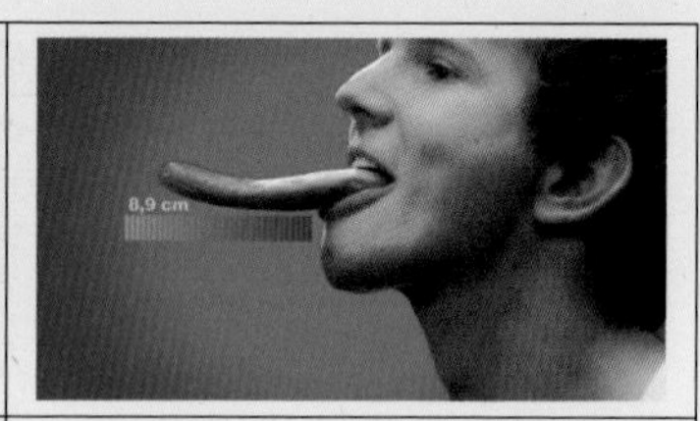
온라인에서 긴 혀로 유명한 사람을 모델로 채용	실제 혀의 길이 8.9cm

	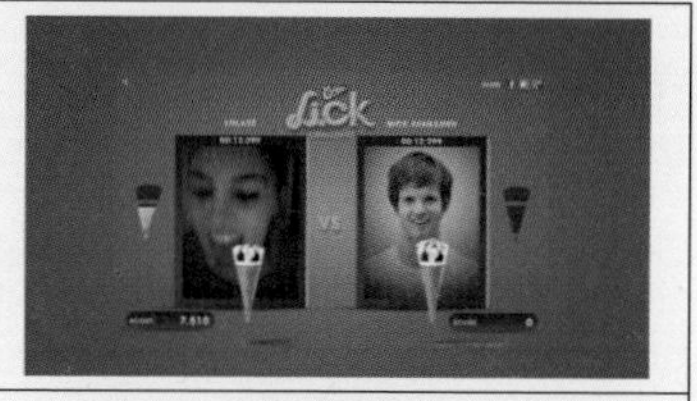
'핥기(Lick) 챌린지' 개최	게임 장면 (참여자가 닉(모델)과 대결)

https://youtu.be/Hd-5ox1gHUo 

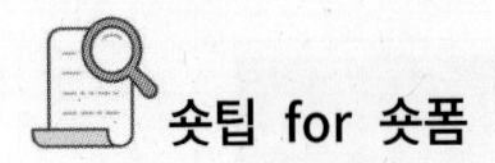

숏팁 for 숏폼

남들과 다르지 않은 점이 고민이라면 유머를 첨가해 차별성을 높여보세요.

6. 시청자를 다급하게 만들기 | 가이코 보험 (5편)

보험은 있을지 모르는 일에 대한 준비이지 당장 필요한 것이 아니죠. 광고를 보자마자 바로 가입하고 싶은 생각이 잘 들지 않는 이유입니다. 한 번 구매하고 끝나는 제품이 아니고 장기적으로 지출을 해야 하는 상품이라 가입도 망설여지죠. 막상 가입하려고 해도 다른 회사 상품들과 이것저것 비교하고 따지게 되어 보험에 최종적으로 들기까지 과정이 오래 걸립니다. 텔레마케팅 전화가 오면 끊으려 하고, 설계사가 기존 가입한 것에 특약을 추가하라고 하면 여러 핑계 대면서 피하려고 하죠. 그만큼 보험은 흥미롭지 못한 대상입니다. 이런 상품을 시청자에게 어필하려면 어떻게 접근해야 할까요?

보험 회사 광고하면 정보 전달, 나열식의 설명, 과장된 연기처럼 보이는 갑자기 아픈 장면이나 사고가 일어나는 장면이 떠오릅니다. 상품 자체도 흥미가 떨어지는데, 표현 방법도 무미건조하면 관심도가 떨어지는 것은 당연합니다. 물론 정보가 중요한 상품이라 하나라도 더 정확한 내용을 알려야 하지만, 발표 자료 같은 화면에 빼곡하게 적힌 정보를 빠르게 읽는 것은 동영상의 매력과 장점을 효과적으로 살렸다고 보기 어렵습니다.

보험 회사 가이코(GEICO)는 이런 장면은 생략하고 재치 있는 방법으로 하고 싶은 말을 전달합니다. 그동안 재미난 광고로 유명하기도 했고, 가이코 광고를 보험 상품과 관계없이 유머 콘텐츠로 보는 사람들도 있을 만큼 흥미롭게 표현하는 것에 능하거든요.

가이코(Geico)와 발음이 비슷한 게코(Gecko, 도마뱀붙이)를 등장시켜 보험 이야기를 하게 합니다. 돼지, 낙타 등 동물을 통해 보험 장점을 소개하기도 합니다. 게코는 다른 게코에게 훈수 두듯이, 돼지는 비행기 안에서 승무원들에게, 낙타는 사무실을 돌아다니며 직원들에게 말합니다.

'가이코' 보험 광고(게코 편)

https://youtu.be/997ORL7v-hs?list=PLXmS0Q9cBpmXBU72E7q_iEEOUvxI89G29

'가이코' 보험 광고(돼지 편)

https://youtu.be/rUzlYp7dG4k

'가이코' 보험 광고(낙타 편)

https://youtu.be/7LtjzQaFZ3k

이번 광고에는 사람들의 자연스러운 대화를 통한 정보 전달 방법으로 대화가 일어나는 '인물'과 '상황'을 다양하게 설정하였습니다. 친구와의 대화, 강사와 수강생의 대화, 직원과 손님과의 대화, 직장 동료와의 대화를 통해 가이코 보험의 장점과 특징을 핵심적으로 전달합니다.

재미 포인트를 하나 더 넣었는데. 광고 건너뛰기 현상을 방지하기 위해 대화가 길어지지 않도록 실제 세트장 벽이 이동하는 겁니다. 벽의 이동으로 인물의 대화를 방해하고 시청자를 다급하게 만들어 실제 광고 시간을 짧게 느끼게 합니다. 벽이 점점 밀려와 대화 속도를 높이며 몸을 숨기거나 벽을 밀어내려 합니다. 정보를 전달하면서도 끝까지 재미있게 시청하게 만드는 아이디어입니다.

No. 11 '가이코' 보험 광고(라켓볼 편)

• 광고내용 • 친구끼리 라켓볼을 치면서 한 사람이 다른 사람에게 자신이 가입한 보험의 장점을 말합니다.

15초

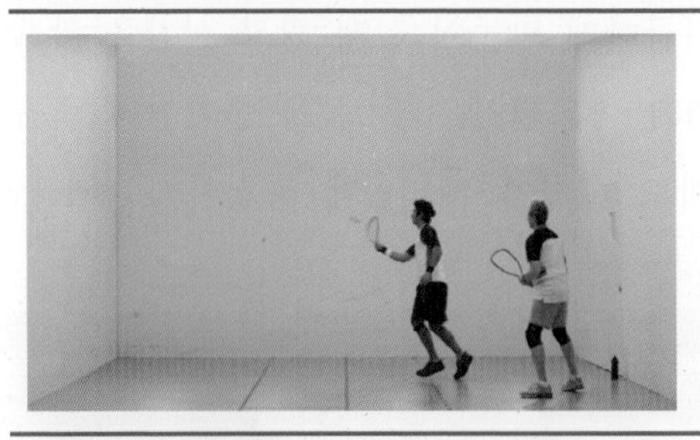

라켓볼 치는 중

내레이션
이 광고는 시청자 편의를 위해 시간을 압축했습니다

한 사람이 '가이코' 보험의 장점을 이야기하고 있는데, 갑자기 왼쪽 벽이 화면 오른쪽으로 이동하기 시작함

대화 내용 요약
자동차 보험을 가이코로 바꿨더니 돈이 많이 절약됐고, 가이코는 매일 24시간 연락 가능한 회사라는 내용

벽이 오른쪽으로 계속 움직이고 있음
라켓볼을 치다 한 명이 문을 열고 밖으로 나감
나머지 한 명은 그대로 라켓볼을 침

벽이 거의 오른쪽에 다다르자 로고가 보임

https://youtu.be/TepwA8Ob4lU

No. 12 '가이코' 보험 광고(도자기 빚기 편)

• 광고내용 • 공방에서 수강생이 도자기를 빚고 있습니다. 강사가 수강생에게 자신이 가입한 보험의 장점을 말합니다.

15초

도자기 빚는 중

내레이션
이 광고는 시청자 편의를 위해 시간을 압축했습니다

왼쪽 벽이 화면 오른쪽으로 점점 이동함
강사와 수강생이 대화하는 중, 화면 뒤에서 어떤 사람이 도자기를 던져 오른쪽 벽 유리창을 깸

대화 내용 요약
가이코로 바꾸고 보험비를 절약했고, 가이코 앱은 사용하기 편하다는 내용

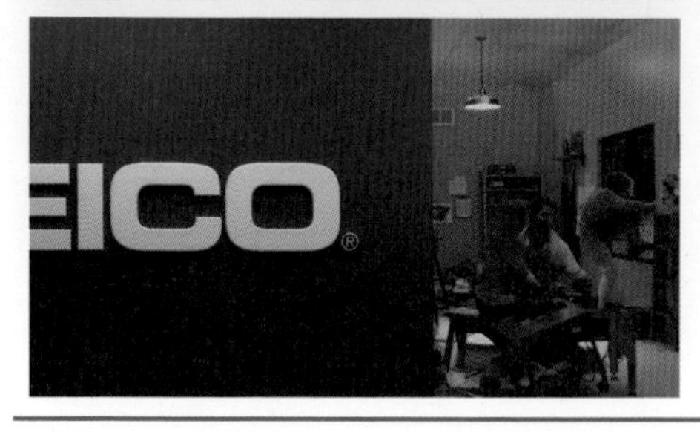

벽이 오른쪽으로 계속 밀리고 있음
유리창을 깬 사람이 창밖으로 탈출 중

벽이 거의 오른쪽에 다다르자 로고가 보임

https://youtu.be/eJ1hZzMXM6U

No. 13 '가이코' 보험 광고(마사지 숍 편)

• 광고내용 • 마사지 숍에서, 직원이 손님에게 가이코 보험의 혜택을 이야기합니다.

15초

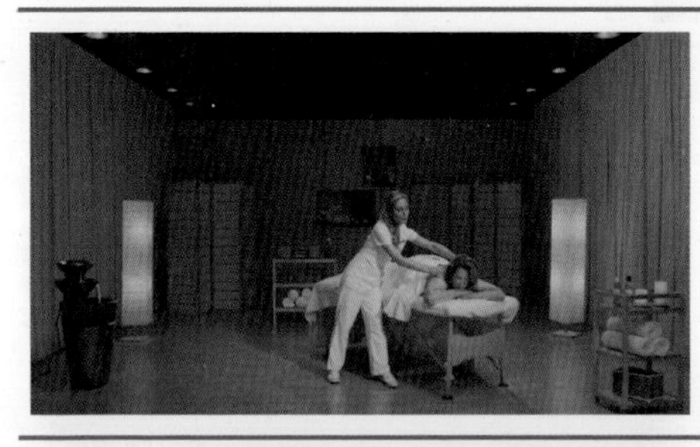

마사지 받는 중

내레이션
이 광고는 시청자 편의를 위해 시간을 압축했습니다

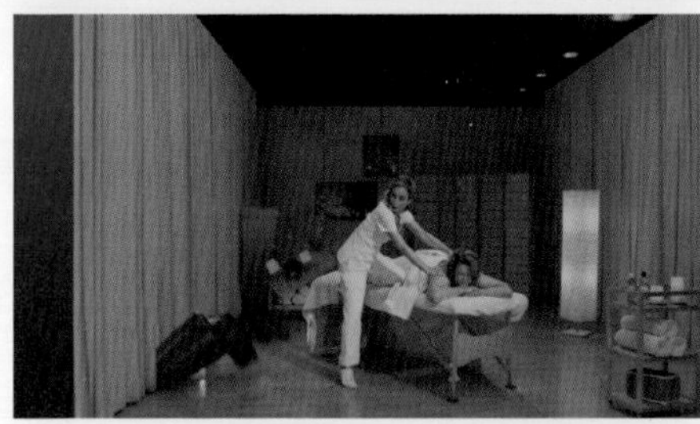

손님과 직원이 대화하고 있음
왼쪽 벽이 화면 오른쪽으로 점점 이동함

대화 내용 요약
가이코로 바꿨더니 정말 돈이 절약되어 놀랐다는 내용

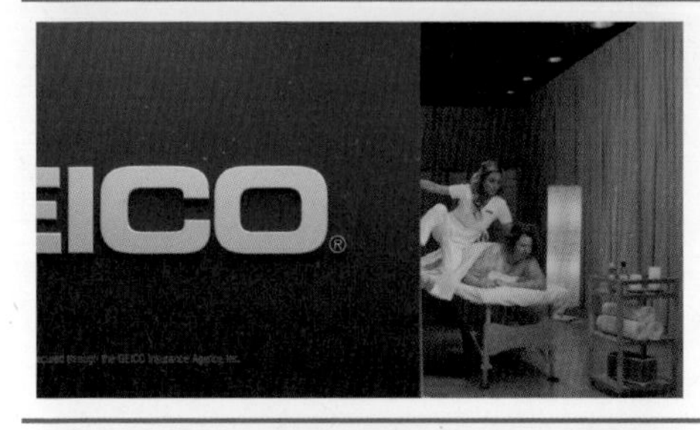

벽이 오른쪽으로 계속 밀리고 있음
직원이 벽을 반대 방향으로 밀어내려고 함

벽이 거의 오른쪽에 다다르자 로고가 보임

https://youtu.be/nBn5OXFh16s

No. 14 '가이코' 보험 광고(슈퍼마켓 편)

• 광고내용 • 슈퍼마켓 직원들이 제품을 진열하고 있습니다. 직원 중 한 명이 동료에게 좋은 보험이 있다고 추천합니다.

 15초

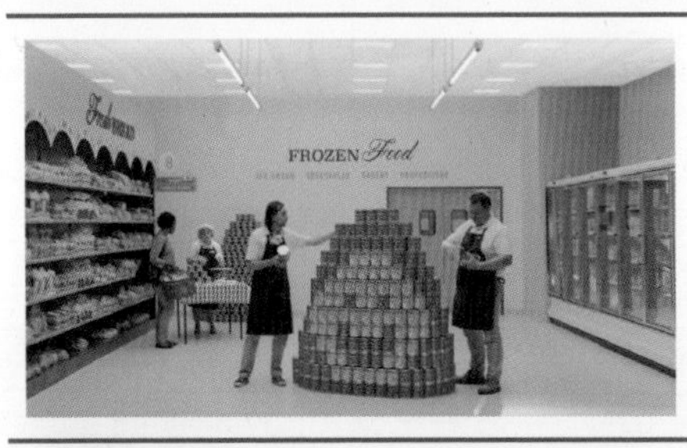

슈퍼마켓에서 직원들이 제품을 진열하고 있음

내레이션
이 광고는 시청자 편의를 위해 시간을 압축했습니다

왼쪽 벽이 화면 오른쪽으로 점점 이동함
둘은 대화하고 있고 진열된 제품은 쓰러지고 있음

대화 내용 요약
가이코로 바꿨더니 정말 쉽게 돈이 절약되었다는 내용

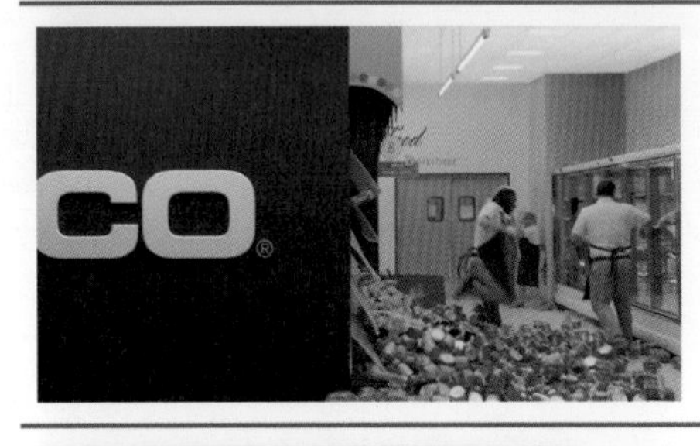

벽이 오른쪽으로 계속 밀림
진열된 제품이 다 쓰러짐

둘은 냉장고 문을 열고 안으로 들어가 몸을 피함
벽이 거의 오른쪽에 다다르자 로고가 보임

https://youtu.be/KetUtFfnkyY

No. 15 '가이코' 보험 광고(백파이프 편)

• 광고내용 • 백파이프 판매점에서 한 직원이 다른 직원에게 좋은 보험이 있다고 말하며 보험의 장점을 알려줍니다.

15초

백파이프 판매점

내레이션
이 광고는 시청자 편의를 위해 시간을 압축했습니다

왼쪽 벽이 화면 오른쪽으로 점점 이동함
둘이 대화하면서 한 명이 움직이는 벽을 반대 방향으로 밀기 시작함

대화 내용 요약
가이코로 바꾸니 돈이 15% 이상 절약되었다는 내용

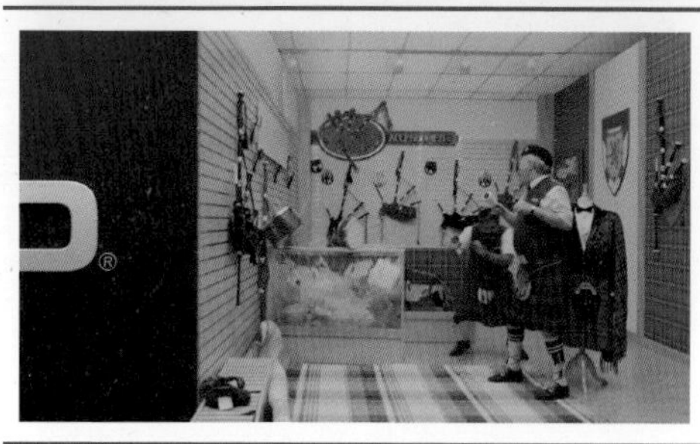

벽이 오른쪽으로 계속 밀리고 있음
진열장의 유리가 깨짐

벽이 거의 오른쪽에 다다르자 로고가 보임

https://youtu.be/4ukQPhNewxY

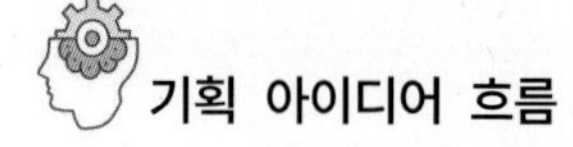

기획 아이디어 흐름

* **브랜드:** 가이코(GEICO)(보험)
* **브랜드 특징**
1. 유머러스한 광고 제작으로 유명
2. 전형적인 보험 광고 형태인 지루한 설명을 피함
3. (하지만) 필요한 정보는 핵심적으로 반드시 전달
* **광고 콘셉트**
1. 기존의 재치있는 스타일 유지
2. 광고 스킵(건너뛰기) 현상을 방지하기 위한 아이디어 추가
3. 짧은 광고 시간에 보험 관련 정보도 적절하게 드러냄
* **콘셉트 스토리화**
1. 인물의 대화를 통해 자연스럽게 정보 전달
   예) 친구와의 대화, 강사와 수강생의 대화, 직원과 손님의 대화, 직장 동료와의 대화
2. 대화는 아는 사람에게 좋은 정보를 추천해주는 형태로 친밀하게 진행
3. 대화가 자연스럽게 이뤄지는 장소 선택
   예) 친구와 라켓볼 운동하는 중
   강사와 수강생의 강습 중(도자기 공방)
   직원과 손님 관계를 나타내는 가게(마사지 숍)
   직장 동료끼리의 대화가 이뤄지는 일터(슈퍼마켓, 백파이프 판매점)
* **스토리 추가**

: 브랜드의 재치있는 성격을 드러내기 위해 스토리에 한 가지 요소를 추가
   예) 대화가 길어지지 않게(광고가 빨리 끝나도록) 벽이 이동하여 대화를 방해함
* **스토리 시각화**
1. 도입부에 시청자에게 노골적으로 짧게 광고하겠다고 말하고 시작함
   (광고 스킵 현상을 방지하기 위한 아이디어)
2. 시청자가 광고 시간이 빨리 지나가는 것처럼 느끼게 연출
   예) 촬영장 세트장(벽)이 움직여 촬영이 빨리 끝나게 만듦
3. 시청자를 다급하게 만들기 위해 광고 속 인물의 대사 속도도 증가

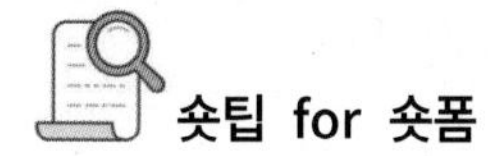

숏팁 for 숏폼

중간에 멈추지 않고 끝까지 시청하게 하려면, 시간이 금방 지나가게 느끼도록 연출 요소(빠른 화면 전환, 대사 속도 증가 등)를 (과하지 않은 범위에서) 추가해보세요.

7. 실제 사건 그대로 사용하기 | 메칼 단편 영화제 (7편)

단편 영화는 영화제마다 기준이 다르지만 40분 이내의 짧은 스토리텔링을 다룹니다. 10분에서 20분 내외가 보편적이고 더 짧은 몇 분 단위도 있습니다. 장편보다 호흡이 빨라 스토리 흐름에 속도감이 있고, 하나의 상황만 이야기할 때는 집중적으로 그 하나만 파고들기도 합니다.

영화를 공부하는 학생이나 제작(Filmmaking) 입문자는 단편을 보거나 만드는 것에 익숙합니다. 상업적 투자나 특별한 지원을 받지 않을 경우 제작비 부담이 커, 장편보다는 단편을 주로 만들기 때문이죠. 이들은 영화가 완성되면 객관적인 평가를 받기 위해 영화제에 출품하여 시청자의 반응을 살핍니다.

세계에는 잘 알려진 3대 영화제인 베네치아 영화제, 베를린 영화제, 칸 영화제뿐 아니라 특징을 살린 영화제들이 많습니다. 호러 영화제, SF 영화제, LGBTQ 영화제, 환경 영화제 등 분야가 뚜렷한 영화제가 그 예입니다.

그중에서도 '메칼(Mecal) 바르셀로나 국제 단편 & 애니메이션 영화제'는 짧은 스토리를 다루는 특징을 갖고 있습니다. 이러한 영화제는 영화를 공부하는 학생과 입문자에게는 매력적인 기회의 장이고, 단편 영화를 즐겨 보는 관객에게는 환영받는 축제입니다. 이들을 위해 메칼은 자신의 고유성을 살려 짧은 스토리텔링을 직접 보여주는 홍보를 했고, 갑작스럽게 예기치 못한 일이 일어나는 상황을 통해 이야기를 풀어나갔습니다.

남성이 여성을 안아 올리는 로맨틱한 장면에서 중심을 잃어 상황이 코미디로 바뀌거나, 스케이트를 타다 크게 다쳐 스포츠에서 폭력적인 장면으로 바뀌거나 등을 보여줍니다. 시리즈로 여러 상황을 다루는데, 시청자가 한번은 겪어봤을 만한 (또는 들어 봤을 만한) 것이 있도록 다양한 실제 사건을 선정했습니다. 시청자의 공감도를 올리기 위해 친숙한 장면을 사용한 겁니다.

No. 16 국제 영화제 '메칼' 광고(결혼식 사진 편)

• 광고내용 • 결혼식 단체 사진 촬영 중 갑자기 일어난 사고는 로맨틱한 상황을 극적인(드라마틱한) 상황으로 바꿉니다.

17초

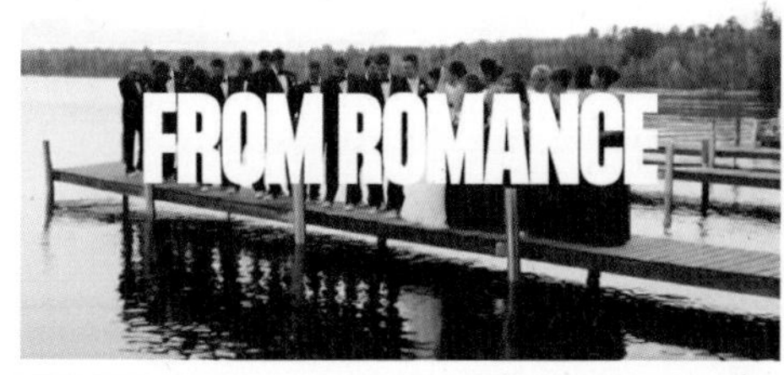

(결혼식 단체 사진 촬영 중)
호숫가 다리 위에서 단체 사진 찍으려고 사람들이 열을 맞춰 서는 중

자막
로맨스에서

갑자기 다리가 무너지기(내려앉기) 시작
사람들이 비명을 지르며 뜀

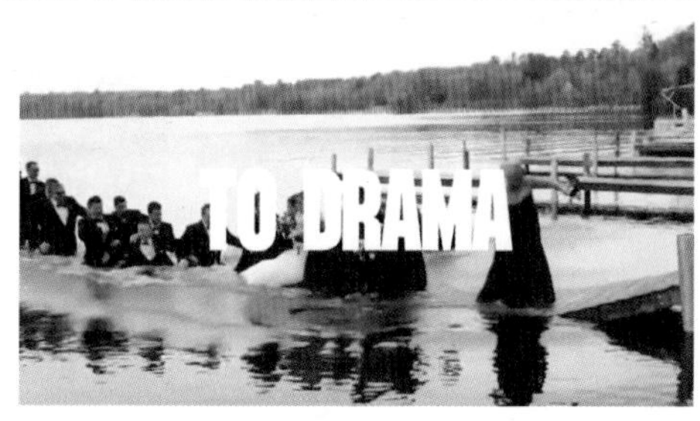

다리가 가라앉고 사람들도 물에 빠짐

자막
드라마로

IN A SHORT WHILE

자막
짧은 시간에 (바뀝니다)

ALL GENRES TOGETHER,
AT MECAL SHORT FILM FESTIVAL.

자막
메칼 단편 영화제에는
모든 장르가 있습니다

로고와 자막
메칼
제23회 바르셀로나 국제 단편 & 애니메이션 영화제
2021년 3월 22일부터 4월 22일까지

https://www.youtube.com/watch?v=mHY5H4WsdTo

No. 17 국제 영화제 '메칼' 광고(파티 편)

• 광고내용 • 파티에서 갑자기 일어난 사고는 분위기를 로맨스에서 코미디로 바꿉니다.

17초

	나이가 많아 보이는 남자가 여성을 안아 올림 **자막** 로맨스에서
	중심을 잃고 넘어지기 시작 여성이 비명을 지름 주변 사람이 그들을 잡으려 하지만 실패함 **자막** 코미디로
	넘어지면서 식탁이 뒤로 밀리고 식탁 위에 있는 접시들이 바닥으로 떨어짐

IN A SHORT WHILE

자막
짧은 시간에 (바뀝니다)

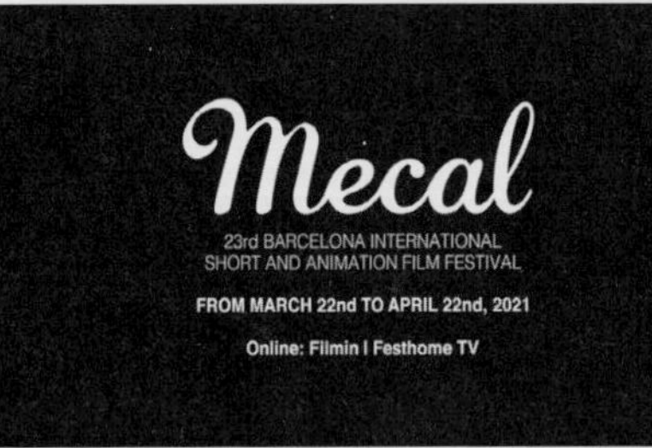

자막
메칼 단편 영화제에는
모든 장르가 있습니다

Mecal
23rd BARCELONA INTERNATIONAL
SHORT AND ANIMATION FILM FESTIVAL
FROM MARCH 22nd TO APRIL 22nd, 2021
Online: Filmin I Festhome TV

로고와 자막
메칼
제23회 바르셀로나 국제 단편 & 애니메이션 영화제
2021년 3월 22일부터 4월 22일까지

https://www.youtube.com/watch?v=FUYoSQIPH0A

No. 18 국제 영화제 '메칼' 광고(번지점프 편)

• 광고내용 • 익스트림 스포츠에서 일어난 실수는 상황을 액션에서 공포로 만듭니다.

17초

한 사람이 몸에 줄을 묶고 절벽에서 점프하기 위해 뜀

자막
액션에서

반대편에서 줄을 잡고 있는 사람이 중심을 잃음

줄을 잡고 있던 사람도 같이 떨어짐

자막
공포로

IN A SHORT WHILE

자막
짧은 시간에 (바뀝니다)

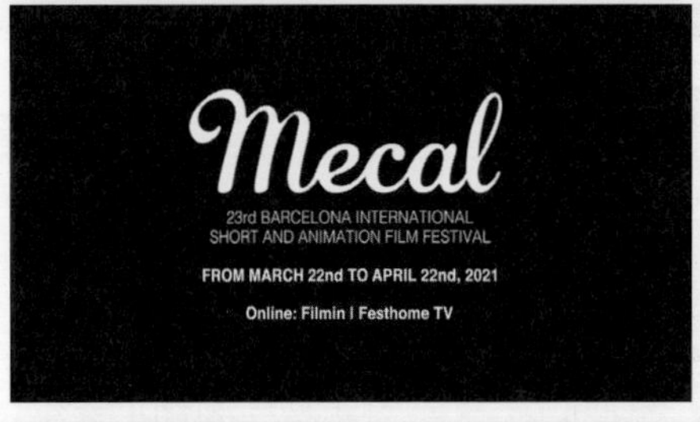

자막
메칼 단편 영화제에는
모든 장르가 있습니다

Mecal
23rd BARCELONA INTERNATIONAL
SHORT AND ANIMATION FILM FESTIVAL
FROM MARCH 22nd TO APRIL 22nd, 2021
Online: Filmin | Festhome TV

로고와 자막
메칼
제23회 바르셀로나 국제 단편 & 애니메이션 영화제
2021년 3월 22일부터 4월 22일까지

https://www.youtube.com/watch?v=4NkftDDFZC4

No. 19 국제 영화제 '메칼' 광고(스케이트 편)

• 광고내용 • 스포츠에서의 큰 사고는 의도하지 않은 폭력적인 상황이 될 수 있습니다.

17초

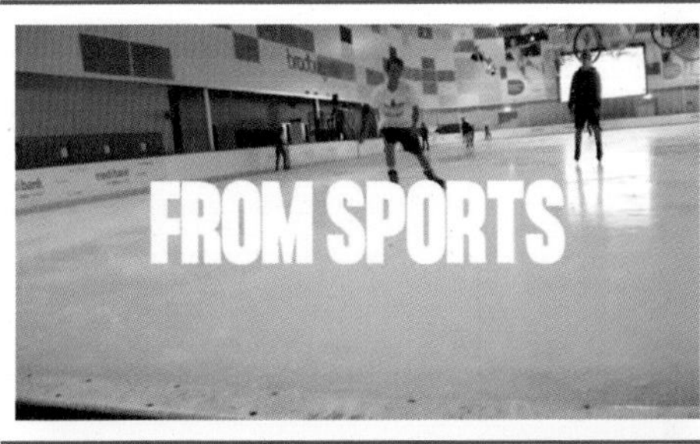

스케이트 타는 중

자막
스포츠에서

정지하려는데 스텝이 꼬이면서 넘어짐
넘어지면서 스케이트장 입구에 부딪힘

누워서 아파하고 있음

자막
(무자비한) 폭력으로

IN A SHORTWHILE

자막
짧은 시간에 (바뀝니다)

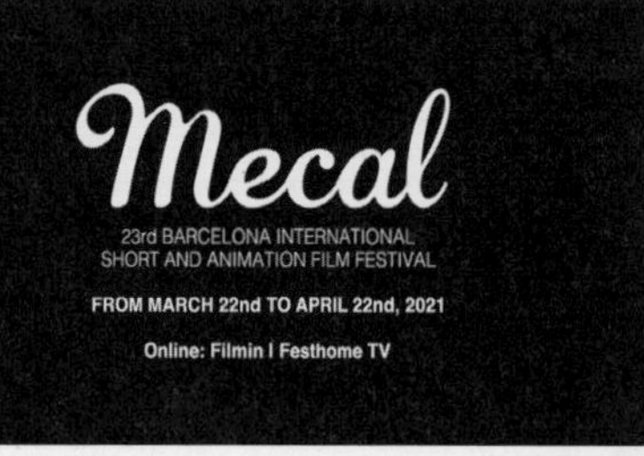

자막
메칼 단편 영화제에는
모든 장르가 있습니다

Mecal
23rd BARCELONA INTERNATIONAL
SHORT AND ANIMATION FILM FESTIVAL
FROM MARCH 22nd TO APRIL 22nd, 2021
Online: Filmin I Festhome TV

로고와 자막
메칼
제23회 바르셀로나 국제 단편 & 애니메이션 영화제
2021년 3월 22일부터 4월 22일까지

https://www.youtube.com/watch?v=JGUmHzB9jGE

No. 20 국제 영화제 '메칼' 광고(보드 편)

• 광고내용 • 스포츠에서 예기치 못한 실수는 코믹한 장면이 되기도 합니다.

17초

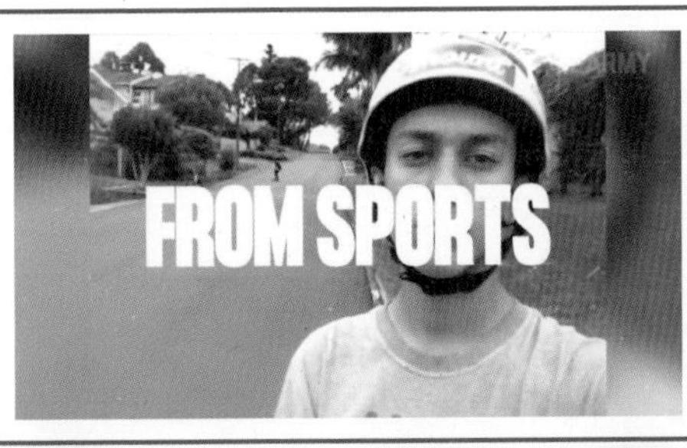

헬멧 쓴 사람이 촬영하고 있음
뒤편에는 또 다른 사람이 스케이트보드를 타고 내려오고 있음

자막
스포츠에서

뒤편에 내려오던 사람이 스피드 조절 실패로 스케이트보드에서 튕겨 나옴

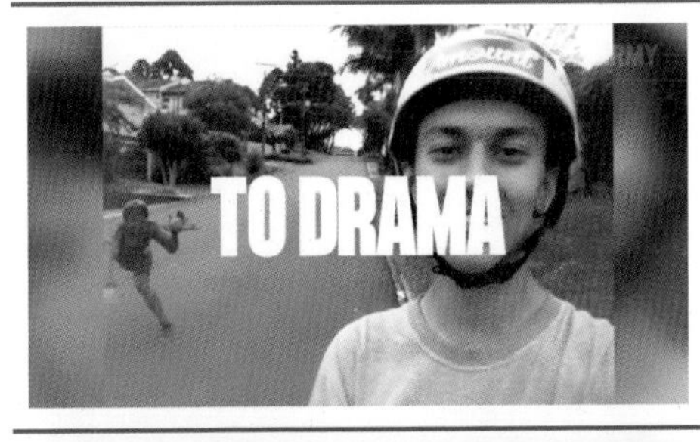

중심을 못 잡은 채로 앞으로 넘어질 것 같음
촬영하고 있던 사람은 웃기 시작함

자막
드라마로

자막
짧은 시간에 (바뀝니다)

자막
메칼 단편 영화제에는
모든 장르가 있습니다

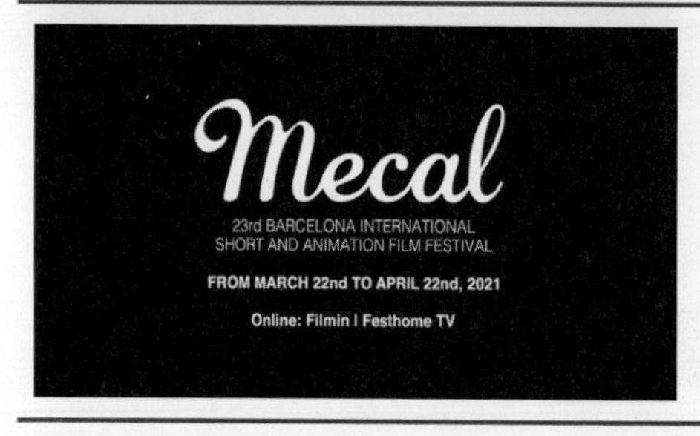

로고와 자막
메칼
제23회 바르셀로나 국제 단편 & 애니메이션 영화제
2021년 3월 22일부터 4월 22일까지

https://www.youtube.com/watch?v=Q36Qv1Z83oQ

No. 21 국제 영화제 '메칼' 광고(개울가 건너기 편)

• 광고내용 • 무모한 도전은 비록 시작은 좋아 보일지라도 마지막에는 안 좋게 끝날 수도 있습니다.

17초

남성이 개울가를 향해 뛰기 시작

자막
모험에서

개울을 넘으려고 점프

자막
비극으로

건너편으로 도달하지 못하고 물에 빠짐

IN A SHORTWHILE

자막
짧은 시간에(바뀝니다)

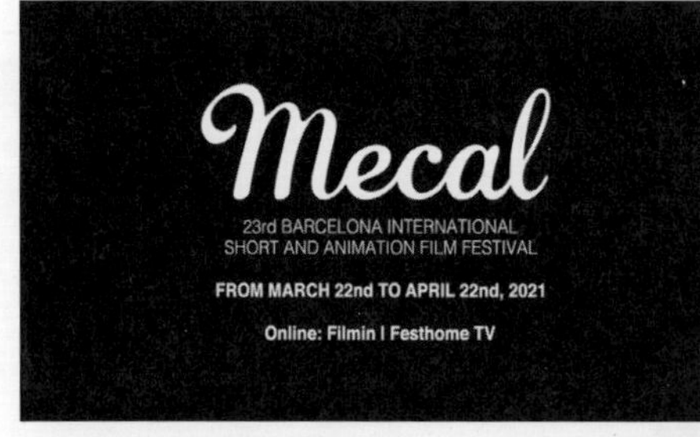

자막
메칼 단편 영화제에는
모든 장르가 있습니다

Mecal
23rd BARCELONA INTERNATIONAL
SHORT AND ANIMATION FILM FESTIVAL
FROM MARCH 22nd TO APRIL 22nd, 2021
Online: Filmin I Festhome TV

로고와 자막
메칼
제23회 바르셀로나 국제 단편 & 애니메이션 영화제
2021년 3월 22일부터 4월 22일까지

https://www.youtube.com/watch?v=haioCa2fGgo

No. 22 국제 영화제 '메칼' 광고(바이크 편)

• 광고내용 • **준비되지 않은 액션물은 코미디처럼 보일 수 있습니다.**

17초

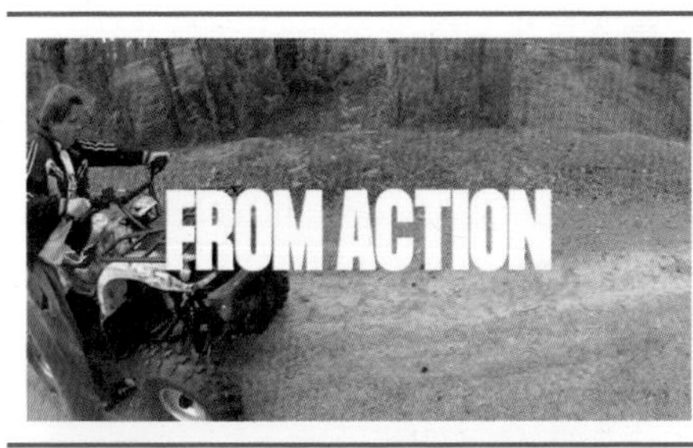

한 사람이 모터바이크 옆에 서서 시동을 걸려고 준비 중

자막
액션에서

시동을 걸자마자 바이크가 출발하여 탑승하지 못함

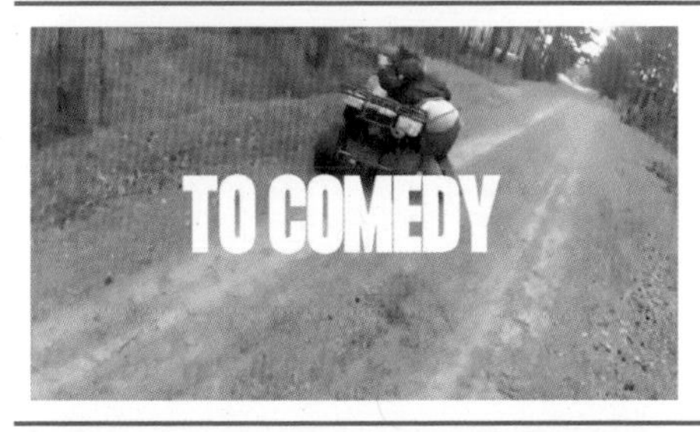

손잡이를 잡은 채로 바이크에 매달려 끌려가는 중

자막
코미디로

자막
짧은 시간에(바뀝니다)

ALL GENRES TOGETHER,
AT MECAL SHORT FILM FESTIVAL.

자막
메칼 단편 영화제에는
모든 장르가 있습니다

로고와 자막
메칼
제23회 바르셀로나 국제 단편 & 애니메이션 영화제
2021년 3월 22일부터 4월 22일까지

https://www.youtube.com/watch?v=Y8pnqi8IMyw

기획 아이디어 흐름

* **브랜드:** 메칼(Mecal) 단편 영화제
* **특징 및 전달 메시지:** 짧은 시간의 스토리텔링(단편 영화이기 때문에)
* **제작 방향:** 현재 상황에 예기치 못한 일이 일어나는 건 아주 짧은 순간임을 표현
* **제작 방법:** 메시지의 설득력을 높이기 위해 실제 사건을 활용
* **방법 시각화**

  1. 장면의 이해를 도와주는 자막 사용
  2. 자막을 강조하기 위해 크고 두꺼운 글씨로 표현

* **메시지 전달 방법 추가(효과음 추가)**

  예) 비명, 주변 사물 깨지는 소리 등

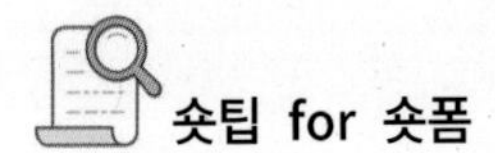

숏팁 for 숏폼

시청자가 메시지를 자연스럽게 이해하게 하려면 (또는 메시지의 설득력을 높이고 싶다면), 장면을 인위적으로 만드는 연출보다 실제 일어난 장면을 그대로 사용해보세요. 진실한 이야기 전달에 효과적입니다.

8. 소품을 상징적으로 사용하기 | 서브웨이 샐러드 (2편)

서브웨이(SUBWAY)에서 '샐러드'를 광고합니다. 샌드위치로 유명한 브랜드이니까 그 신메뉴를 알리는 것은 어렵지 않지만, 다른 제품군인 샐러드를 광고한다는 것은 어렵고 도전적인 과제입니다. 메뉴에 샐러드는 계속 있었지만 주력 상품으로 피력하지 않았고, 사람들은 서브웨이하면 샌드위치로 인식해왔습니다.

• • '서브웨이' 샌드위치 광고

사실 신생 브랜드는 주력 제품군을 어필하면서 브랜드 이름만 들어도 사람들 머릿속에 그 제품이 떠오를 수 있게 노력합니다. 예를 들어 2080하면 치약이 떠오르고, 엘라스틴하면 샴푸가 떠오르는데, 제품 등장 초기부터 브랜드명을 기억시키는 것에 노력했기 때문입니다. 서브웨이도 한 제품(샌드위치)으로 오랜 기간 구축을 잘해왔죠. 하지만 이 부분이 제품군 확장에는 어려움이 될 수 있습니다. 기존 제품이 자리를 잘 잡고 있어 신제품을 어색한 이방인으로 여길 가능성이 있죠. 심각하게는 기존 제품의 전문성을 떨어트릴 수도 있어 오히려 브랜드 이미지가 안 좋아지기도 합니다. 그래서 새로

운 제품을 등장시킬 때는 안전하게 브랜드를 하나 더 런칭하거나, 서브(하위) 브랜드를 만들어 영역을 넓히죠. 하지만 서브웨이 샐러드는 기존 메뉴에 이미 포함되어 있어, 브랜드의 전문성을 유지하며 어렵지 않게 알릴 수 있었습니다.

그동안의 샌드위치 광고에서는 특별한 이유가 있지 않은 이상 배경을 브랜드 대표색인 초록색으로 표현했습니다. 잘 구축해 놓은 그 이미지를 유지하려고 샐러드 광고에서도 초록색 배경을 그대로 사용하였고, 설명보다는 상징적인 소품으로 센스 있게 의미를 담는 데 집중했습니다.

'맛과 영양이 모두 균형 잡혔다(Perfectly balanced)'는 것을 균형 잡기 어려운 소품을 쌓아 흔들림 없음으로 보여줍니다. 여기서 사용된 소품은 다른 상징적인 의미도 있습니다. 샐러드가 도시락 형태여서 장소가 떠오르는 소품(운동 도구, 사무실 용품)을 사용하여 다양한 곳에서 먹을 수 있음을 알려주는 겁니다. 기존 샌드위치로 유명했던 브랜드의 분위기와 방식(Tone and Manner)을 유지하면서도 신제품을 훌륭하게 소개한 콘텐츠입니다.

No. 23 ‘서브웨이’ 샐러드 광고(운동 편)

• 광고내용 • 테니스공 두 개를 쌓고 그 위에 케틀벨(Kettle bell)을 올립니다. 균형 잡기 어려운 둥근 모양의 소품으로 짧은 시간에 완벽하게 균형을 맞춥니다.

20초

배경이 ‘서브웨이’ 브랜드의 대표색인 초록색임
사람 손이 등장하고 손앞에 테니스공이 있음

테니스공을 쌓음

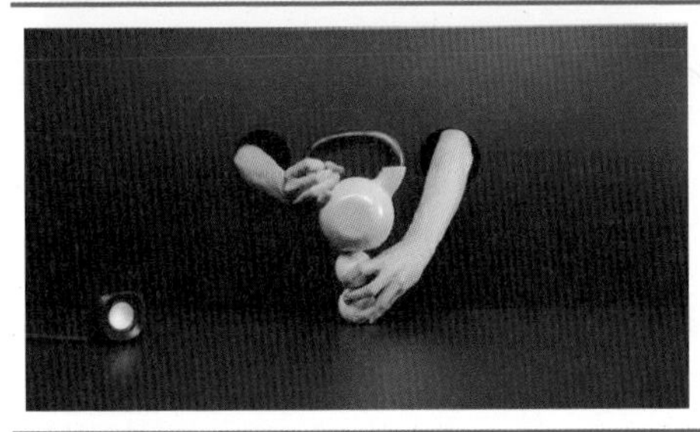
쌓은 테니스공 위에 케틀벨을 올림

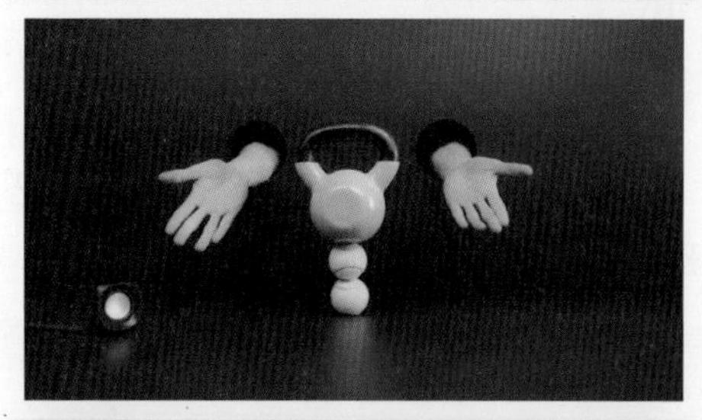

소품이 쓰러지지 않고 완벽하게 균형을 잡음

소품이 사라지고 샐러드 도시락이 등장

자막
왼쪽: 치킨 베이컨 아보카도
(Chicken Bacon Avocado)
오른쪽: 치킨 시저
(Chicken Caesar)

자막
완벽하게 균형 잡힌 샐러드

로고
서브웨이

https://www.youtube.com/watch?v=d-_emHw9T5Q

No. 24 '서브웨이' 샐러드 광고(사무실 편)

• 광고내용 • 스테이플러를 세로로 세우고 그 위에 커피메이커 유리 용기를 올립니다. 균형 잡기 어려운 소품을 사용하여 짧은 시간에 완벽하게 균형을 맞추는 겁니다.

20초

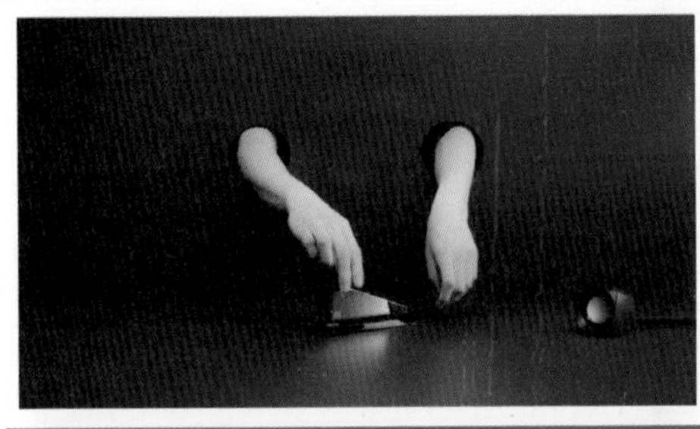
배경이 '서브웨이' 브랜드의 대표색인 초록색임
사람 손이 등장하고 손 앞에 스테이플러가 있음

스테이플러를 세로로 세움

커피메이커 유리 용기를 스테이플러 위에 올림

소품이 쓰러지지 않고 완벽하게 균형을 잡음

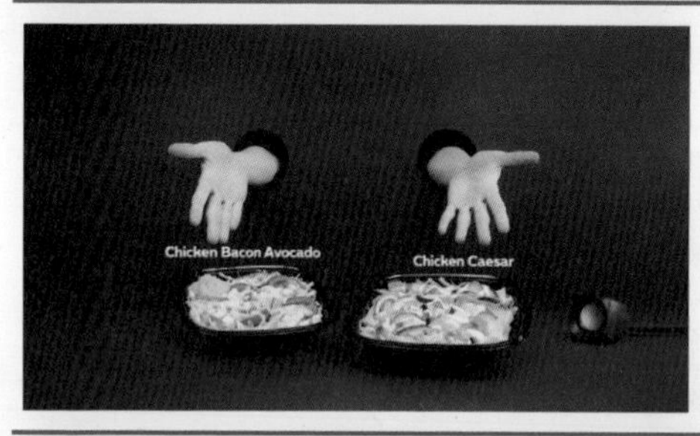

소품이 사라지고 샐러드 도시락이 등장

자막
왼쪽: 치킨 베이컨 아보카도
(Chicken Bacon Avocado)
오른쪽: 치킨 시저
(Chicken Caesar)

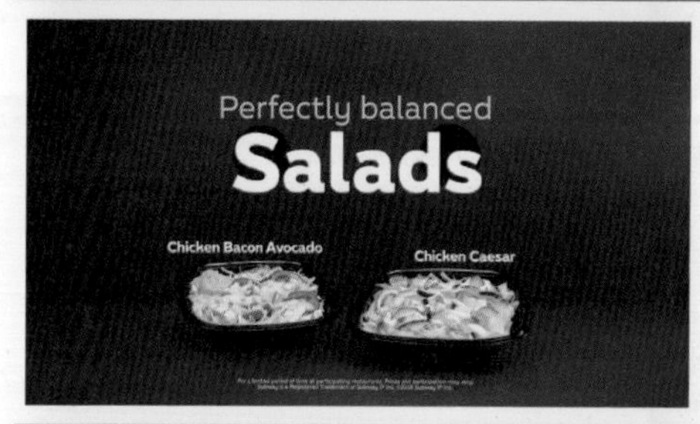

자막
완벽하게 균형 잡힌 샐러드

로고
서브웨이

https://www.youtube.com/watch?v=6_fDI3Q5pvw

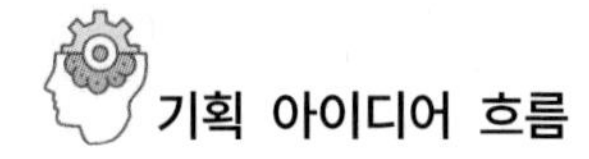

기획 아이디어 흐름

* **브랜드:** 서브웨이(SUBWAY)(샌드위치로 유명한 브랜드)
* **제품:** 샐러드(도시락)
* **어필할 제품 특징**
  1. (샌드위치로 유명한 브랜드이지만) 샐러드도 잘 만들 수 있음
  2. 완벽하게 균형 잡힌(Perfectly balanced) 식사임
  3. 도시락 형태로 테이크아웃 가능
* **짧은 시간에 제품 특징을 상징적으로 표현**
  : 균형 잡기 어려운 소품(물건)으로 완벽하게 균형 맞추기
* **상징적 표현 의도**
  : 서브웨이는 샌드위치뿐 아니라 샐러드도 (맛, 영양 등) 완벽하게 균형 맞출 수 있음
* **상징적 의미 추가**
  : 도시락 형태이기 때문에 다양한 장소에서 간편하게 먹을 수 있음
  예) 운동 후, 사무실
* **상징적 의미를 담을 수 있는 소품 찾기**
  예) 운동을 상징하는 테니스공과 헬스용 케틀벨
  사무실을 상징하는 스테이플러와 커피메이커 유리 용기
* **소품이 잘 보일 수 있게 배경 요소를 단순하게 하기**
  예) 단색 배경(브랜드 대표색인 초록색 선택)

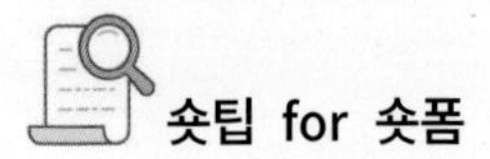

숏팁 for 숏폼

설명이 필요할 때 구구절절 나열하는 것보다 상징적 소품을 활용하면 짧은 시간에 함축적으로 내용을 전달할 수 있습니다.

9. 메시지 간접적으로 전달하기 | 펫코 반려동물 식품 (6편)

펫팸족(Pet과 Family의 합성어)이라는 신조어가 등장할 정도로 반려동물 가구 수가 증가했고, 관련 제품도 다양해지고 있습니다. 고양이 자동 화장실(배설물을 자동으로 처리해주는 기구), 반려동물 전용 보험, 반려동물 입장 가능 쇼핑몰과 호텔 등 관련 시장이 커지고 있죠. 가족 구성원의 일부로 생각해 건강을 챙기고 먹는 것도 신경을 씁니다.

좋은 재료인지, 영양가가 풍부한지 등을 고려하는 사람이 많아져 반려동물 식품을 사람이 먹어도 될 수준까지 올라왔습니다. 이런 흐름을 반영하여 펫코(petco)에서는 질 좋은 반려동물 식품을 출시했습니다. 과학적으로 조리했고, 영양소가 살아있고, 좋은 단백질이 들어있고 등을 알리기 위해 광고도 만들었습니다. 식품을 먹는 대상은 동물이지만 구매는 사람이 하기에 사람을 설득해야 하지만, 그들은 동물이 어떤 상황에 무슨 영양소가 필요한지 잘 모릅니다. 만약 동물의 니즈(Needs)가 구체적으로 전달된다면 더욱 설득력을 가질 겁니다.

이런 점에 착안하여 펫코는 사람이 반려동물의 입장이 되어보도록 합니다. 고양이처럼 커튼 뒤에서 손으로 커튼을 누르거나, 상자에 들어가 숨거나, 강아지처럼 신발을 몰래 숨기거나 등 특징적인 행동을 할 때 어떤 영양소가 필요한지를 느껴보는 겁니다. 광고에서는 사람을 등장시켜 반려동물처럼 행동하게 하고, 펫코 식품이 자신들에게 어떤 영향을 미치는지 이야기하게 합니다. 간접적으로 메시지를 전달하는 것이죠. 반려동물과 함께 지낸 사람이라면 공감할 수 있는 행동들이라 흥미로움도 함께 느낄 수 있습니다.

No. 25 반려동물 식품 '펫코' 광고(커튼 편)

• 광고내용 • 사람이 고양이처럼 커튼 뒤에 숨어 커튼을 손으로 누르며 말합니다.

15초

사람이 양손으로 커튼을 누르며 이야기함

대사
(나에게 잘 맞춰진) 펫코 고양이 식품을 먹으면 에너지가 넘쳐요. 에너지는 이렇게 커튼 누르기를 할 때 필요하답니다

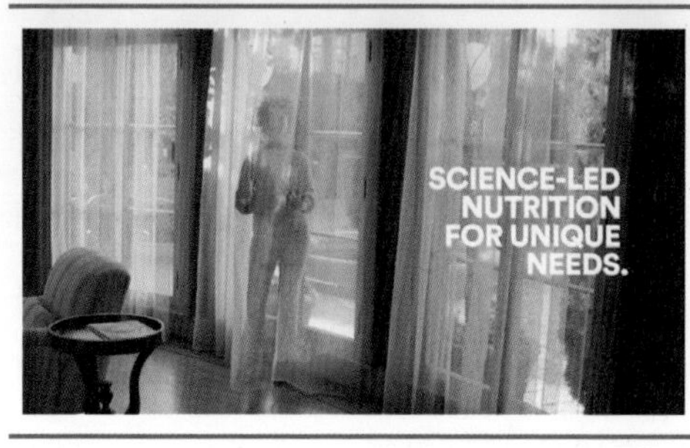

자막
취향을 고려하여
과학적으로 만든 영양식

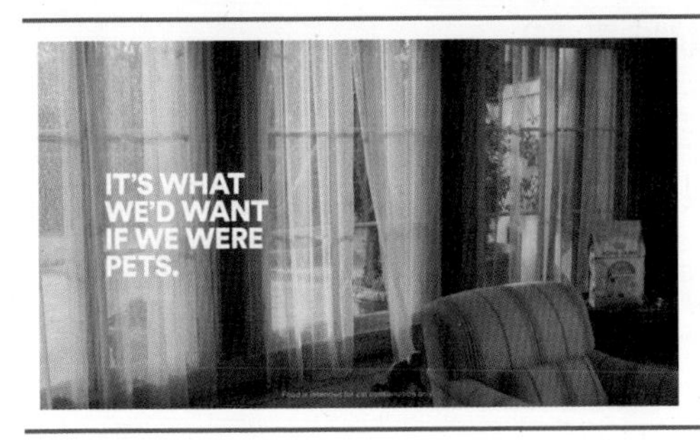

자막
우리가 반려동물이라면
이런 걸 원할 것 같아요

https://youtu.be/RWAeemCRFeE

No. 26 반려동물 식품 '펫코' 광고(레슬링 편)

• 광고내용 • 형제가 레슬링을 하고 있습니다. 강아지 두 마리가 서로 힘겨루기하는 것처럼 보입니다.

15초

형제끼리 힘겹게 레슬링 중
한 명이 이야기를 시작함

대사
형이랑 레슬링하는 걸 가장 좋아하죠. 지치긴 하지만 영양가 있고 따뜻한 강아지 음식을 먹으면 이렇게 힘이 난답니다

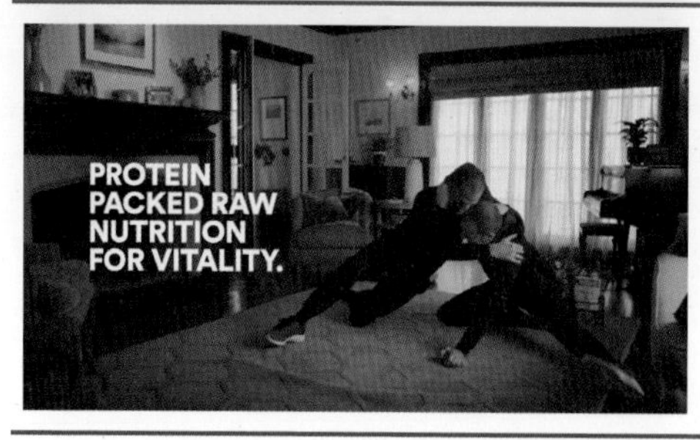

자막
가공하지 않은
단백질 영양소가
그대로 살아있어
활력 넘치게 해줍니다

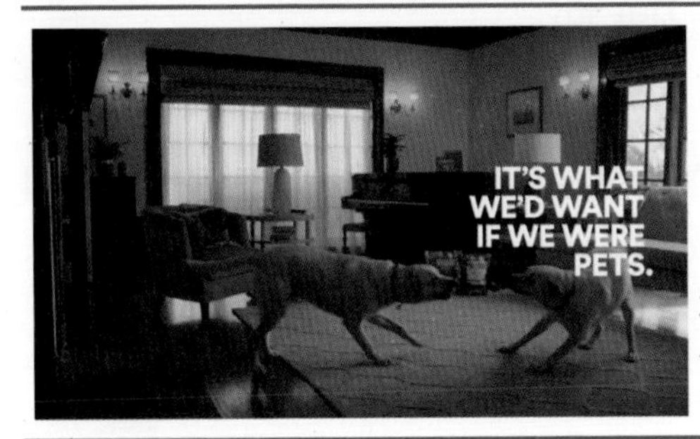

자막
우리가 반려동물이라면
이런 걸 원할 것 같아요

https://youtu.be/TXOfQK_ZoLs

No. 27 반려동물 식품 '펫코' 광고(신발 편)

• 광고내용 • 여성이 신발 여러 켤레를 안고 걸어옵니다. 강아지처럼 신발을 몰래 숨기거나 물고 다니는 걸 좋아하는 것 같습니다.

15초

여자가 신발 여러 켤레를 안고 걸어오며 이야기함

대사
신발 몰래 가져오기는 아무래도 신체적으로 힘들죠. 하지만 질 좋은 단백질 강아지 음식을 먹으면 기운이 넘치고 건강해져요

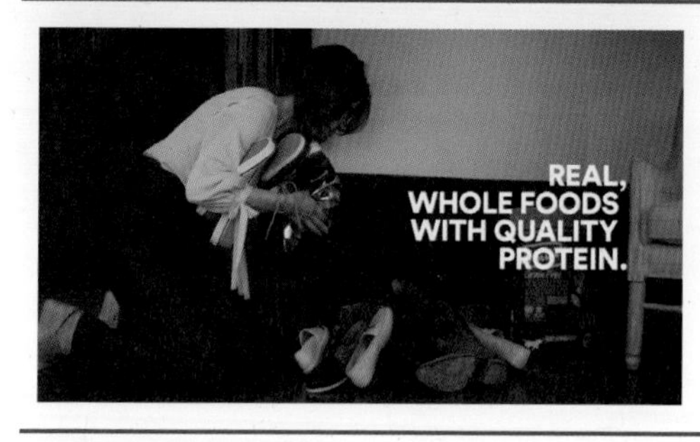

자막
질 좋은 단백질이 들어있는
건강에 좋은 진짜 자연식품

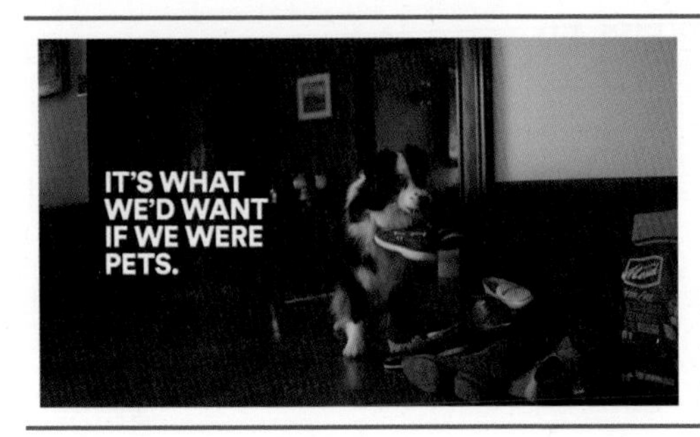

자막
우리가 반려동물이라면
이런 걸 원할 것 같아요

https://youtu.be/Dgo31FVVX_Y

No. 28 반려동물 식품 '펫코' 광고(부엌 편)

• 광고내용 • 말 잘 듣는 강아지처럼 한 남성이 음식을 줄 때까지 가만히 서서 기다립니다.

15초

한 남자가 주방 앞에 서 있음
식품 패키지를 바라보며 이야기를 시작함

대사
전 말도 잘 듣고 아주 착해요. 제가 좋아하는 건 구운 닭고기와 소고기예요. 그리고 강아지 식품 패키지를 보는 것도 좋아합니다

자막
최소한의 가공 처리만 하여
사람 음식 수준으로 만들었어요

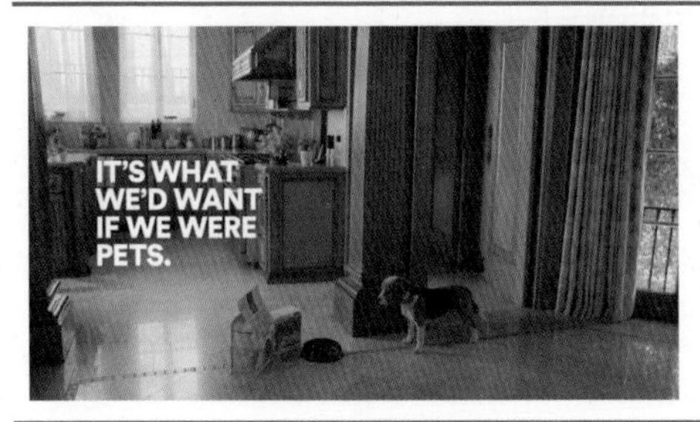

자막
우리가 반려동물이라면
이런 걸 원할 것 같아요

https://youtu.be/kk9WKDpU53c

No. 29 반려동물 식품 '펫코' 광고(거울 편)

• 광고내용 • 한 남성이 자신의 멋진 모습에 도취한 듯 거울 앞에 서서 말합니다.

15초

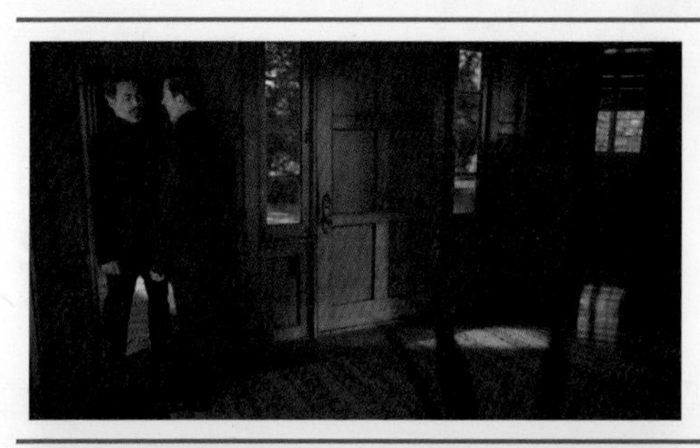

정장 차림의 남자가 거울 앞에 서 있음
거울을 보며 말하기 시작함

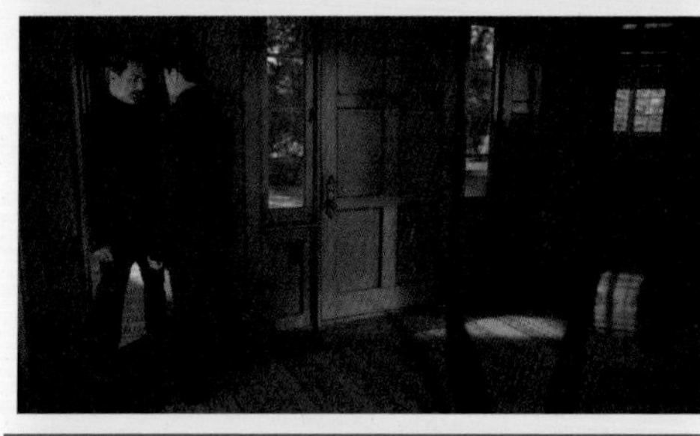

대사
빛나는 외투, 초롱초롱한 눈빛, 에너지 넘치는 모습. 우리 같은 멋쟁이들은 고품질 강아지 음식을 먹습니다. 그리고 나이도 남들과 다르게 먹습니다

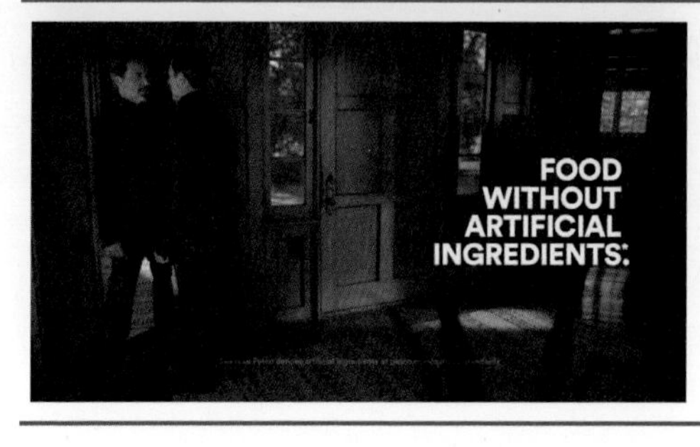

자막
인공 성분이
전혀 없는 식품

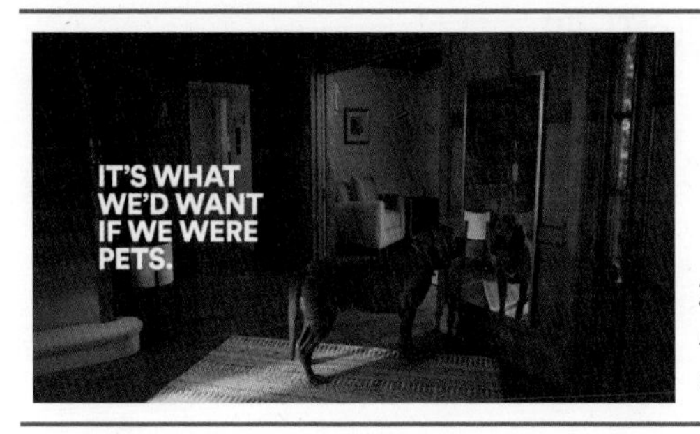

자막
우리가 반려동물이라면
이런 걸 원할 것 같아요

https://youtu.be/Y-Qty2NiNLM

No. 30 반려동물 식품 '펫코' 광고(상자 편)

• 광고내용 • 한 여성이 고양이처럼 상자 안에 있습니다. 고개만 살짝 내밀고 말합니다.

15초

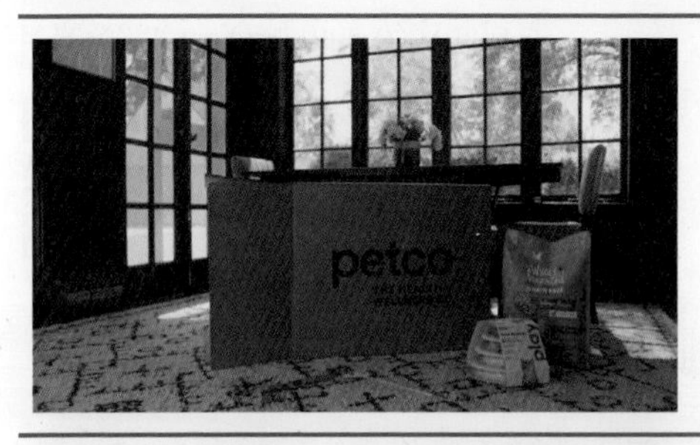

브랜드 이름인 '펫코'가 적혀있는 상자
상자 안에서 사람이 고개만 내밀고 이야기함

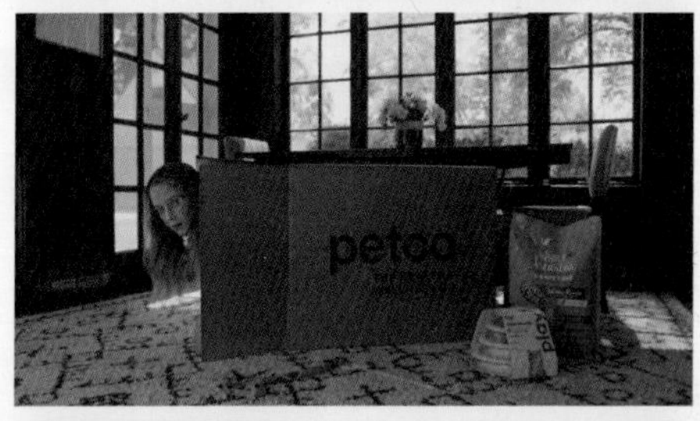

대사
내가 좋아하는 건 두 가지예요. 하나는 고품질 펫코 고양이 식품 먹는 거예요. 또 하나는 그 식품이 상자에 포장되어 당일 배송되는 거예요

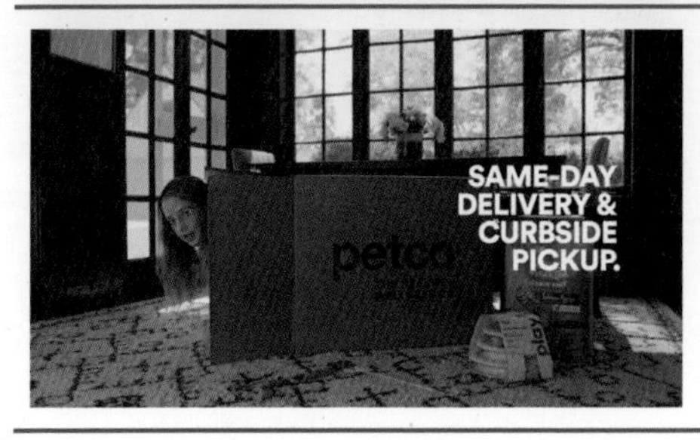

자막
당일 배송 가능
차에서 내리지 않고
픽업하는 서비스도 가능

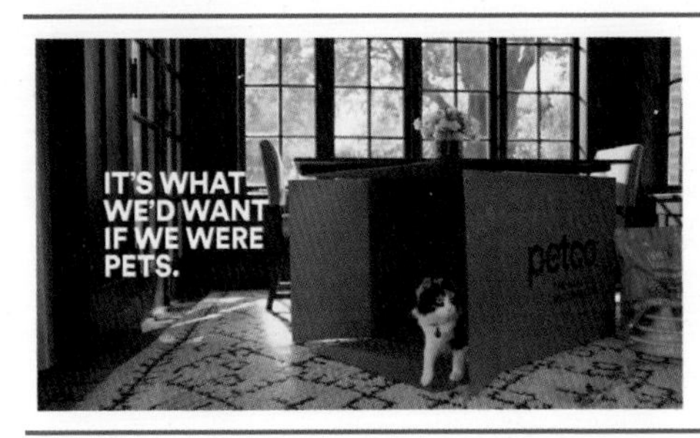

자막
우리가 반려동물이라면
이런 걸 원할 것 같아요

https://youtu.be/Yf5Fbnye_HA

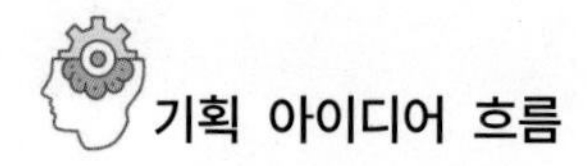

기획 아이디어 흐름

* **브랜드:** 펫코(petco)(반려동물 식품)
* **제품 특징**
 1. 영양 가득, 자연 재료, 최소한의 가공 처리, 좋은 품질의 단백질
 2. 사람 음식 수준의 고품질 식품
* **타깃(Target) 시청자**: 반려동물과 함께 사는 사람
* **타깃 시청자를 고려한 메시지 전달 방법**
 1. 평소 반려동물이 하는 행동이나 놀이를 보여줌(에너지가 필요한 상황을 만듦)
 2. 제품의 대상은 반려동물이지만 구매는 사람이 함(사람에게 어필해야 함)
 3. 사람이 반려동물의 입장이 되어 생각해보는 시간을 갖게 함
* **메시지 시각화**
: 사람이 반려동물이 되어 반려동물의 특징적인 행동과 놀이를 직접 함
 예) 고양이: 커튼 뒤에서 손으로 커튼 누르기
  강아지 두 마리: 서로 힘겨루기하기(레슬링 하듯)
  강아지: 신발 몰래 숨기기
  강아지: 음식이 담긴 패키지(봉지) 앞에 서서 줄 때까지 기다리기
  강아지: 거울 앞에 서 있기
  고양이: 상자 안에 들어가기

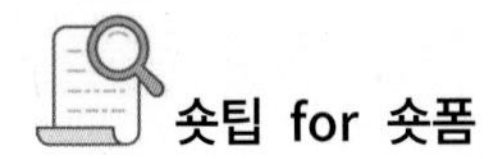

숏팁 for 숏폼

메시지를 직접적으로 전달하기 어려운 상황이라면, 이야기를 옮겨주는 매개체를 설정하여 간접 전달해보세요.

10. 되감기(Rewind) 사용하기 | QBE 보험 (4편)

부모님 자동차로 운전하다 차를 찌그러트렸다면 어떤 생각이 들까요? 사고 나기 몇 분 전으로 돌아가 조심히 운전하고 싶지 않을까요. 만약 집안에 도둑이 들어 물건이 없어졌다면 또 어떤 기분일까요? 아마 도둑이 오기 전 상태로 되돌리고 싶을 겁니다. 이렇게 예기치 못한 사고나 사건에 대비하라고 QBE 보험에서 되돌리기 콘셉트로 광고를 만들었습니다.

밋밋한 설명이나 딱딱한 표현 방법보다는 사고 당사자 마음을 대변해 줄 수 있는 상황을 연출합니다. 도둑맞은 TV를 되찾고 싶을 때, 도둑이 TV를 들고 창밖으로 나가는 장면을 되감아 다시 제자리에 가져다 놓는 것처럼 묘사합니다. 차가 찌그러진 것도 자동차 키 리모컨을 누르면 원래 상태로 펴지게 합니다.

사건 사고를 심각하게 표현하면 보는 사람이 거부감을 느낄 수 있어 이런 방법은 피한 겁니다. '쉽게 되돌릴 수 있다'라는 콘셉트를 시각적으로 바로 알 수 있게 연출하였고, 내가 겪었거나 주변에서 일어날 듯한 사건들을 예로 들어 시청자의 공감도를 올렸습니다.

No. 31 'QBE' 보험 광고(도둑 편)

• 광고내용 • 도둑이 집안 물건을 훔쳐 도망갔다고 걱정할 필요 없습니다. QBE 보험은 원래 상태로 되돌릴 수 있습니다.

15초

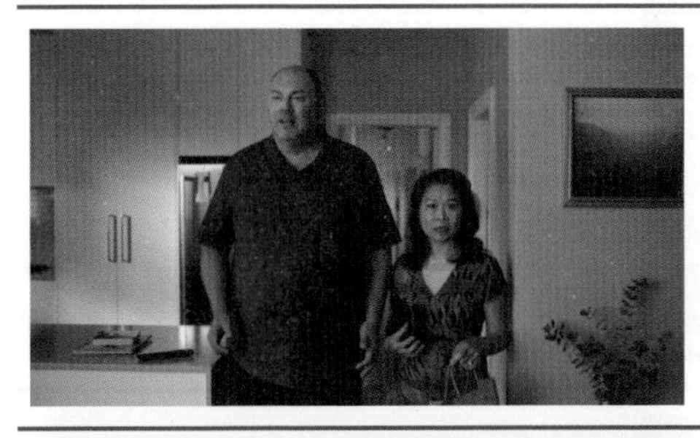

남자와 여자가 집에 들어옴
들어올 때 밝았던 표정이 갑자기 굳어짐

거실 창문이 떨어져 있고 TV가 없어진 상태

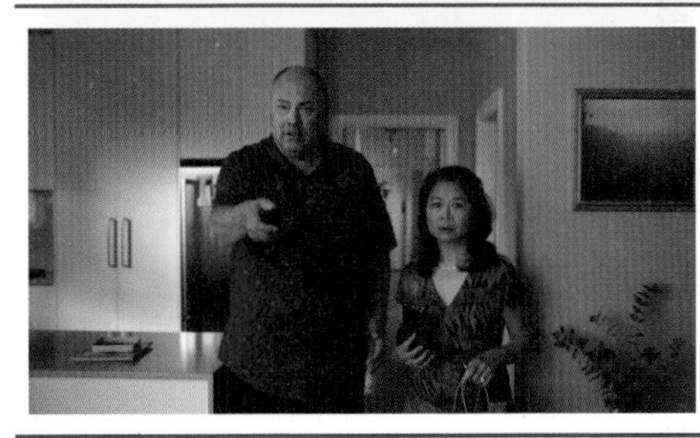

남자가 정면을 향해 리모컨을 누름

내레이션
QBE 보험은 쉽습니다

되감기 모드
도둑이 TV를 들고 뒤로 걸음

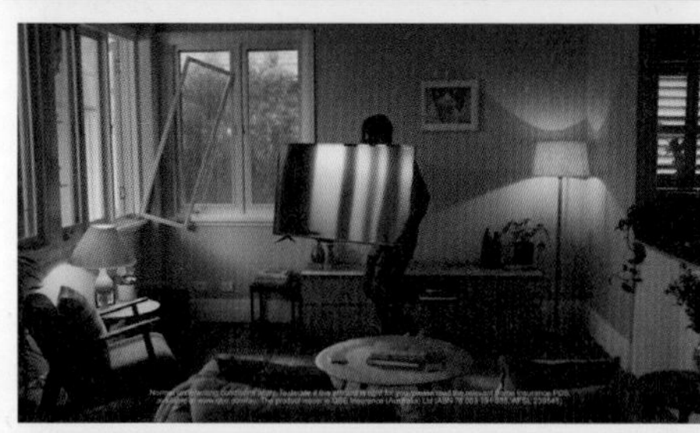

되감기 모드
계속 뒤로 걷는 중

되감기 모드
TV를 제자리에 놓음

되감기 모드
뒤로 걸어서 창문으로 나감

내레이션
온라인으로 가입하면 10%를 절약할 수 있습니다

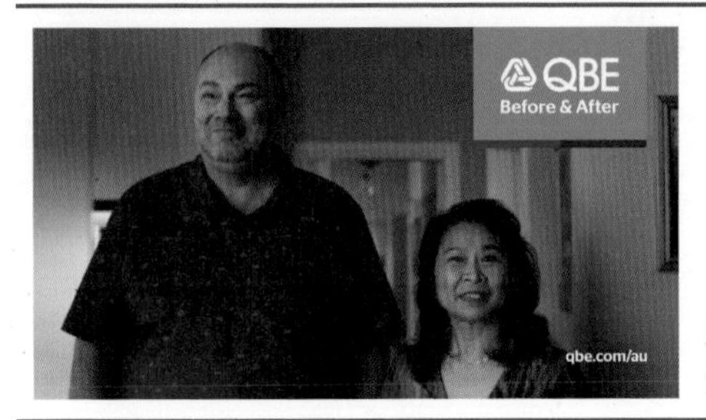

로고와 내레이션
QBE 보험

https://youtu.be/4JPNDLWyfjs

No. 32 'QBE' 보험 광고 (접촉사고 편)

• 광고내용 • 접촉사고로 자동차가 찌그러지면 QBE 보험이 원래 상태로 되돌려 드립니다.

 15초

자동차 앞부분이 찌그러짐
남자가 자동차를 바라보며 쩔쩔매고 있음

여자가 자동차를 향해 걸어옴

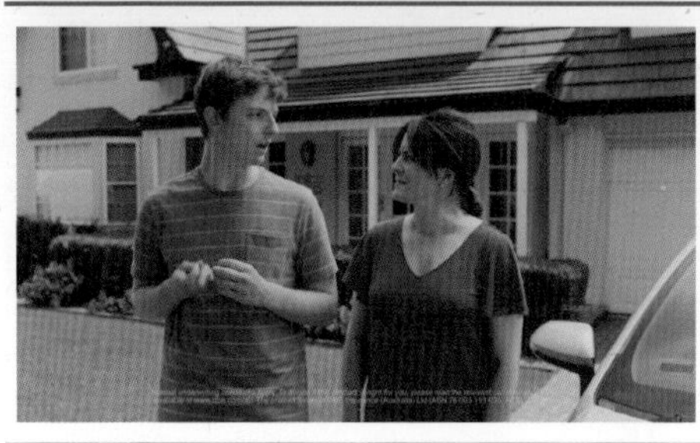

남자가 여자를 보며 걱정하는 표정을 짓고 있음

여자가 자동차를 주먹으로 세게 내려침

내레이션
QBE 보험은 쉽습니다

되감기 모드
찌그러졌던 자동차 보닛(Bonnet)이 펴짐

되감기 모드
떨어졌던 번호판이 제자리로 돌아감

자동차가 사고 전 상태로 돌아옴

내레이션
온라인으로 가입하면 75달러를 절약할 수 있습니다

로고와 내레이션
QBE 보험

https://youtu.be/YJNfU_kyRxM

No. 33 'QBE' 보험 광고(지하실 편)

• 광고내용 • 누수로 지하실 바닥에 물이 고여도 QBE 보험이 원래 상태로 되돌려 드립니다.

15초

지하실 바닥에 물이 고임
사람 발목 위까지 물이 고인 상태

옆에 있던 동료가 대걸레를 던져줌

대걸레를 넘겨받음

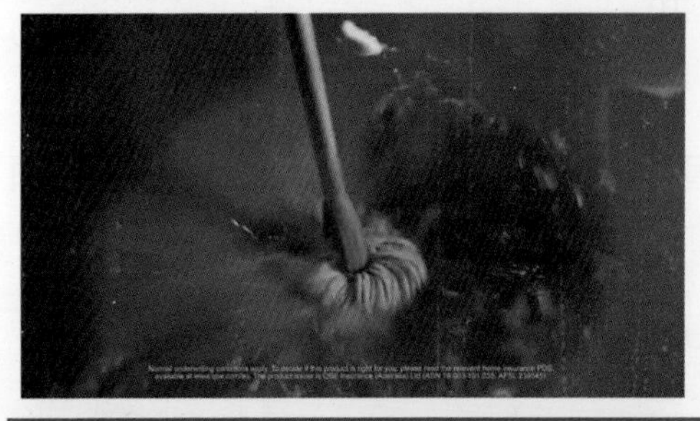

대걸레를 물이 고여 있는 바닥으로 내리자 물을 빨아들이기 시작

내레이션
QBE 보험은 쉽습니다

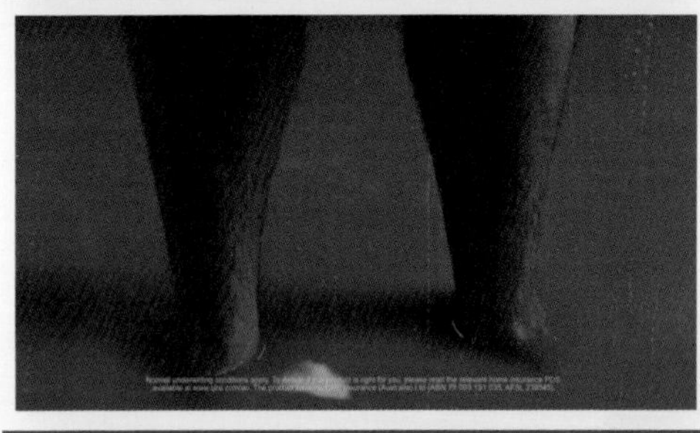

되감기 모드
물이 점점 내려감

되감기 모드
바닥에 물이 없어짐

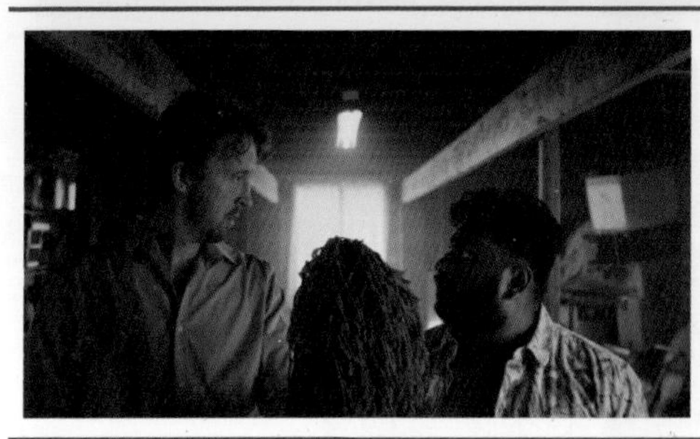

남자와 동료가 놀란 표정으로 서로를 바라봄

내레이션
온라인으로 가입하면 10%를 절약할 수 있습니다

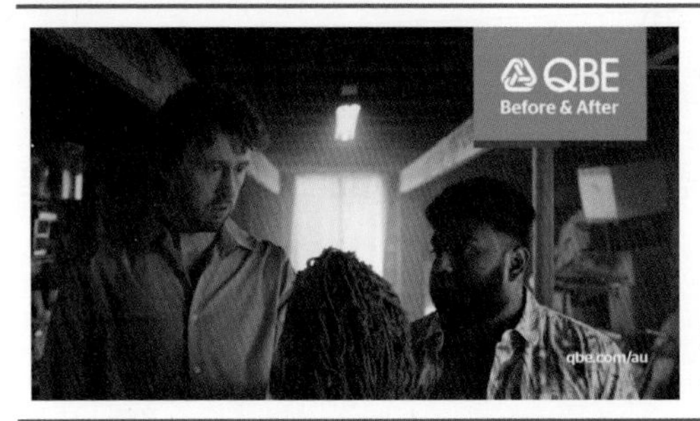

로고와 내레이션
QBE 보험

https://youtu.be/Xw1XkTMvIXw

No. 34 'QBE' 보험 광고(주차장 편)

• 광고내용 • (주차장에서) 자동차가 심하게 훼손되어도 QBE 보험이 예전 상태로 되돌려드립니다.

15초

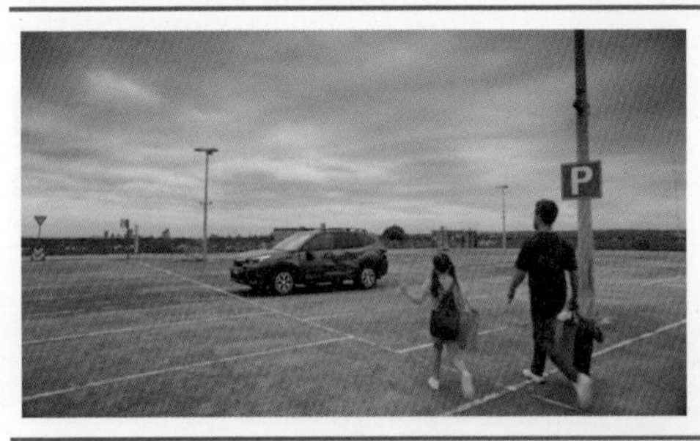

아이와 남자가 자동차를 향해 걸어가는 중

아이와 남자 모두 놀란 표정

자동차가 찌그러져 있음

남자가 자동차 키에 있는 버튼을 누름

내레이션
QBE 보험은 쉽습니다

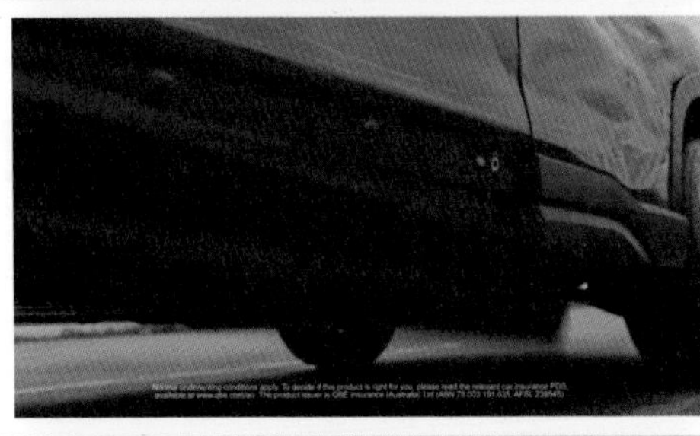

되감기 모드
떨어진 자동차 부품이 다시 제자리로 돌아감

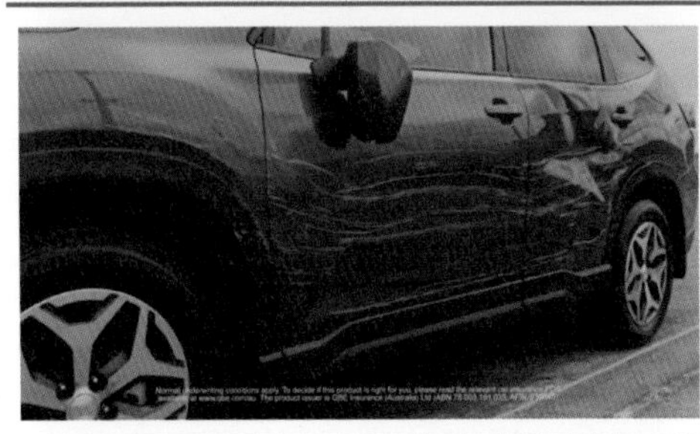

되감기 모드
찌그러졌던 자동차의 옆면이 펴지는 중

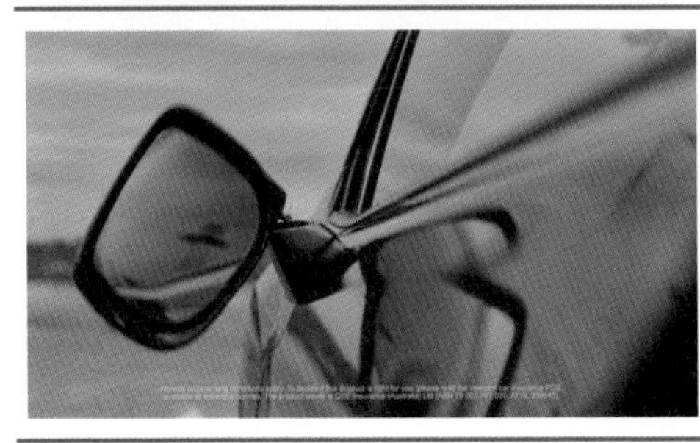

되감기 모드
부러진 사이드미러가 다시 제지리로 돌아감

내레이션
온라인으로 가입하면 75달러를 절약할 수 있습니다

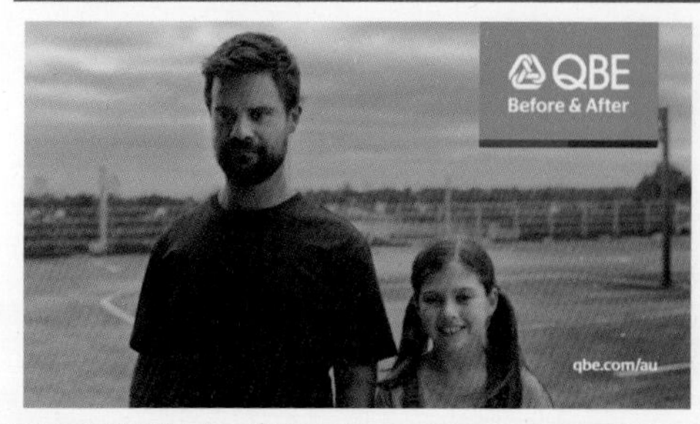

로고와 내레이션
QBE 보험

https://youtu.be/l5rMhGllnIk

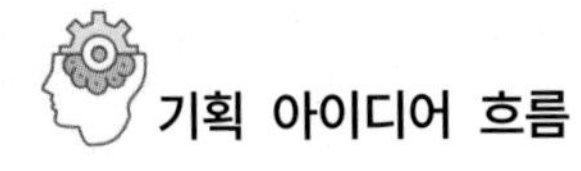

기획 아이디어 흐름

* **브랜드:** QBE 보험
* **브랜드 콘셉트:** 쉬움(편리함)
* **특징 및 전달 메시지**

1. 사고가 일어나기 전처럼 원래 상태로 쉽게 되돌릴 수 있음
2. 가입도 온라인으로 쉽게 할 수 있음(온라인 가입 시 비용 절감 혜택 제공)

* **메시지 구체화**

: 보험이 필요한 사건, 사고에 QBE 보험으로 쉽게 처리 가능함

예) 도둑이 집안 물건을 훔쳐 감

접촉사고로 자동차가 찌그러짐

누수로 지하실 바닥에 물이 고임

주차한 자동차가 심하게 훼손됨

* **메시지 단계별 시각화**

1단계: 사건 발생

2단계: QBE 보험 적용

3단계: 사건이 일어나기 전 상태로 되감기

4단계: 원래 상태로 회복

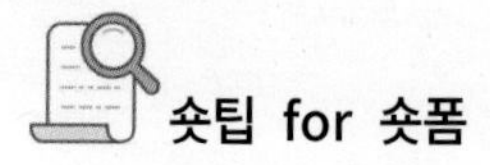

숏팁 for 숏폼

과거의 특정한 상황을 강조하고 싶다면 되감기 방법으로 돌아가는 느낌을 연출해보세요. 과거로 갑자기 순간 이동하는 것보다 서서히 거꾸로 이동하면 시각적 흥미를 더할 수 있습니다.

11. 상황을 역전시키기 | 트리버 민트 사탕 (5편)

혼내주고 싶을 정도로 얄미운 사람이 있나요? 지하철에서 다리를 쩍 벌리고 앉는 사람, 주차할 때 공간을 두 칸 차지하고 아무렇지 않은 척하는 사람, 이런 사람들을 보면 짜증나고 분노하게 됩니다. 이럴 때 통쾌하게 혼좀 내주고 잘못된 부분을 바로 잡아준다면 답답했던 기분이 확 풀리지 않을까요?

'트리버(TREBOR) 민트 사탕'이 이러한 것을 바로 잡기 위해 해결사처럼 등장했습니다. 통쾌한 해결이 필요할 때 어디에선가 갑자기 '퉁' 등장하여 기분 나쁜 감정을 청량하게 바꿔줍니다. 기존 상황을 역전시켜 트리버하면 바로 '청량감'을 떠올릴 수 있게 만듭니다. 평소에 해결하고 싶었지만 주저하게 되었던 짧은 순간들을 모아 시리즈로 보여주고, 해결 상황을 차곡차곡 쌓아 시청자의 통쾌한 기분을 올려줍니다.

문제를 드러내고 해결하는 데에도 긴 시간이 필요하지 않습니다. 문제 장면 하나, 트리버 등장 장면 하나, 통쾌한 기분이 드는 장면 하나 총 세 컷이면 충분한 이야기 구조입니다. 길이가 짧은 콘텐츠에서 유용하게 사용할 수 있는 방법입니다.

No. 35 민트 사탕 '트리버' 광고(비양심 주차 편)

• 광고내용 • 혼자서 주차 공간 두 칸을 차지한 비양심 운전자를 혼내줍니다.

6초

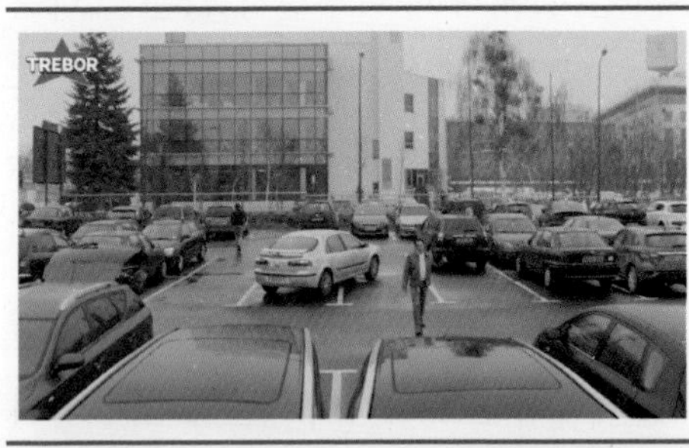

운전자가 주차 공간 두 칸을 차지하며 비양심적으로 주차함
차에서 내려 걸어가고 있음

내레이션
오! 저에게 힘을 주소서

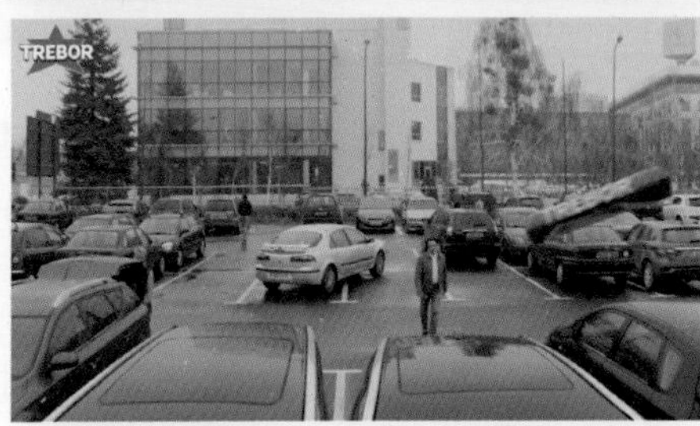

거대한 크기의 트리버 사탕이 자동차를 향해 빠르게 날아옴

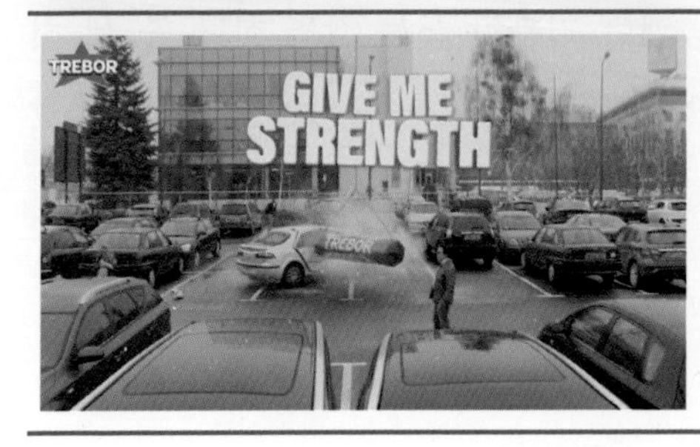

트리버 사탕이 자동차를 부숨

자막
저에게 힘을 주소서

https://youtu.be/o6jSlusq-FQ

No. 36 민트 사탕 '트리버' 광고(지하철 민폐 편)

• 광고내용 • 지하철에서 다리를 벌리고 앉아 다른 승객에게 민폐 끼치는 사람을 혼내줍니다.

6초

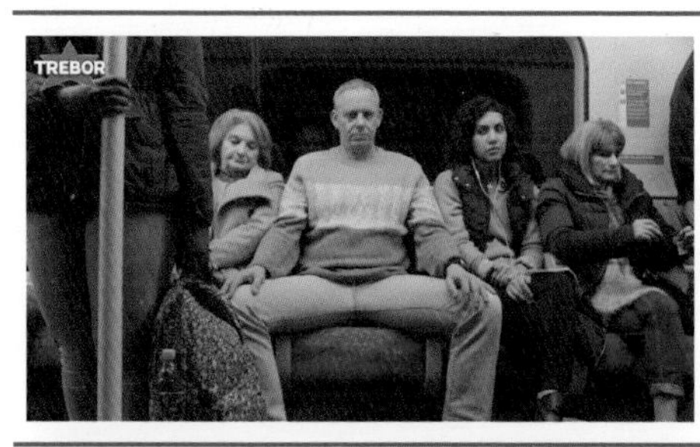

지하철에서 남자가 다리를 벌리고 앉아 다른 승객을 불편하게 함
주변 승객 표정이 안 좋음

내레이션
오! 저에게 힘을 주소서

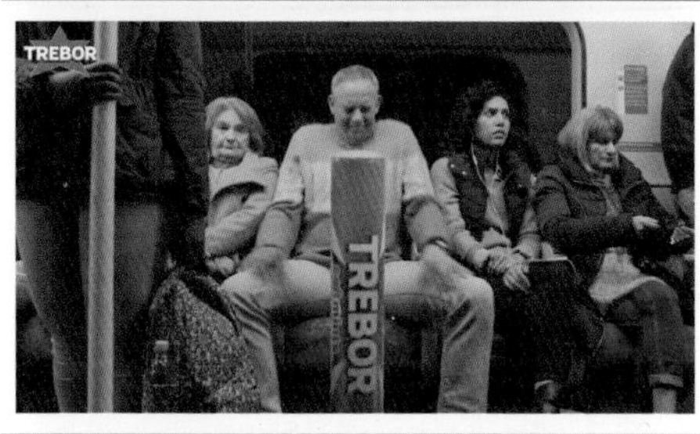

트리버 사탕이 갑자기 등장해 남자를 가격함

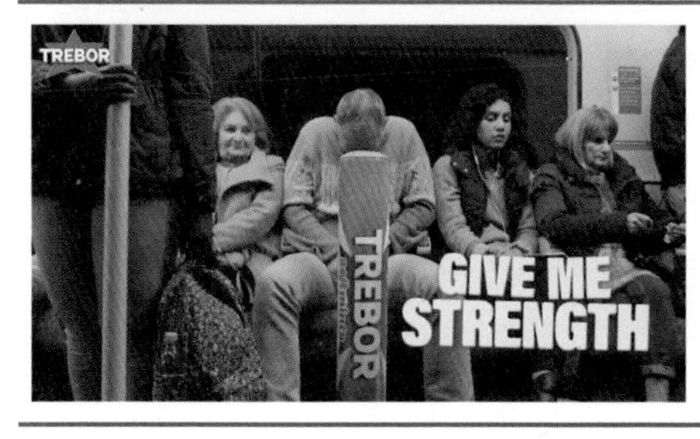

남자가 아파하고 있음

자막
저에게 힘을 주소서

https://youtu.be/eb6YB65Bwws

No. 37 민트 사탕 '트리버' 광고(계산대 편)

• 광고내용 • 셀프 계산대는 편하게 사용하라고 설치되었습니다. 하지만 자주 고장 나서 정작 필요할 때 사용할 수 없습니다.

6초

마트의 셀프 계산대가 모두 고장 난 상태
모니터에 '도움을 요청하세요'라는 메시지가 뜸

내레이션
오! 저에게 힘을 주소서

거대한 크기의 트리버 사탕이 위에서 내려와 계산대 위로 떨어짐

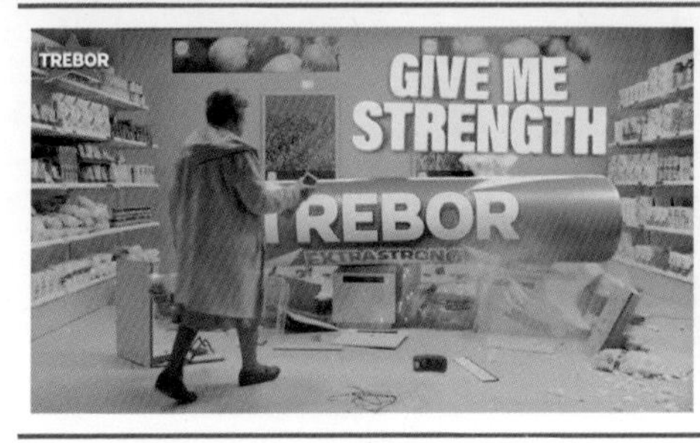

계산대가 모두 부서짐

자막
저에게 힘을 주소서

https://youtu.be/Y1LPGjf2L6w

No. 38 민트 사탕 '트리버' 광고(쓰레기 같은 음식 편)

• 광고내용 • 음식을 (모래를 퍼 담는) 삽에다 내어주는 식당은 특이하기보다 거부감을 느끼게 합니다.

6초

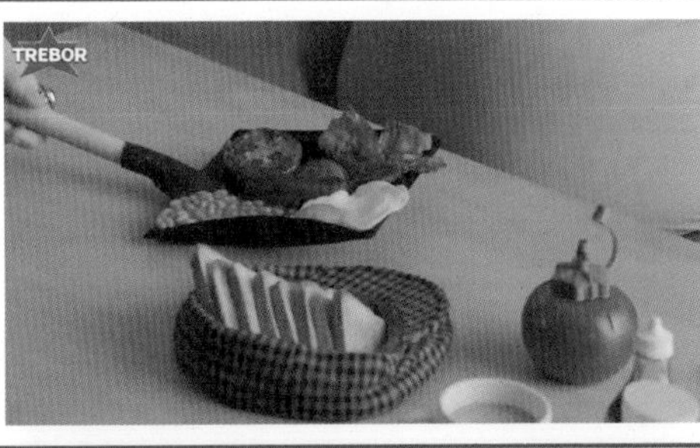

식당에서 음식을 삽에다 내어줌
쓰레기처럼 보임
특이함보다 거부감이 느껴짐

내레이션
오! 저에게 힘을 주소서

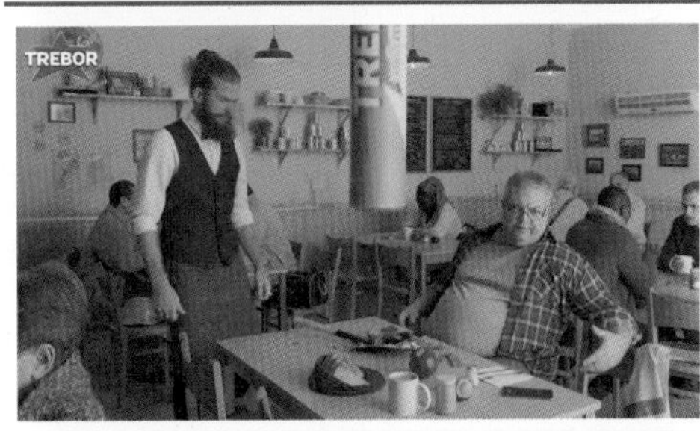

커다란 트리버 사탕이 내려와 망치질하듯 음식을 부수기 시작함

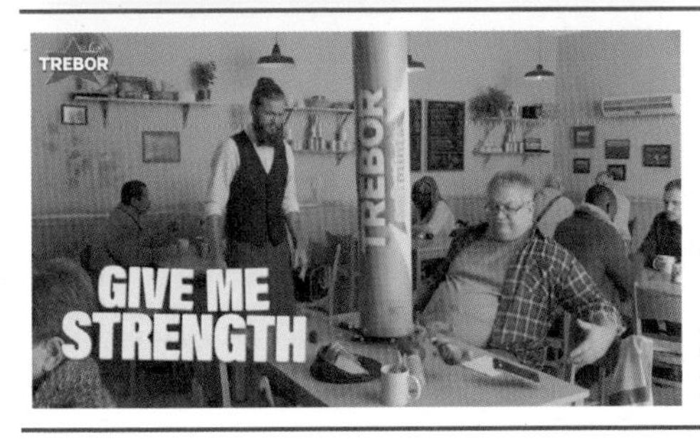

음식이 산산조각이 남

자막
저에게 힘을 주소서

https://youtu.be/gTfoIjPouHM

No. 39 민트 사탕 '트리버' 광고(로커룸 편)

• 광고내용 • 여러 사람이 사용하는 로커룸(Locker room)에서 타인을 고려하지 않고 몸에 있는 털을 면도하는 것은 배려심 없는 행동입니다.

6초

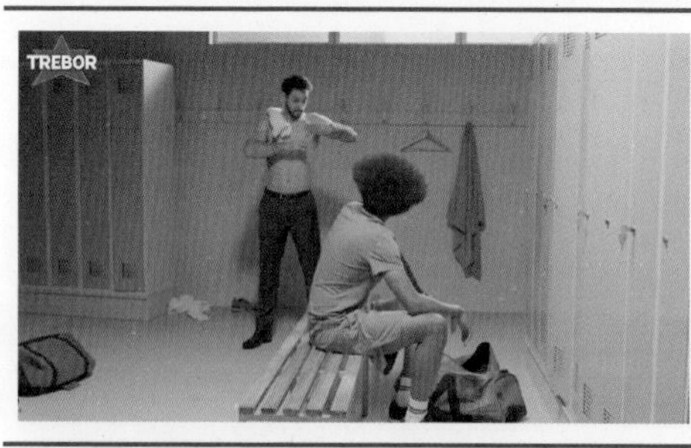

로커룸에서 한 남자가 몸을 면도하기 시작함
주변 사람이 불쾌해하고 있음

내레이션
오! 저에게 힘을 주소서

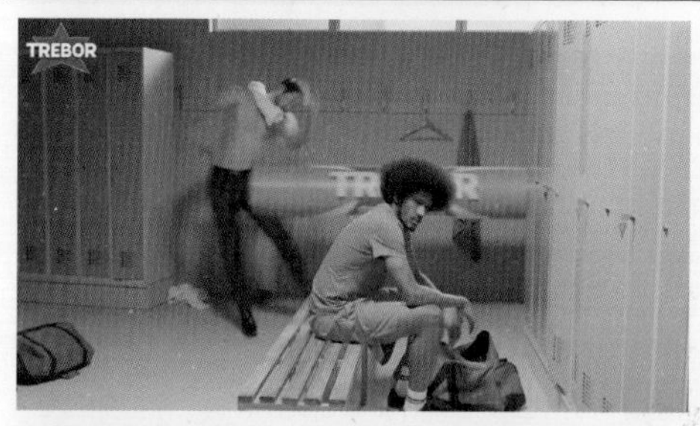

거대한 트리버 사탕이 면도하는 남자를 날려버림

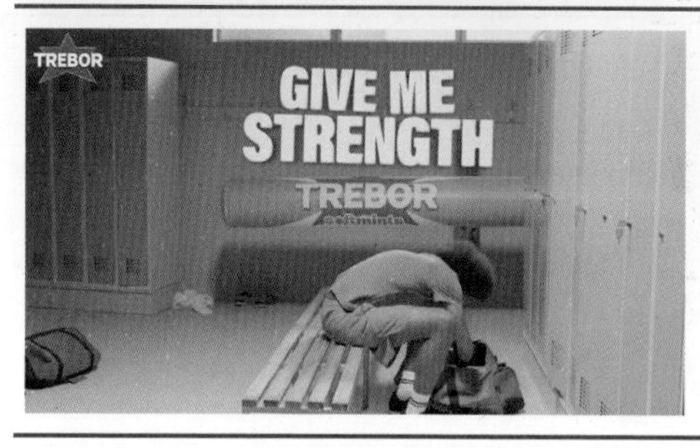

자막
저에게 힘을 주소서

https://youtu.be/0jYeZmCDMcA

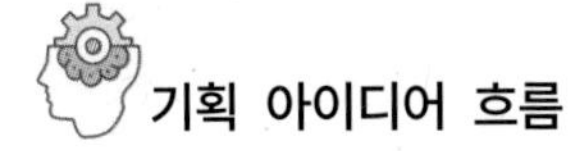

기획 아이디어 흐름

* **제품: 트리버**(TREBOR)(민트 사탕)
* **제품 특징:** 시원한 청량감
* **특징 전달 방법**

1. '트리버 사탕' 하면 청량감을 떠올릴 수 있는 콘셉트
   ('트리버 사탕=청량감'이 될 수 있게)
2. 청량감이 필요한 상황 속에 트리버 사탕이 해결사처럼 등장

* **이야기 구조**

: 답답, 짜증, 분노의 상황을 트리버 사탕이 청량감을 느끼게 하는 상황으로 바꿈
트리버 사탕 하나로 상황의 앞뒤가 바뀌는 구조

앞 상황	→	트리버 사탕	→	역전된 상황

* **이야기 시각화**

비양심 주차	→	트리버 사탕이 자동차를 부숨	→	청량감
지하철 민폐	→	민폐자를 가격	→	청량감
고장난 셀프 계산대	→	계산대를 부숨	→	청량감
쓰레기 같은 음식 제공	→	음식을 산산조각이 나게 부숨	→	청량감
로커룸에서 온몸 면도	→	면도하는 사람을 날려버림	→	청량감

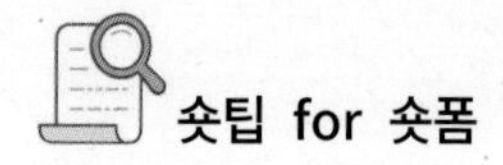

숏팁 for 숏폼

콘셉트가 '문제해결'이라면 누구나 접근할 수 있는 밋밋한 해결 방법이 아닌 아무도 생각하지 못한 독특하고 통쾌한 방법을 사용해보세요. 특히 문제해결이 한 번에 인식되도록 비주얼적인 면에 신경을 더 써주세요. 시청자의 기분을 후련하게 해줄 수 있고 공감도도 올릴 수 있습니다.

12. 상황을 짧게 연출하기 | 도요타 자동차 (1편)

작은 자동차의 장점을 나열하겠습니다. 저렴하고, 경차일 경우 혜택이 다양하고, 좁은 골목길을 잘 지나가고, 좁은 공간에 주차할 수 있고 등 여러 가지가 있습니다. 장점이 많긴 하지만 이렇게 누구나 쉽게 떠올릴 수 있는 특징은 보는 사람이 너무나 당연하게 생각해 새로울 게 없죠.

그래서 작지만 강함을 보여주는 반전 효과를 주거나, 생각하지 못한 상황에서 장점을 드러내거나, 유머를 첨가하여 재미있게 특징을 보여주거나 내용을 조금 업그레이드하여 표현합니다. 예를 들면 작지만 강함을 보여주기 위해 작은 차가 파워풀하게 질주하는 모습이나 가파른 언덕을 올라가는 장면을 보여주는 겁니다. 하지만 이 또한 어디에선가 본 것 같아 새롭게 느껴지지 않습니다. 그래서 도요타(Toyota)의 소형 자동차 '야리스(Yaris)'는 이 둘을 합쳤습니다. 작은 차의 평범한 '장점'인 좁은 공간에 주차가 가능한 점과 '업그레이드 표현'인 반전 효과(파워풀함)를 동시에 나타냈습니다.

아주 좁은 공간에 빠르고 힘있게 주차하는 모습을 보여줍니다. 박진감 넘치게 드리프트하여 주차하기 때문에 러닝 타임도 짧습니다. 빠름을 강조하기 위해 광고 건너뛰기 버튼이 활성화되기 전 주차를 완료합니다. 그리고 운전자가 차에서 내려 화면 오른쪽 아래에 있는 광고 건너뛰기 버튼을 직접 누릅니다. 주차를 빨리할 수 있나는 내용을 한 번 더 강조하면서 흥미를 살려 표현했습니다.

No. 40 '도요타' 자동차 광고

• 광고내용 • 좁은 공간에 드리프트로 빠르게 주차(4.9초 소요)할 수 있음을 보여줍니다.

9초

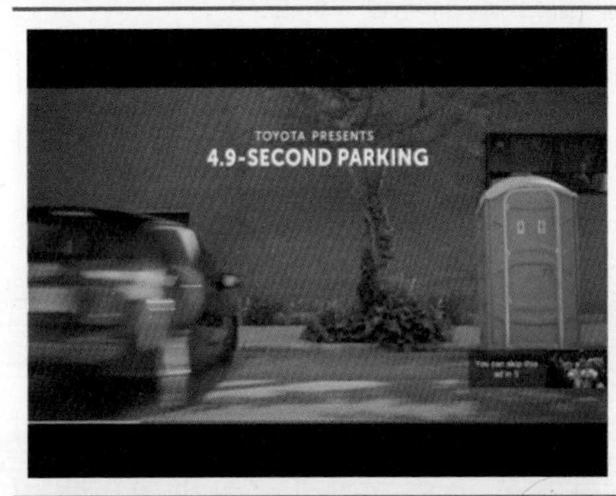

자동차가 주차하기 위해 드리프트 중

위 자막
도요타에서 제공하는
4.9초 주차 방법

오른쪽 아래 자막
5초 뒤에 건너뛰기 할 수 있습니다

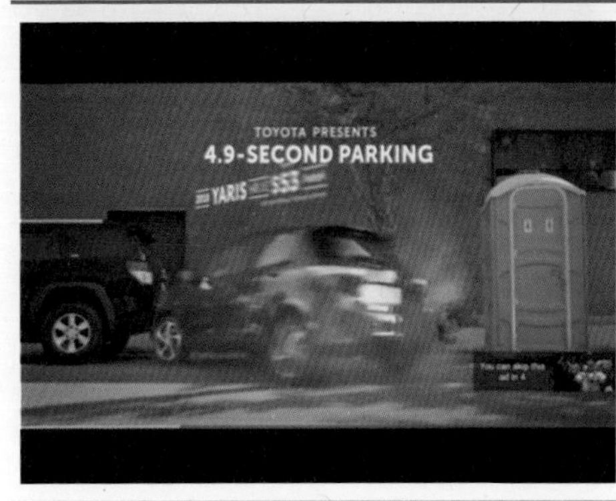

좁은 공간에 빠르게 주차 중

오른쪽 아래 자막
4초 뒤에 건너뛰기 할 수 있습니다

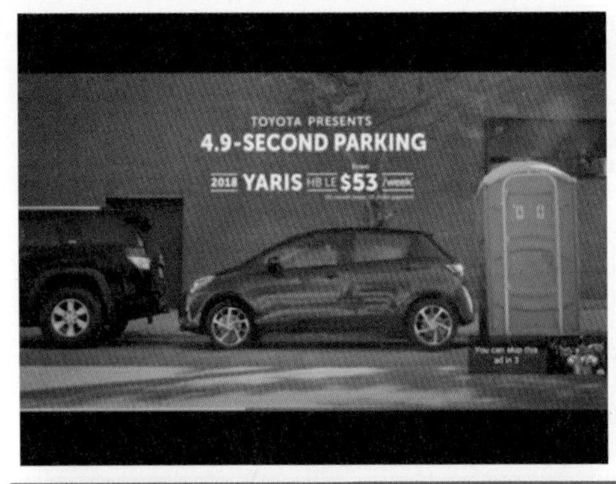

공간에 딱 맞춰 주차

오른쪽 아래 자막
3초 뒤에 건너뛰기 할 수 있습니다

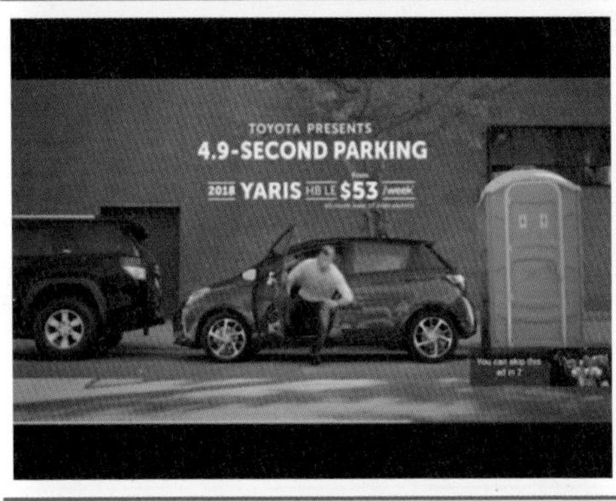

차에서 운전자가 내림

오른쪽 아래 자막
2초 뒤에 건너뛰기 할 수 있습니다

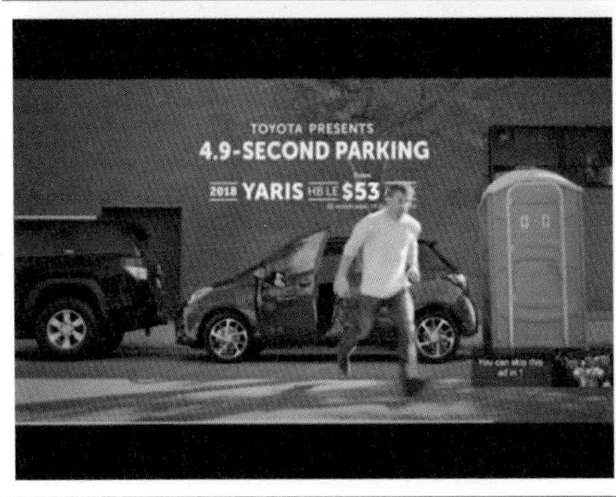

운전자가 ‘오른쪽 아래 자막’ 방향으로 뛰어감

오른쪽 아래 자막
1초 뒤에 건너뛰기 할 수 있습니다

손목시계를 보며 건너뛰기 버튼을 누름

오른쪽 아래 자막
광고 건너뛰기

자막
작고(짧고) 귀엽습니다

자막
'야리스'(제품명)처럼

로고
도요타

https://youtu.be/AtlHETnQ4Ag

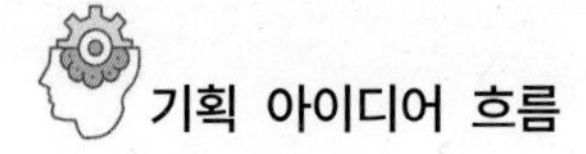

기획 아이디어 흐름

* **브랜드:** 도요타(Toyota)(자동차)
* **제품명:** 야리스(Yaris)
* **제품 특징**

1. 소형차이기 때문에 좁은 공간에도 주차 가능
2. 작지만 강한 성능 보유

* **전달 메시지**

: 좁은 공간에 빠르게 주차할 수 있는 장점이 있음

* **메시지 구체화**

1. 짧은 시간(4.9초)에 주차 가능함을 보여줌
2. 광고를 건너뛰고 싶지만 몇 초 동안에는 반드시 봐야 하는 점을 이용

* **메시지 시각화**

: 광고 건너뛰기 버튼이 활성화되기 전까지(광고를 반드시 봐야 하는 몇 초 동안) 주차를 완료함

* **시각화 구체화**

1. 광고 화면 안에 자막처럼 건너뛰기 버튼을 만듦(화면 오른쪽 아래에 위치)
2. 소형차만 들어갈 수 있는 공간에 딱 들어맞게 주차
3. 빠르게 주차가 진행되는 동안(건너뛰기 버튼에) 초를 나타내는 숫자가 점점 내려감(5, 4, 3의 형태로)
4. 주차 완료 후 운전자가 차에서 내려 건너뛰기 버튼을 직접 누름(짧은 시간 안에 주차했음을 강조)

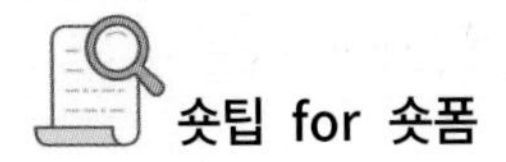

숏팁 for 숏폼

짧은 시간을 장점으로 이용해 다른 사람은 도전 못 할 나만의 빠른 특기를 보여주세요. 차별성 있는 콘텐츠가 될 것입니다.

13. 결과를 일부러 지연시키기 | 크레이트 앤 배럴 인테리어 제품 (6편)

장인 정신이 깃든 예술 작품을 볼 때 부분 부분을 자세하게 봅니다. 한 눈에 쓱 보면 그 정성스럽고 섬세한 감정을 느낄 수 없죠. 입체적인 작품이라면 더더욱 이리저리 살펴봅니다. 만약 멋진 예술 작품 같은 가구가 있다면 그 가구도 이리저리 세세하게 보지 않을까요?

인테리어 제품 회사인 크레이트 앤 배럴(Crate&Barrel)은 독특하면서도 고급스러운 스타일을 추구하고, 값싼 대량 생산이 아닌 전문가가 공들여 만든 고품질 제품을 만듭니다. 제품에서부터 차별성이 있어 광고에서는 제품만 잘 보여주어도 브랜드를 오롯이 전달할 수 있습니다. 마치 예술 작품처럼 감상할 수 있게 불필요한 효과나 그래픽 처리 없이 깨끗하고 선명하게 보여주면 됩니다. 하지만 날 것 느낌은 나지 않게, 고급스러우면서도 정갈한 모습이어야 하죠. 의미 없이 제품 컷(제품을 단독으로 촬영하는 숏)만 나열해서도 안 됩니다.

그래서 광고에서는 공들인 작품을 보는 것처럼 가까이에서 촬영합니다. 초반에는 제품의 일부만 노출하여 어떤 것인지 궁금하게 하고, 전체 모습 공개는 후반으로 미룹니다. 이는 예술 작품을 볼 때 자세하게 보는 데에서 아이디어를 가져온 것이고, 좋은 결과물을 얻기 위해서는 공들여 만드는 시간이 필요함을 간접 체험하게 하는 겁니다. 제품 소재별, 성능별, 디자인별 특징을 강조하기 위해 빛과 그림자도 섬세하게 연출하였습니다.

No. 41 인테리어 제품 '크레이트 앤 배럴' 광고(등나무 줄기 의자 편)

• 광고내용 • 등나무 줄기 의자는 공들여 엮은 조직(질감)이 매력 포인트입니다.

6초

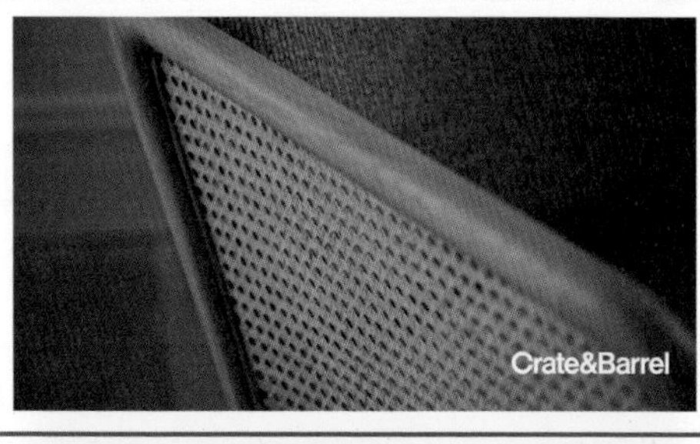	나무로 짜서 엮은 조직이 보임 **효과음** 목탁처럼 둔탁한 사물을 톡톡 두드리는 소리 **로고** 크레이트 앤 배럴
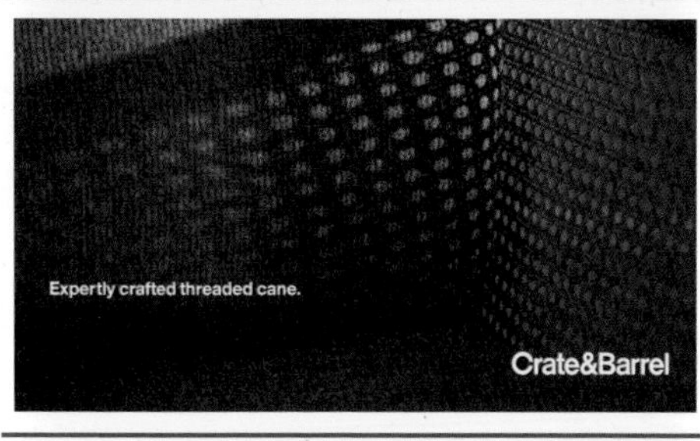	조직의 그림자가 보임 **자막** 등나무 줄기로 전문가가 공들여 짠(조직)
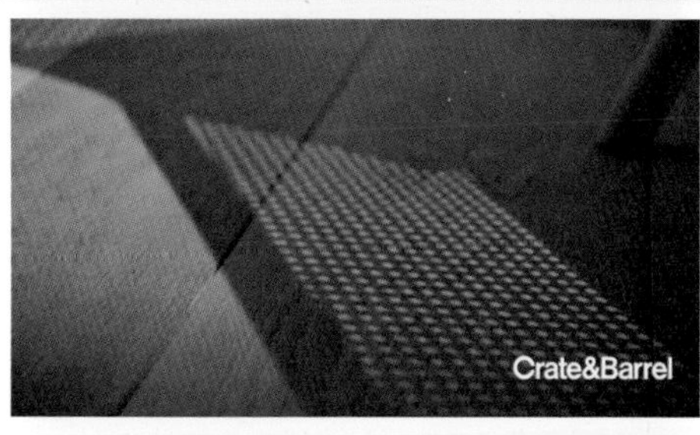	그림자를 통해 조직의 상태를 한 번 더 보여줌
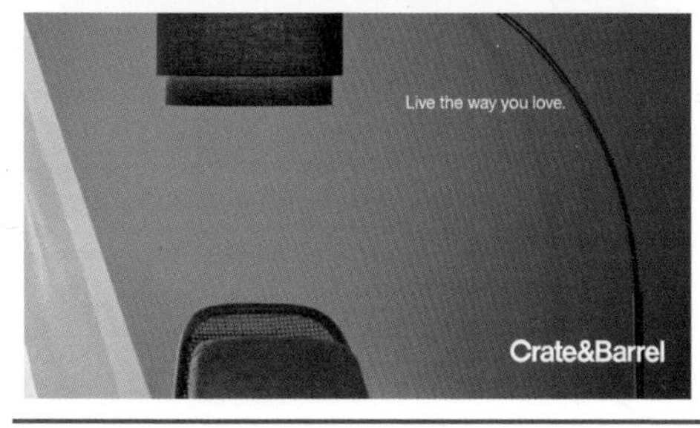	스탠드가 화면 위쪽에 있음 카메라가 아래 방향으로 움직이고 공들여 짠 조직의 정체가 드러남 **자막** 원하는 대로 사세요

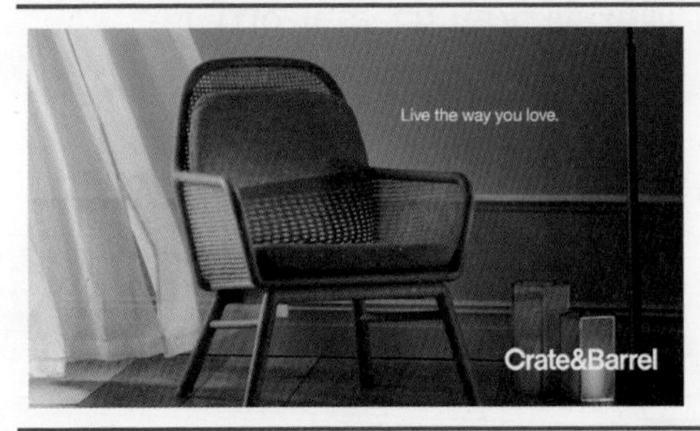

등나무 줄기 의자의 전체 모습이 보임

https://vimeo.com/444398238

No. 42 인테리어 제품 '크레이트 앤 배럴' 광고(패브릭 의자 편)

• 광고내용 • 신체를 고려한 디자인으로 편안한 의자를 만들었습니다.

6초

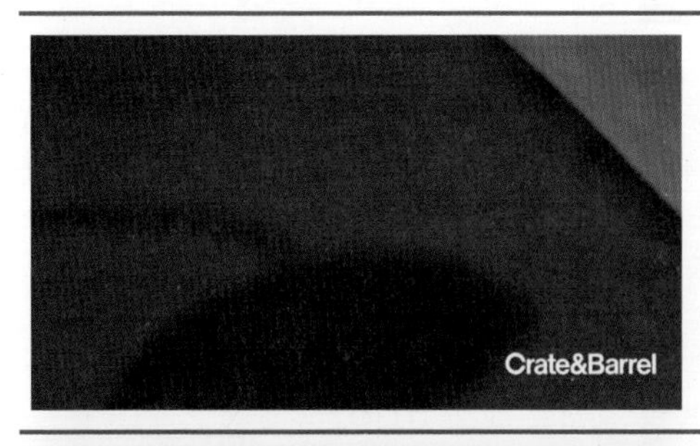	그림자 일부가 보임 **효과음** 목탁처럼 둔탁한 사물을 톡톡 두드리는 소리 **로고** 크레이트 앤 배럴
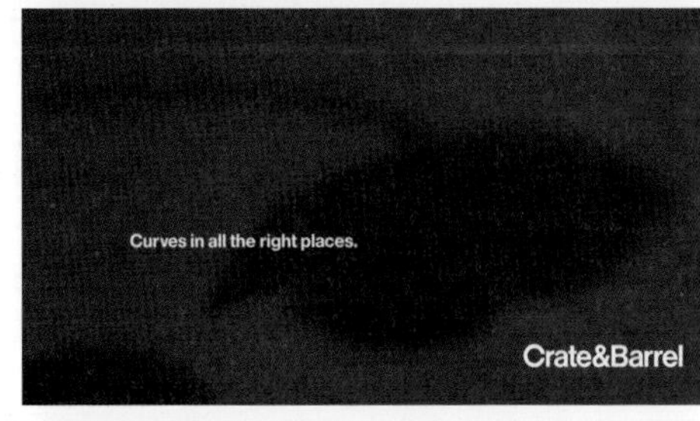	그림자 전체 모습 (꽃 그림자) **자막** 꼭 필요한 곳에 있는 곡선들(커브)
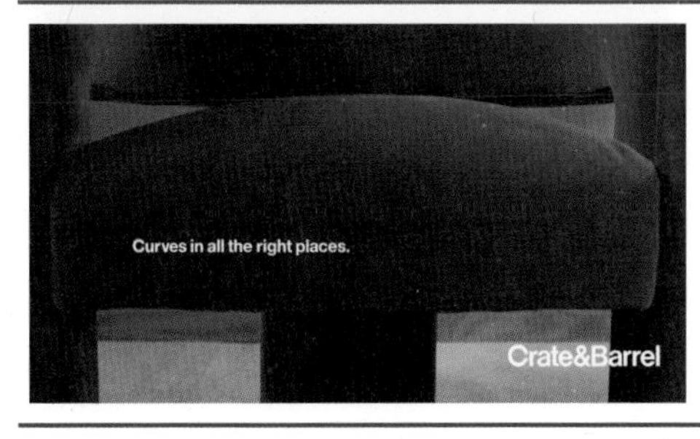	의자의 앉는 부분이 곡선임

허리가 닿는 부분이 곡선임

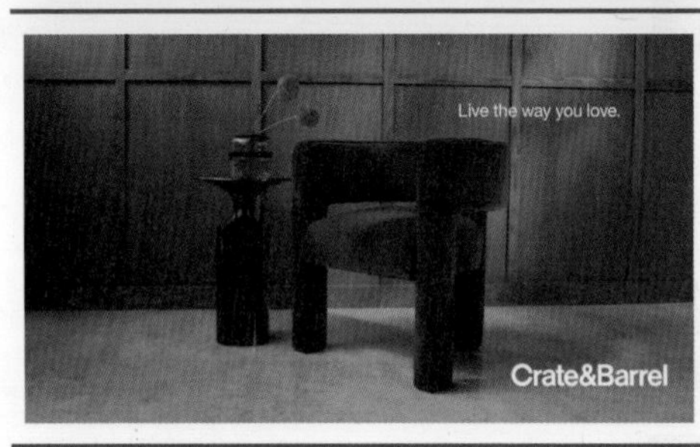

의자와 꽃이 전체 모습을 드러냄

자막
원하는 대로 사세요

https://vimeo.com/444396321

No. 43 인테리어 제품 '크레이트 앤 배럴' 광고(장식장 편)

• 광고내용 • 장식장도 조각 작품처럼 만들 수 있습니다.

6초

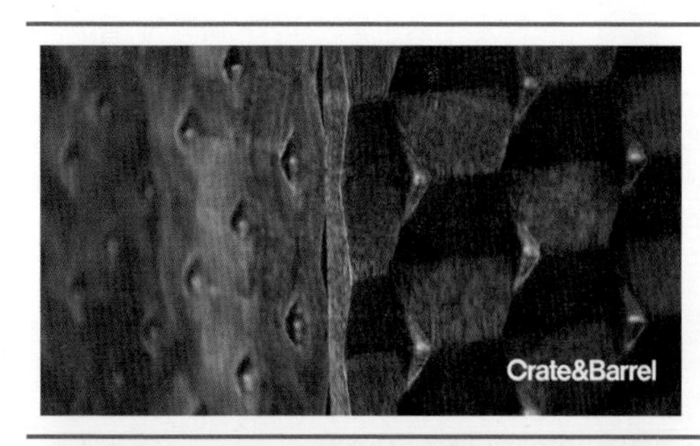

조각되어 있는 갈색 사물

효과음
목탁처럼 둔탁한 사물을 톡톡 두드리는 소리
로고
크레이트 앤 배럴

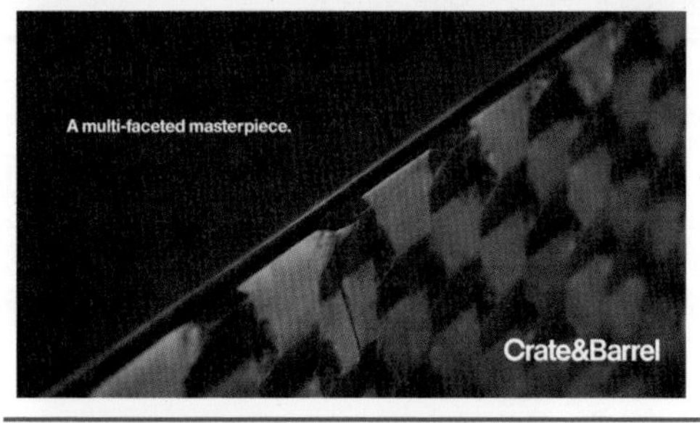

사물을 다른 각도에서 촬영

자막
여러 가지 면을 가진(다면적인) 작품

조각 작품의 모서리가 보임

조각 작품 앞쪽의 문이 열린 상태
문 안에서 솔방울이 나와 바닥에 떨어짐

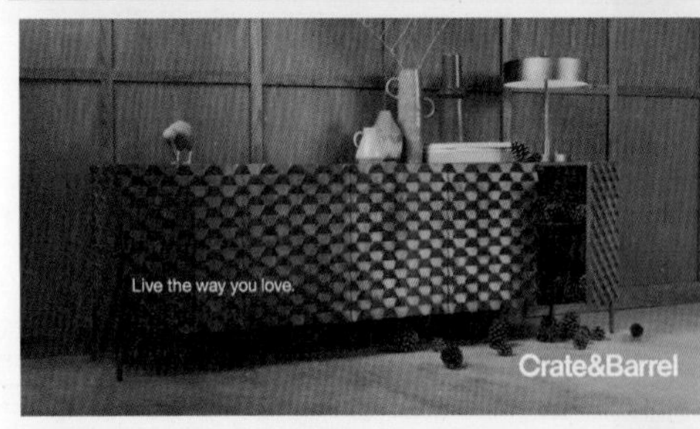

조각 작품은 장식장이었음
장식장 전체의 모습이 보임

자막
원하는 대로 사세요

https://vimeo.com/444395608

No. 44 인테리어 제품 '크레이트 앤 배럴' 광고(그릇 편)

• 광고내용 • 매일 사용하는 그릇도 매 순간 특별함을 느끼게 만들 수 있습니다.

6초

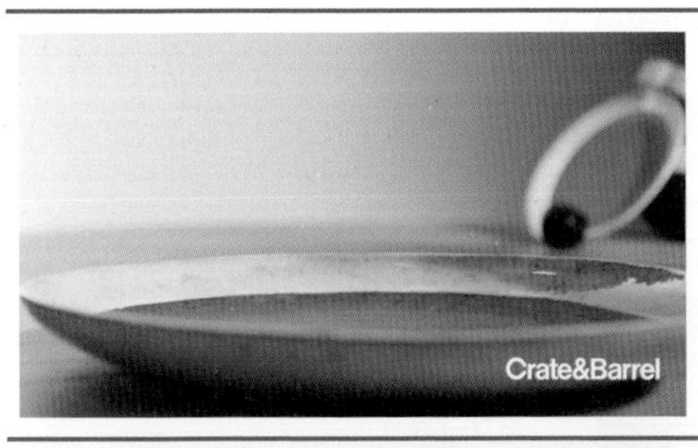

접시의 옆면

효과음
목탁처럼 둔탁한 사물을 톡톡 두드리는 소리

로고
크레이트 앤 배럴

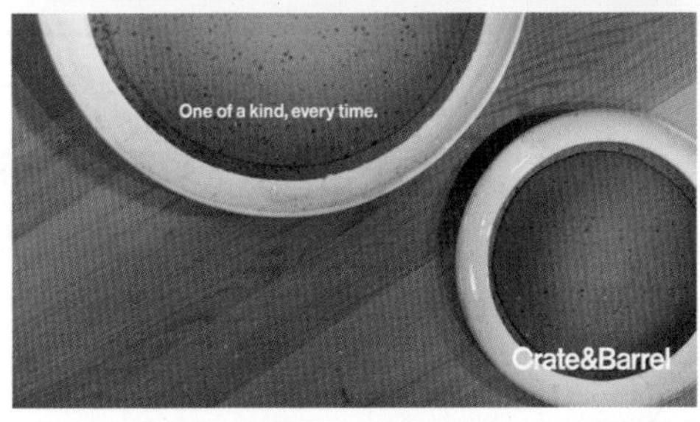

위에서 바라본 접시의 일부분

자막
매 순간 특별함을 느끼는

볼(Bowl)의 옆면

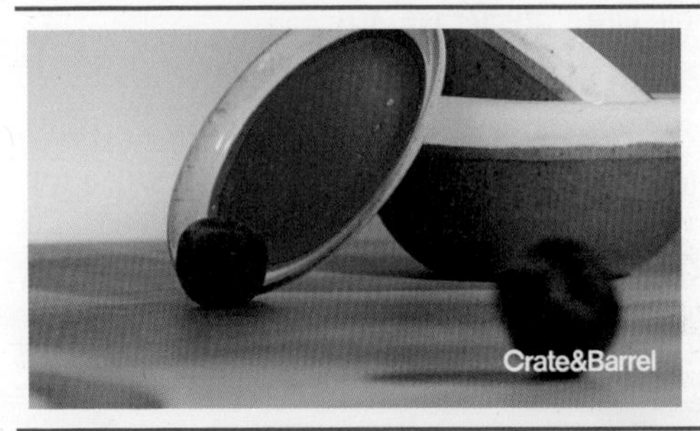

접시와 볼 앞으로 작은 과일이 굴러감

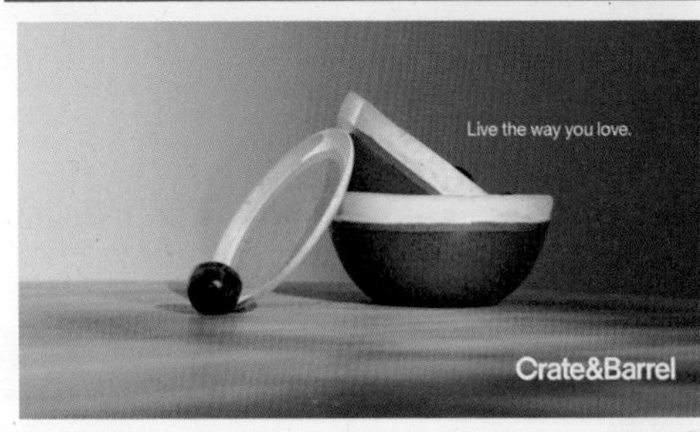

접시와 볼의 전체 모습

자막
원하는 대로 사세요

https://vimeo.com/444398346

No. 45 인테리어 제품 '크레이트 앤 배럴' 광고(유리잔 편)

• 광고내용 • 멋진 굴곡이 있는 유리잔은 사용자에게 리듬감을 느끼게 합니다.

6초

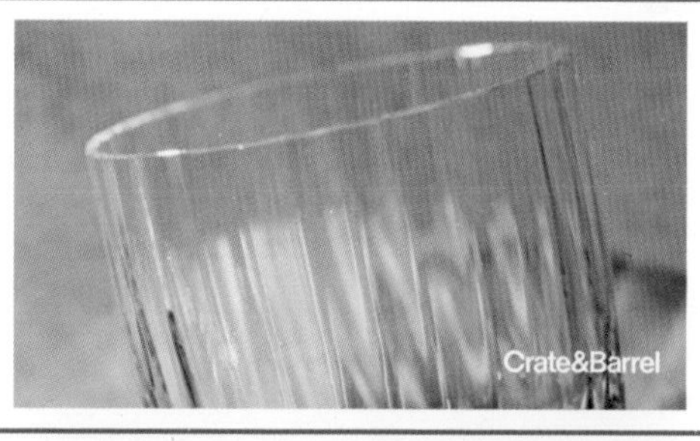

유리잔 일부가 보임

효과음
목탁처럼 둔탁한 사물을 톡톡 두드리는 소리
로고
크레이트 앤 배럴

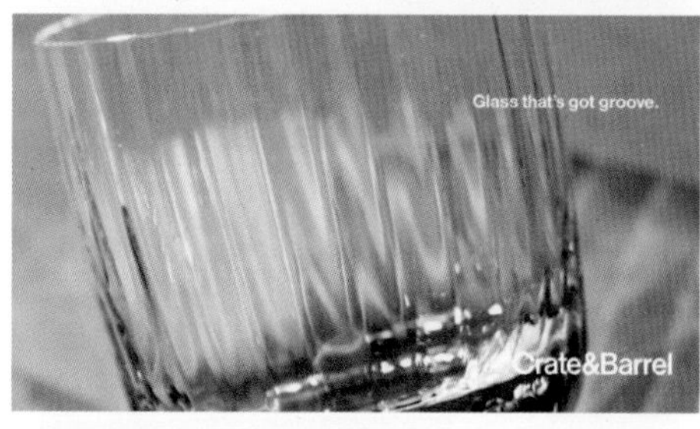

카메라가 아래 방향으로 이동
유리잔 밑부분이 보임

자막
굴곡이 있어 리듬감이 느껴지는 유리잔

유리잔을 위에서 보여줌

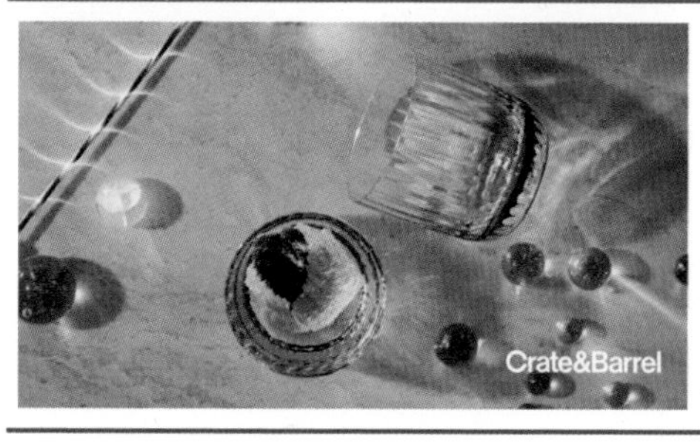

유리잔 주변으로 구슬이 여러 개 굴러감

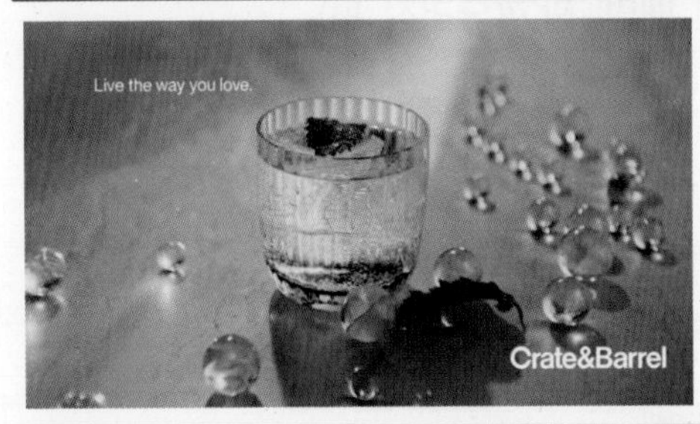

유리잔이 잘 보이는 각도

자막
원하는 대로 사세요

https://vimeo.com/444397174

No. 46 인테리어 제품 '크레이트 앤 배럴' 광고(호박색 편)

• 광고내용 • 인테리어는 색이 중요합니다. 호박색은 당신을 빛나게 해주는 색입니다.

6초

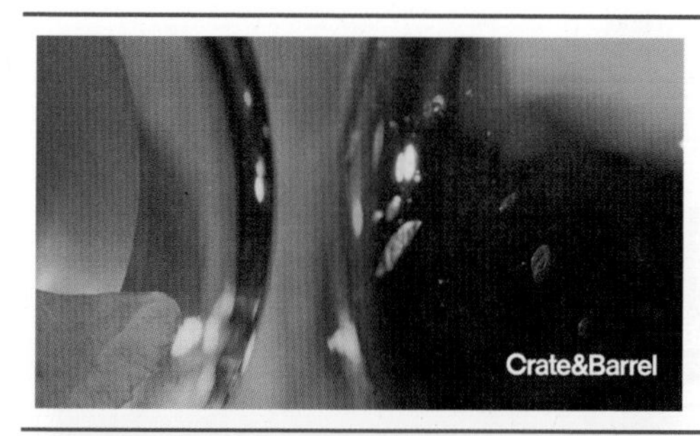

호박색 사물들이 보임

효과음
목탁처럼 둔탁한 사물을 톡톡 두드리는 소리
로고
크레이트 앤 배럴

유리 소재의 사물들

자막
당신의 공간을 빛나게 하는 호박색

광채 나는 사물의 일부분
노란빛의 나뭇잎들

광채 나는 사물의 전체 모습

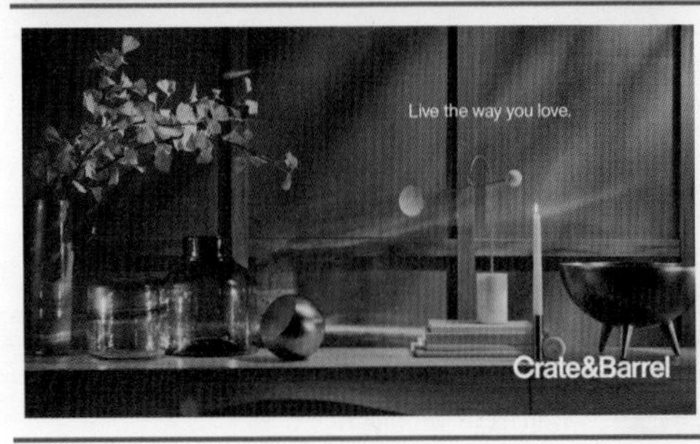

지금까지 등장한 호박색 사물의 전체 모습

자막
원하는 대로 사세요

https://vimeo.com/444393928

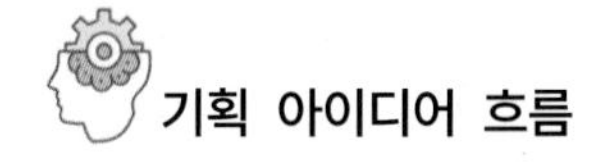

* **브랜드:** 크레이트 앤 배럴(Crate&Barrel)(인테리어 제품 회사)
* **브랜드 사전 지식 및 특징**
1. 미국에 본사가 있고, 캐나다와 유럽에 100개 이상의 지점을 둔 대규모 회사
2. 독특하면서도 고급스러운 스타일 추구
* **브랜드 커뮤니케이션 방향**
: 값싼 대량 생산 제품이 아닌 고급스럽고 희귀한 제품임을 강조
* **전달 메시지**
1. 전문가가 공들여 만든 고품질 제품임을 어필
2. 자사 제품을 사는 소비자도(고품질을 알아보는) 고급 취향을 가진 사람임을 내포함
* **메시지 시각화**
1. 제품을 가까이에서 자세하게 보여줌(품질에 자신 있음을 의미)
2. 제품의 부분 부분을 먼저 보여줌(처음부터 전체 모습을 공개하지 않음)
3. 부분 노출로 시청자의 관심을 유도하고 궁금증을 갖게 함
4. 제품 전체 모습을 마지막에 보여주는 결과 지연시키기 방법을 사용
좋은 결과물을 만들기 위해서는 공들여 만드는 시간이 필요함을 간접 체험하게 함
* **메시지 표현의 고급화**
1. 빛을 활용하여 제품의 입체감을 살림(제품 표면의 두드러진 명암차이)
2. 제품의 질감을 감각적으로 느낄 수 있는 그림자 표현의 연출
3. 배경 음악과 내레이션 없이 최소의 효과음만 사용(목탁처럼 둔탁한 사물을 톡톡 두드리는 소리)
4. (제품 주변) 사물의 작은 움직임을 이용하여 자연스러운 배경 연출(콘텐츠에 생동감 부여)

예) 산들바람에 움직이는 커튼
솔방울이 떨어짐
작은 과일이 굴러감
구슬이 굴러감
나뭇잎이 떨어짐

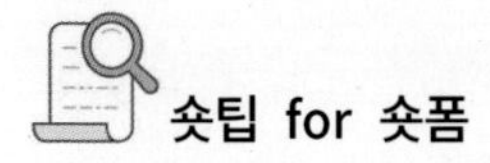

숏팁 for 숏폼

상영 시간이 짧아 마음이 급하더라도 답부터 보여주지 마세요. 때로는 궁금증을 최대한 유발한 뒤 결론을 공개하면 진행에 흥미를 더할 수 있습니다.

14. 익숙한 장면 활용하기 | 리스테린 구강 청결제 (1편)

구강 청결과 관련해서 먼저 생각해 볼 것이 있습니다. 양치질을 즐기는 사람이 얼마나 있을까요? 재미있어서 하는 사람은 거의 없을 것 같고 귀찮지만 살아가는 데 필수여서 하지 않을까 싶습니다. 그동안 봐왔던 치약 광고에서도 양치질하는 즐거운 행위보다 미백효과, 시린 이, 아픈 잇몸 등 기능과 관련한 정보 전달이 많았습니다. 모델이 웃으면서 양치질을 하는 장면은 브랜드 이미지를 위해 잠깐 등장하는 정도였습니다.

구강 청결제는 치약으로 양치질하는 것보다 사용이 간편하지만 대부분 구취 제거용이라 양치질만큼 효과가 높지 않다고 알려져 있죠. 하지만 리스테린(LISTERINE)은 구취 제거뿐 아니라 세균을 없애는 기능도 우수한 제품을 만들었습니다. '세균을 없앤다'라는 것을 전달해야 하는데 다소 딱딱한 정보라 어떻게 표현할지 고민되었을 겁니다. 의학이나 과학 관련 정보는 특정한 사람 아니고는 대중이 흥미로워하는 내용은 아니죠.

앞에서 고민했던 것처럼 구강 청결 행동도 귀찮은데 딱딱한 정보까지 시청자가 모두 받아들이기를 원한다면 욕심일 겁니다. 그리고 광고는 자발적으로 보는 콘텐츠가 아니어서 교육적이거나 주입식으로 접근한다면 시청자는 쉽게 외면합니다.

리스테린은 시청자가 거부감 없이 메시지를 이해할 수 있도록 친숙한 장면을 활용했습니다. 총 쏘는 게임처럼 리스테린 액체로 세균을 맞추는 장면을 보여주는 겁니다. 어릴 때 해봤던 게임이거나 직접 해보지 않았더라도 많이 봐온 장면이라 관심과 흥미가 생기죠. 표현 방법만 바꿔도 시청자를 즐겁게 만들 수 있고, 메시지를 자연스럽게 전달할 수 있음을 보여주는 좋은 예입니다.

No. 47 구강 청결제 '리스테린' 광고

• 광고내용 • 리스테린 액체가 총알이 되어 치아 사이에 있는 세균을 제거합니다.

6초

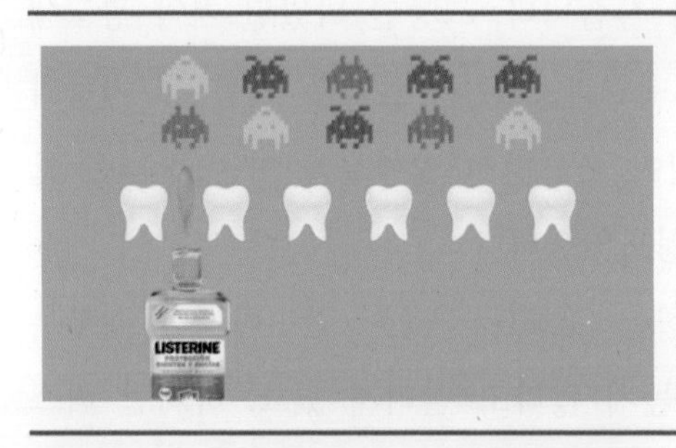

(비디오 게임 형태)
총알로 적을 맞추듯이 리스테린 액체로 세균을 맞춤
총 쏘는 게임 효과음 사용

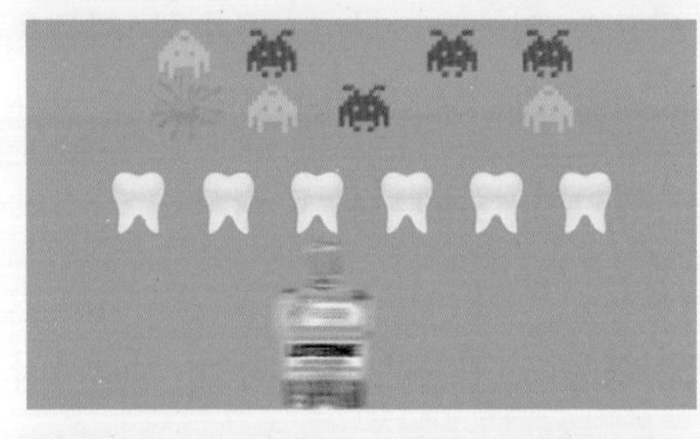

세균이 맞으면 같은 그룹에 속한 세균이 같이 죽음

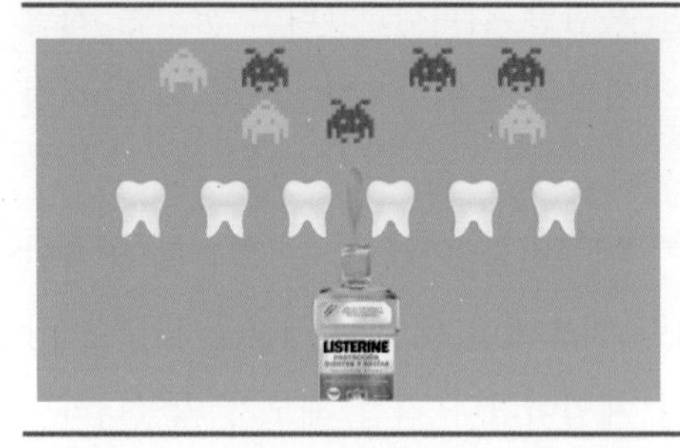

다른 종류의 세균을 향해 발사

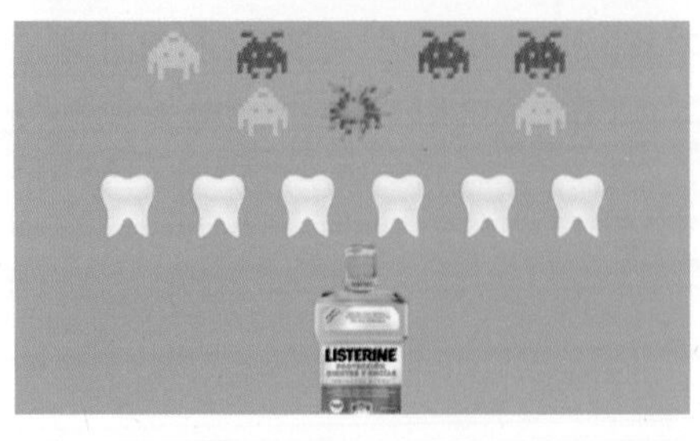

리스테린 액체를 맞은 그룹의 세균들이 죽음

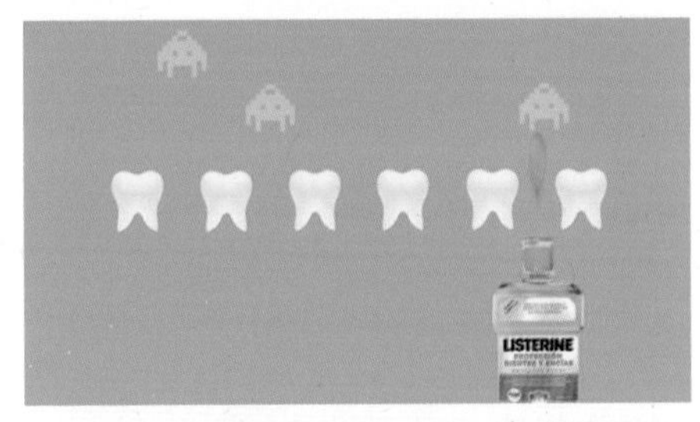

마지막 남은 세균을 향해 발사

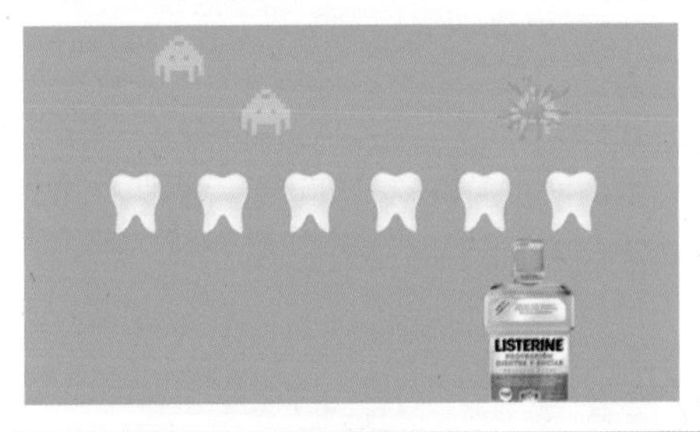

세균이 전멸함

제품 주변에 치아 모양의 미니어처들이 움직이고 있음

자막
도전해보세요

https://www.facebook.com/listerineSA/videos/?ref=page_internal

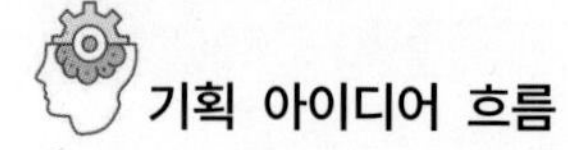

기획 아이디어 흐름

* **브랜드:** 리스테린(LISTERINE)(구강 청결제)
* **전달 메시지 및 특징**

: 세균 제거 기능을 알림

(일반적으로 구강 청결제는 구취 제거제로 인식. 세균 제거 기능은 잘 안 알려져 있음)

* **메시지 전달 방법**

: '세균을 없앤다'라는 정보를 딱딱한 형태가 아닌 익숙한 이미지를 통해 자연스럽게 전달함

* **방법 구체화**

: 리스테린을 통해 세균이 사라지는 과정을 텍스트가 아닌 비주얼로 표현

예) 총으로 적을 맞추는 게임 형태를 빌려옴

* **방법 시각화**

: 리스테린의 액체가 총알이 되어 치아 사이에 있는 세균을 맞춰 제거

* **흥미 요소 첨가**

1. 한 번에 모든 세균을 맞추지 않고, 게임 하는 것처럼 여러 번의 시도 끝에 모든 세균을 없애는 것으로 진행
2. 게임 효과음 첨가(정보 습득보다 게임 하는 것 같은 느낌이 들도록)

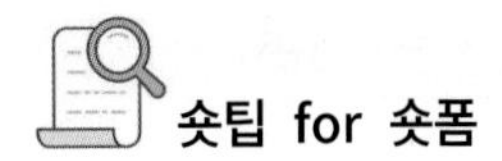

숏팁 for 숏폼

익숙한 장면을 활용하면 시청자가 친근하고 빠르게 메시지를 받아들일 수 있습니다.

15. 자막만 바꿔 여러 편 만들기 | 스니커즈 아이스크림 (3편)

아이스크림은 쌀처럼 주식이 아니어서 매일 먹는 제품이 아닙니다. 아이들은 간식류를 좋아하니까 즐겨 먹지만 성인들은 단것이 먹고 싶을 때 후식으로 가끔 먹죠. 물론 매일 먹는 성인도 있겠지만 마케팅 관점으로 평균적인 이야기를 하는 겁니다. 성인들은 브랜드별 특징을 잘 구분하지 못하거나 거기서 거기라는 생각으로 (바닐라, 초코)맛 정도 고른 후 삽니다. 이런 별 관심 없는 성인에게 우리 브랜드 아이스크림을 기억하게 하고 먹을 이유를 만들어 주려면 어떻게 해야 할까요?

스니커즈(SNICKERS)에서는 기존 자신들의 광고 방법인 유쾌하고 재미있는 콘셉트를 이번 아이스크림 광고에도 적용합니다. 기존 광고의 내용은 에너지가 필요한 상황에 (피곤하거나 배고플 때) 스니커즈 초코바를 먹으면 다시 기운을 차릴 수 있다는 거였습니다. 간식 브랜드여서 아이들에게 어필해왔을 것 같지만 독특하게 성인을 대상으로 커뮤니케이션을 해왔고, 이는 아이들을 대상으로 한 타 브랜드와의 차별점이었습니다.

그동안의 광고 몇 가지 예를 들면, '배고플 땐 넌 네가 아니야(You're not you when you're hungry)'란 카피로 얼룩말이 사자를 사냥하는 장면을 보여줍니다. 얼룩말이나 사자나 배고파서 자신의 생태계 순환 위치를 망각한 겁니다. 또 다른 경우는 사진 합성하는 작업자가 배고파서 실수를 합니다. 사진 속 모델 어깨에 뜬금없는 손이 하나 더 올라와 있고 모델이 들고 있는 가방이 사라지고 손잡이만 남아 있습니다. 운동선수가 소재가 된 적도 있는데, 달리기 출발선에서 준비하는 장면에 배고픈 선수가 다른 선수와 반대 방향으로 자세를 잡고 있습니다. 축구 프리킥에서도 다른 선수들은 수비하려고 방어 자세로 서 있는데, 배고픈 선수는 혼자서 골 세리머니를 연상시키는 다른 제스처를 하고 있습니다.

• • 스니커즈 '배고플 땐 넌 네가 아니야' 광고

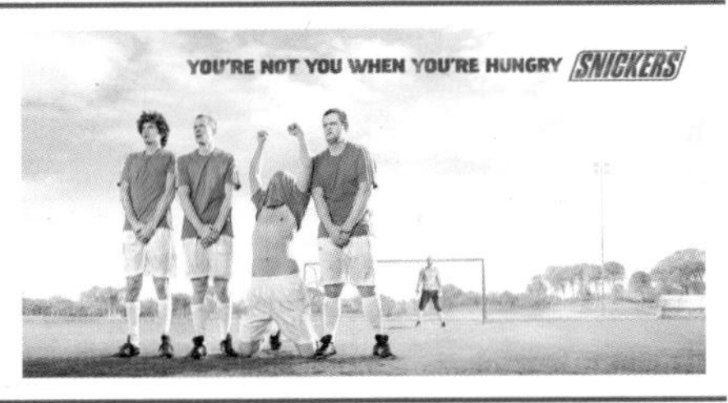

이번 아이스크림 광고는 'Chill 하다'는 특징에서 출발합니다. 'Chill'은 '차가운(쌀쌀한)'이란 뜻도 있고 '느긋한'이란 뜻도 있는데, 스니커즈 아이스크림은 이 두 가지를 모두 채울 수 있음을 알립니다.

기분 좋게 편하게 쉬고 있는 사람을 등장시키고 갑자기 그 사람을 걱정하게 만듭니다. 해변에서 머리만 밖에 내놓고 전신 모래찜질하는 사람에게 갑자기 발밑에 뭐가 있는지 걱정되지 않느냐는 말을 던집니다. 편안했던 얼굴이 점점 굳어지며 슬픈 얼굴이 됩니다. 이렇게 걱정스러운 상황에 닥쳤을 때, 즉 느긋함이 필요할 때 아이스크림을 먹으면 해소되고 차가움(시원함)도 채울 수 있다는 내용입니다.

뜬금없는 멘트를 하여 사람의 표정을 억울하게 만드는 유머도 독특하고 재미있지만, 더 독특한 점은 같은 장면에 자막만 바꿔 여러 편을 제작한 겁니다. 똑같은 사람과 상황의 장면인데 내용이 각각 다릅니다. 이는 하나의 콘텐츠 구성이 탄탄하면 (콘텐츠 포맷을 잘 구축하면) 약간의 변형으로 또 다른 결과물을 만들 수 있음을 보여주는 좋은 예입니다. 숏폼에서 유용하게 사용할 수 있는 방법입니다.

No. 48 '스니커즈' 아이스크림 광고(모래 밑 편)

• 광고내용 • 여유롭게 모래찜질하는 남자에게 발밑에 뭐가 있을 것 같냐고 물어보면 갑자기 걱정하기 시작합니다.

6초

(바닷가 모래사장)
한 남자가 머리를 제외한 전신을 모래에 묻고 휴식 중

자막
발밑에 뭐가 있을지 생각하지 마세요

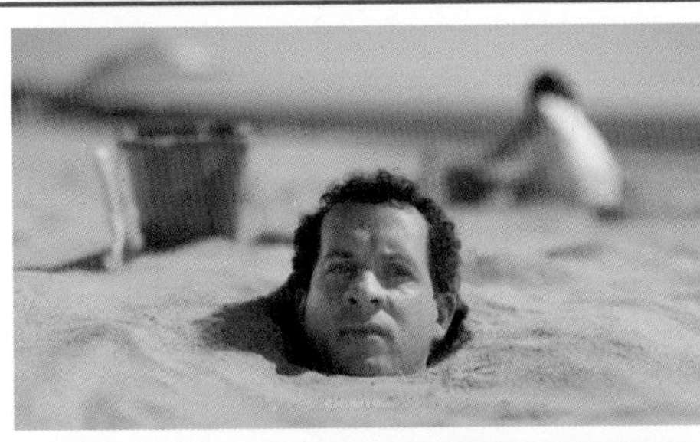

표정이 어두워지기 시작
걱정스러운 표정

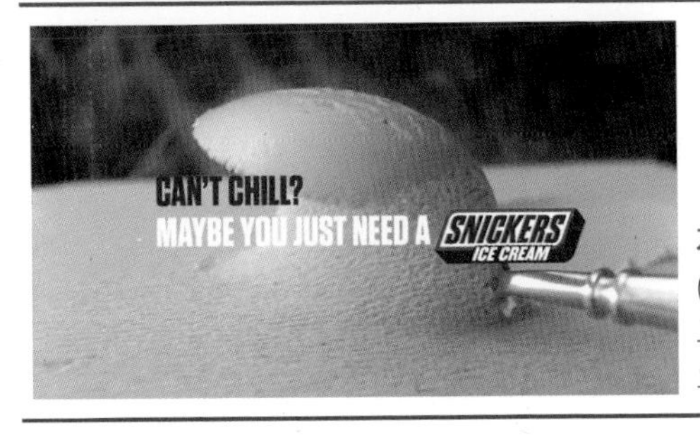

자막
(마음이) 느긋해지기 쉽지 않죠?
그럴 땐 스니커즈 아이스크림이 필요할 거예요

https://youtu.be/VBOKP-wup1w

No. 49 '스니커즈' 아이스크림 광고(재미있는 아빠 편)

• 광고내용 • 아빠들은 아이들에게 재미있는 아빠로 기억되고 싶을 겁니다. 그저 그런 시시한 아빠라고 한다면 당연히 기분이 안 좋겠죠.

10초

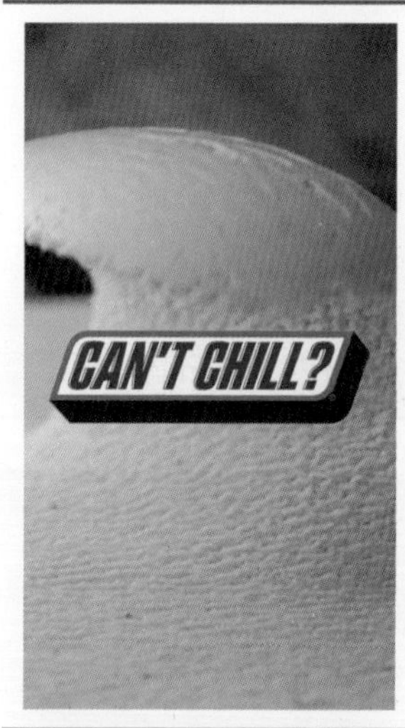

자막
(마음이) 느긋해지기 쉽지 않죠?

남자가 머리를 제외한 전신을 모래에 묻고 휴식 중 밝은 표정을 짓고 있음

자막
스스로 재미있는 아빠라고 생각해요?

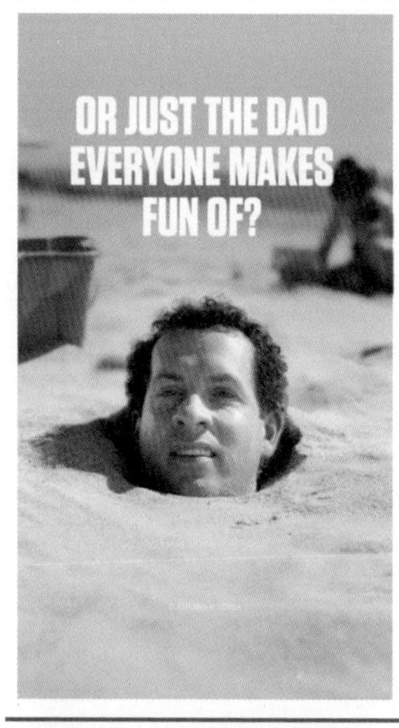

표정이 어두워 짐

자막
아니면 재밌게 놀림만 당하는 그저 그런 아빠예요?

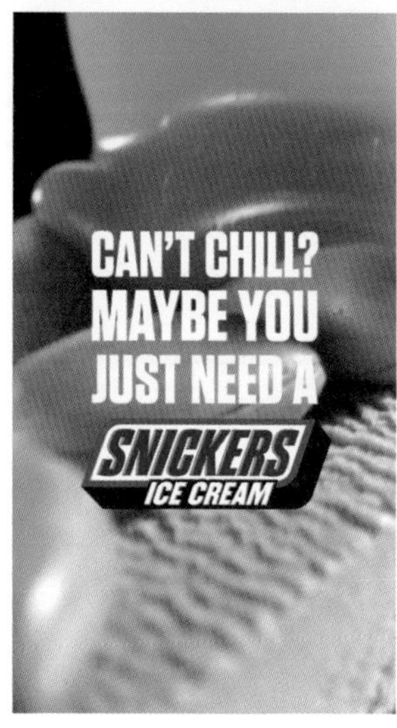

자막
(마음이) 느긋해지기 쉽지 않죠?
그럴 땐 스니커즈 아이스크림이 필요할 거예요

https://vimeo.com/537057130

No. 50 '스니커즈' 아이스크림 광고(휴가 시간 편)

• 광고내용 • 여유롭게 휴가를 즐기고 있는데 누군가 휴가가 얼마 안 남았다고 알려주면 기분이 썩 좋지 않을 겁니다.

10초

자막
(마음이) 느긋해지기 쉽지 않죠?

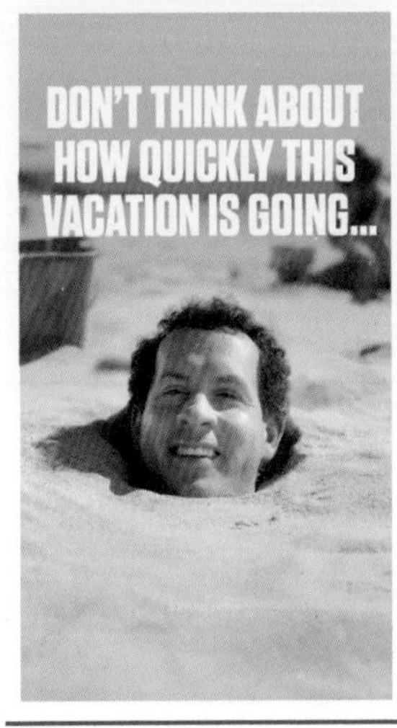

남자가 머리를 제외한 전신을 모래에 묻고 휴식 중
밝은 표정을 짓고 있음

자막
휴가가 얼마나 빨리 지나가는지 계산하지 마세요

표정이 어두워 짐

자막
4,440분 남았다고 생각해보세요

숫자가 4,440에서 4,439로 바뀜
(광고 중에도 시간이 경과 하고 있음)

자막
4,439분 남았다고 생각해보세요

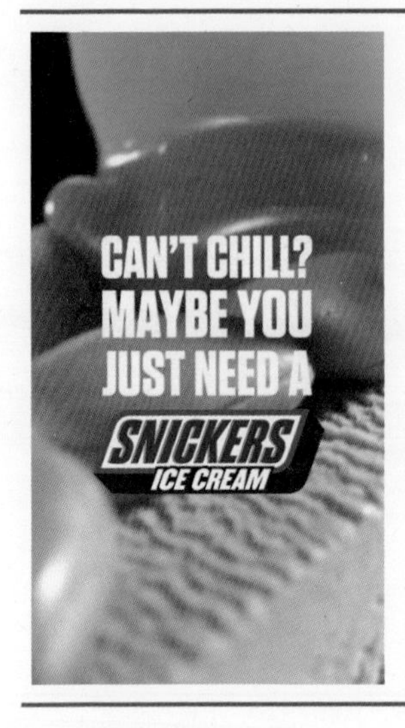

자막
(마음이) 느긋해지기 쉽지 않죠?
그럴 땐 스니커즈 아이스크림이 필요할 거예요

https://vimeo.com/537057902

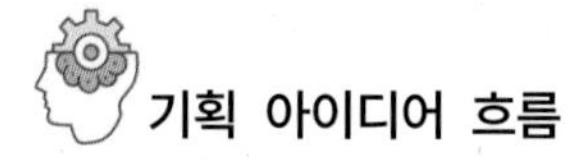

기획 아이디어 흐름

* **브랜드:** 스니커즈(SNICKERS)(초코바가 주요 상품임)
* **제품:** 아이스크림
* **브랜드 사전 지식:** 유쾌하고 재미있는 광고로 유명
* **브랜드 제작 의도**

: 일반적인 특징을 (스니커즈 스타일로) 유쾌하고 재미있게 살리려는 의도

* **특징 알리기 1단계**

1. 언어의 이중의미 활용

   예) 'Chill'은 '차가운'이란 뜻도 있고, '느긋한'이란 뜻도 있음
2. Chill(느긋함)이 필요할 때 스니커즈 아이스크림으로 Chill(느긋함)을 채울 수 있고, 아이스크림이기 때문에 Chill(차가움)도 채울 수 있다는 콘셉트

Chill(느긋함)이 필요함
↓
아이스크림으로 Chill(느긋함&차가움)을 채워줌

* **특징 알리기 2단계:** 스토리 추가

1. Chill(느긋함)이 필요한 상황인 걱정하는 상황 연출
2. 사람이 걱정되는 상황에 부닥치면 Chill(느긋함)이 필요할 것임

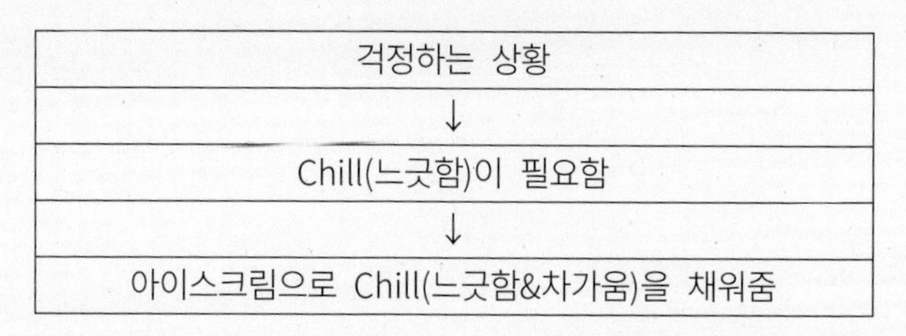

* **특징 알리기 3단계:** 유쾌함 추가(기존 스니커즈 스타일)

: 걱정하는 상황 이전에 반대되는 즐거운 상황을 먼저 등장시킴

즐거운 상황
↓
걱정하는 상황
↓

Chill(느긋함)이 필요함
↓
아이스크림으로 Chill(느긋함&차가움)을 채워줌

* **스토리 시각화**

1. 즐거운 상황: 밝은 표정
2. 걱정하는 상황: 자막으로 걱정 요소 삽입
3. Chill(느긋함)이 필요함: 어두운 표정
4. 아이스크림으로 Chill(느긋함&차가움)을 채워줌: 시원한 아이스크림 장면

* **자막만 바꾸기**

: 콘셉트 하나로 여러 편(Variation) 제작

* **구성력이 좋은 콘셉트의 장점**

1. 약간의 변형으로 여러 편의 콘텐츠 제작이 가능함
2. 하나의 이미지로 자막만 바꿔 여러 편을 만들 수 있음(제작비 절감 효과)

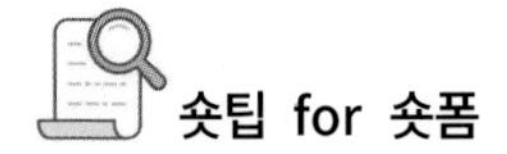

숏팁 for 숏폼

콘텐츠의 포맷(구성, 형식)을 튼튼하게 구축해 놓으면, 작은 요소(자막, 내레이션, 효과음, 배경음 등)만 변화시켜도 다양한 버전의 연출이 가능해집니다.

정보전달형

16. 포인트 하나로 강조하기 | 삼성 갤럭시 M51 스마트폰 (4편)

휴대폰이나 컴퓨터는 언제 새로 사나요? 고장 나거나, 액정이 나가거나, 배터리가 빨리 닳을 때일 겁니다. 부품이 비싸 부분 교환하는 것보다 새 걸 사는 게 이득이라는 생각에 신제품을 구매합니다. 얼리어댑터처럼 신제품에 열렬한 관심이 있는 사람도 있지만 그 수는 많지 않죠.

IT 제품은 주기적으로 새로운 모델을 출시하는데, 브랜드 입장에서는 고장 나지 않은 사람들도 구매할 이유를 만들어 주고 싶겠죠. 기존 모델이나 타사 제품보다 더 나은 성능을 갖도록 한 가지가 아닌 여러 기능을 추가하고 업데이트시킵니다.

새로운 여러 기능을 소개하기 위해 광고도 만드는데, 안타깝게도 사람들은 한 번에 많은 것을 기억하지 못합니다. 한 광고안에 여러 장점을 소개하면 모두 다 기억하는 사람은 거의 없고 한두 개 정도 인식합니다. 광고에서 여러 장점을 소개할 때는 사실 그중 하나라도 기억해 달라는 뜻으로 여러 개 보여주는 것이지 모두 기억해 주길 바라지는 않습니다.

삼성 갤럭시 M51 스마트폰이 새로 나왔습니다. 여러 기능이 향상되었는데, 어느 하나 안 중요한 게 없습니다. 하지만 이 기능을 모두 한 콘텐츠에서 보여주면 시청자가 전부 기억할까요? 어렴풋이 기억하거나 하나도 기억 못 하고 자랑만 실컷 했다고 생각할 수 있습니다. 그래서 기능을 한 콘텐츠에 하나씩 나눠 보여주기 방식을 택합니다.

소개할 새로운 기능은 한 번의 촬영으로 여러 출력물을 얻을 수 있고, 배터리 용량이 커진 점입니다. 실감형 디스플레이도 장착되고, 성능도 빨라졌습니다. 이 기능들을 하나씩만 정확하게 전달하면 시청자는 바로 이해할 수 있겠죠. 여러 편을 시리즈로 묶어 지속적으로 노출하면 때로는 중복적으로 시청하기도 하겠지만, 한 번에 하나씩 뚜렷하게 기억할 수 있게 됩니다.

No. 51 '삼성 갤럭시 M51' 스마트폰 광고(카메라 편)

• 광고내용 • '몬스터 vs. M51' 서부 영화 느낌의 장소에서 주인공 '몬스터'와 스마트폰 'M51'이 대결하려고 마주 보고 있습니다. 카우보이모자를 쓴 몬스터는 카메라를 꺼내어 총을 쏘듯 여러 번 촬영(Shooting)합니다. 몬스터와 달리 M51은 간단하게 한 번의 촬영으로 여러 출력물을 만들어냅니다. 승자는 M51입니다.

 27초

몬스터 vs. M51
서부 영화를 연상하게 하는 배경
카우보이모자를 쓰고 있는 몬스터

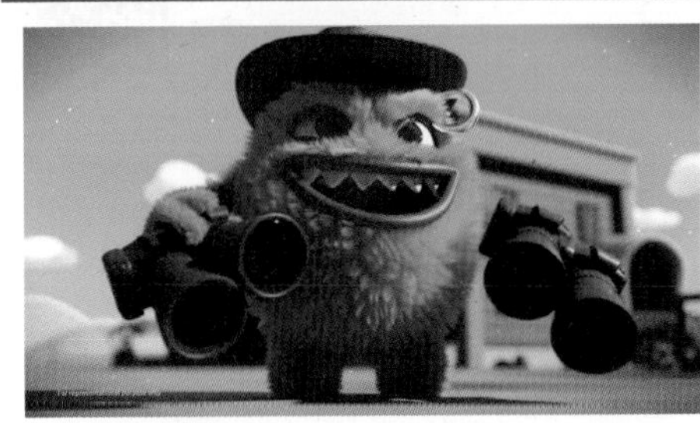

카메라를 여러 대 꺼냄
서부 영화에서 총 쏘듯이 여러 번 촬영함
다 찍고 나서 만족한 듯 웃음

M51은 한 번만 찍음(한 번의 클릭 소리)
한 번 찍었지만 출력물은 여러 개임
M51이 몬스터를 찍어 모습을 여러 개 보여줌

M51이 화면을 공중에 띄움
더 많은 출력물이 보임

SINGLE TAKE -
MULTIPLE OUTPUTS
WITH 64MP
QUAD CAM

자막
한 번에 여러 결과물을 보여주는
64MP
쿼드 카메라

https://vimeo.com/483988769

No. 52 '삼성 갤럭시 M51' 스마트폰 광고(배터리 편)

• 광고내용 • '몬스터 vs. M51' 옥외 수영장에서 몬스터가 M51의 배터리를 빨아들이기 시작합니다. 배터리 바가 쉽게 내려가지 않자 몬스터가 더욱 힘껏 빨아들이지만 결국 지쳐서 물러납니다. 승자는 M51입니다.

26초

몬스터와 M51의 대결
장소는 옥외 수영장

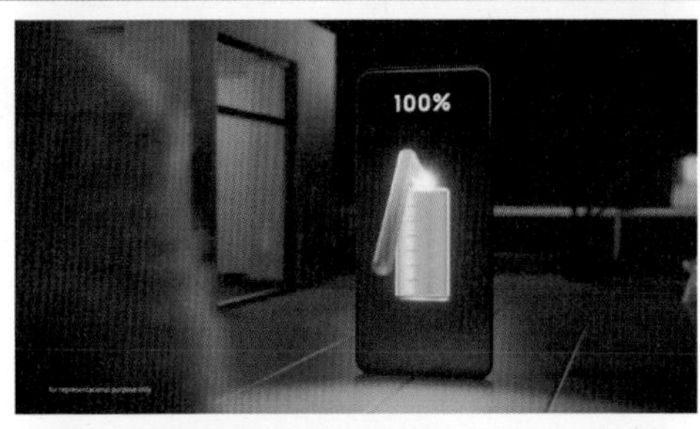

M51은 100% 충전 상태
배터리 그림이 화면에 크게 보임
화면 밖으로 빨대가 하나 나옴

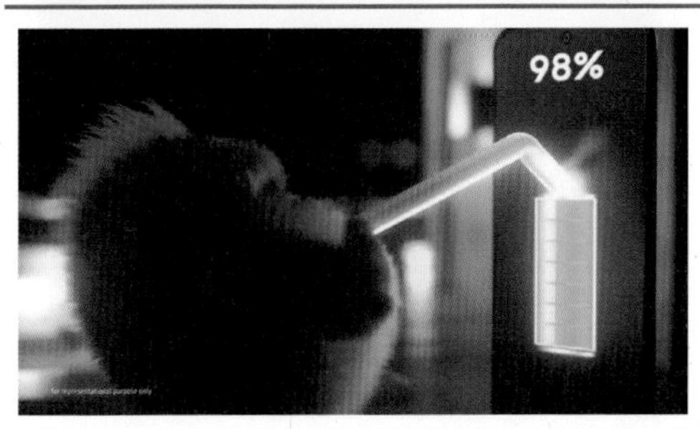

몬스터가 빨대로 배터리를 빨아들이기 시작
배터리 바가 잘 내려가지 않자 더욱 힘껏 빨아들이기 시작

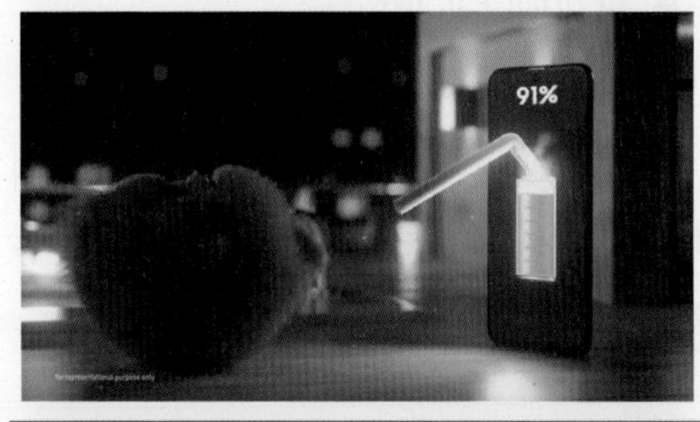

숨을 크게 한 번 쉬고 다시 빨아들이기 시작
배터리 바가 조금씩 내려가자 몬스터의 몸이 부풀어 오름
배터리가 91%가 되었을 때 몬스터는 더는 빨아들일 수 없는 상태가 되고 뒤로 넘어짐

MONSTROUS
7000mAh
BATTERY

자막
괴물 같은
7,000밀리암페어아워
배터리

https://vimeo.com/483984076

No. 53 '삼성 갤럭시 M51' 스마트폰 광고(디스플레이 편)

• 광고내용 • '몬스터 vs. M51' M51이 화면에 바닷가를 띄워 보여줍니다. 화면이 실제같이 보이자 몬스터가 화면을 향해 달려갑니다. 화면 앞에 도착하자 M51은 몬스터를 놀리기라도 하듯 갑자기 물을 끼얹습니다.

30초

몬스터와 M51의 대결
장소는 바닷가

M51이 화면에 바닷가를 띄워 보여줌
장면이 생생하게 보임

몬스터가 M51 쪽으로 뛰기 시작

몬스터가 M51에 가까이 도착하자 물을 끼얹음

IMMERSIVE
16.95cm (6.7")
sAMOLED PLUS
INFINITY-O
DISPLAY

자막
실제 체험 같은
16.95cm(6.7")
아몰레드(능동형 유기 발광 다이오드)
플러스
인피니티-O
디스플레이

https://youtu.be/7i8gW4QIlW8?list=PL6qYqJ2aEl1gGtx5hXcGHIaSwJt_UXCUi

No. 54 '삼성 갤럭시 M51' 스마트폰 광고(성능 빠름 편)

• 광고내용 • '몬스터 vs. M51' 육상 트랙 경기에서 M51이 빠른 속도로 몬스터를 이깁니다.

21초

몬스터와 M51의 대결
육상 경기 시작점에서 출발 준비 중

경기 시작
몬스터가 날기 시작

하지만 M51이 몬스터를 앞지름

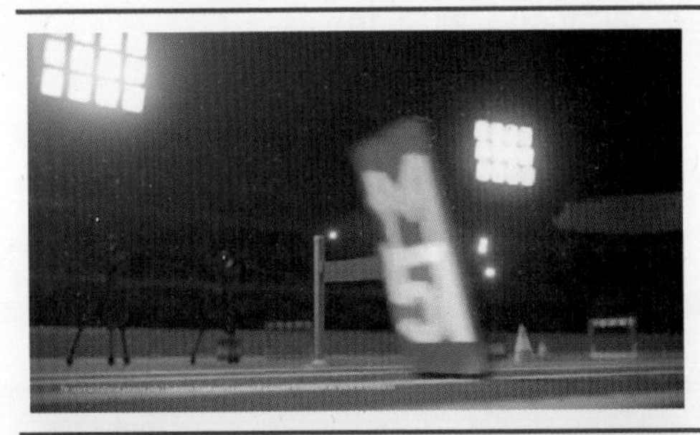

M51이 먼저 우승 테이프를 끊음

BLAZING FAST
QUALCOMM®
SNAPDRAGON™
730G

자막
불타오르는 것 같이 빠른 퀄컴
스냅드래곤
730G

https://youtu.be/gIfQ2NgaRmo?list=PL6qYqJ2aEl1gGtx5hXcGHIaSwJt_UXCUi

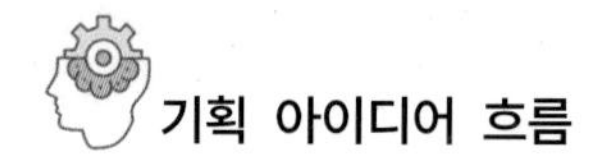

기획 아이디어 흐름

* **제품:** 삼성 갤럭시 M51 스마트폰

* **제품의 여러 특징**

1. 한 번의 촬영으로 여러 출력물을 얻을 수 있음
2. 용량이 커진 배터리
3. (실제 보는 것 같은) 실감형 디스플레이
4. 성능이 빠름

* **다양한 특징 살리는 방법**

: 포인트 하나만 잡기(욕심내지 말고 한 콘텐츠에 한 가지 내용)

* **포인트를 하나만 잡는 이유**

1. 시청자는 모든 것을 한꺼번에 기억하기 어려움
2. 복잡해 보이면 오히려 하나도 기억 못 할 수 있음
3. 하나씩 보여주면 집중도를 높일 수 있음

* **특징 시각화**

: 각 특징을 상황 속에서 자연스럽게 드러냄

예) **카메라:** '촬영하다'의 영어 단어인 Shoot은 '총을 쏘다'의 의미도 있음
총을 쏘는 장면이 쉽게 연상되는 서부 영화 콘셉트 사용
배터리: 에너지가 많이 소모되는 물놀이와 배터리 방전을 연결함
옥외 수영장을 배경으로 함
디스플레이: 성능이 잘 드러날 수 있도록 색과 빛이 선명한 장소 필요
푸른 바닷가를 장소로 선택
성능 빠름: '빠르다'의 의미를 육상 경기의 승리로 표현
육상 경기 트랙을 장소로 선택

* **개별 콘텐츠 모두 같은 콘셉트와 형식 유지하기**

: 모두 하나의 제품을 알리는 콘텐츠를 의미

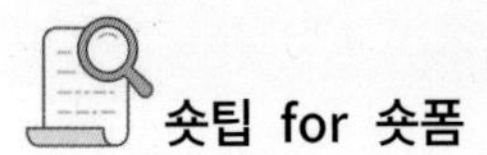

숏팁 for 숏폼

보여주고 싶은 것이 많더라도 욕심내지 말고 한 번에 하나씩만 드러내는 것이 숏폼에서는 효과적입니다. 시청자는 단시간에 많은 것을 기억하지 못합니다.

17. 사실 그대로 담백하게 보여주기 | 아디다스 수영복 (1편)

이유 없는 차별은 부당하다는 생각에 동의하시나요? 내가 억울하게 차별당한다고 생각해보세요. 잘못한 것 하나 없는데 소외되고 부적절한 대우를 받는다면 분노가 차올라 어떻게 해서든 바로잡으려고 할 겁니다. 하지만 아직까지 출신이 다르다는 이유로, 성별이 다르다는 이유로 세상에는 많은 차별이 존재합니다.

• • '아디다스' 여성 수영복 광고

https://youtu.be/RPCJLGh_MJI

아디다스(Adidas)는 이러한 제약 없이 '누구나 운동을 즐길 수 있다'라는 콘셉트로 차별 없는 건강한 스포츠를 만들기 위해 노력해왔습니다. 다양성을 존중하기 위해 얼마 전에는 외모, 인종, 능력, 종교와 관계없이 여성들이 자신이 선택한 수영복을 다양하게 입고 수상 스포츠를 즐기는 광고를 보여주었고, 여기에 많은 사람이 긍정적인 반응을 보였습니다.

이번에는 더 적극적인 방법으로 차별 없애기 캠페인을 벌입니다. 무슬림 여성을 위한 수영복인 버키니(Burkini 또는 Burqini)를 만들었습니다. 신체를 가리는 옷인 브루카(Burqa)와 비키니(Bikini)의 합성어로 얼굴, 손, 발을 제외한 전부를 가리는 수영복입니다.

이 버키니를 소개하기 위해 특별한 광고 방법을 사용합니다. 공개적으로 여성도 자유롭게 수영할 수 있다는 의미로 해변에 작은 수영장을 만들고, 버키니를 입은 여성을 수영하게 합니다. 노출된 공간에서 그들의 자유로움을 보여준 거죠. 수영장 측면에는 전달하려는 메시지를 적었습니다. 수영장이 옥외 광고판이 되어 브랜드가 지향하는 이념과 신제품을 동시에 알린 겁니다. 그리고 이를 카메라에 담았고 그 촬영분을 그대로 광고로 사용했습니다.

No. 55 수영장으로 광고판을 만든 '아디다스' 광고

• 광고내용 • 바닷가에 공개적으로 수영장을 만들어 버키니를 입은 여성이 자유롭게 수영하는 모습을 보여줍니다. 수영장에는 '수면 너머 저 멀리(BEYOND THE SURFACE)'라는 문구가 적혀있습니다.

23초

수영장으로 옥외 광고판을 만듦
광고판 표면에 자막과 로고가 있음

자막과 로고
수면 너머 저 멀리
아디다스

버키니를 입은 여성이 수영장으로 입수함

자유롭게 수영 중

수영 진행 방향을 바꿈

입수했던 자리로 돌아가는 중

물 밖으로 나가기 위해 사다리를 타고 올라감

물 밖으로 나옴

https://youtu.be/mnB1WGDafdw

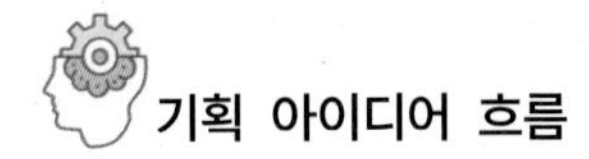

기획 아이디어 흐름

* **브랜드:** 아디다스(Adidas) (스포츠 의류와 신발)
* **브랜드 배경 지식**
  1. 이번 광고가 상영되기 얼마 전, 다양한 종류의 여성 수영복 광고로 이목을 끈 이력이 있음
  2. (외모, 인종, 능력, 종교와 관계없이) '누구나 수상 스포츠를 즐길 수 있음'을 알리는 광고였음
* **이번 광고 제품:** 버키니(Burkini 또는 Burqini)
* **제품 관련 배경 지식**
  1. 버키니는 무슬림 여성이 입는 옷인 브루카(Burqa)와 비키니(Bikini)의 합성어
  2. 얼굴, 손, 발을 제외한 신체 전부를 가린 무슬림 여성 수영복
* **전달할 메시지 및 특징**
  1. 무슬림 여성이 자유롭게 수상 운동을 즐길 수 있는 편한 수영복
  2. 운동은 조건이나 제약 없이 누구나 할 수 있음
* **메시지 시각화**
  1. 여성도 수영을 자유롭게 즐길 수 있음을 알리기 위해 공개적으로 해변에 광고판을 설치
  2. 실제 제품을 착용하고 수영을 즐기는 모습을 보여 줌
* **시각화 강조 및 구체화**
  1. 힘 있는 메시지 전달을 위해 간접적인 비주얼 전달(옥외 포스터 광고 등)에서 나아가 사실 그대로를 실시간으로 보여줌
  2. 실제 그대로를 느낄 수 있도록 수영장을 만들어 수영하는 모습을 공개

숏팁 for 숏폼

사실의 힘이 큰 주제라면, 인위적인 연출보다 때로는 가공 없이 그대로 보여주는 것이 시청자의 공감도 상승에 효과적입니다. 진정성 있는 콘텐츠는 시청자와 신뢰 관계가 형성되어 시청을 지속시킬 가능성도 커집니다.

18. 반전 효과 두 번 사용하기 | 하이네켄 무알코올 맥주 (5편)

맥주는 갈증과 잘 연결됩니다. 와인이나 샴페인은 고급스러운 분위기에서 치즈나 스테이크와 함께 마시고, 소주는 삼겹살이나 골뱅이 등 맛있는 술안주와 함께하죠. 맥주는 치킨과 어울려 먹기도 하지만 와인이나 소주처럼 곁들인 음식 없이도 마실 수 있습니다. 운동 후, 열심히 일한 후, 더위에 땀흘린 후 등 갈증 해소와 잘 어울립니다.

하지만 술이어서 장소에 제약을 받고, 이 점이 맥주 애호가들에게는 큰 안타까운 점이었습니다. 회사에서 일하거나 운전할 때 등 아무 때나 마실 수 없었죠. 그래서 제약 없이 원할 때 시원하게 마실 수 있도록 하이네켄(Heineken)에서 무알코올 맥주를 출시했습니다. 그동안 상상할 수 없었던 회사 회의 중, 운전하기 전, 헬스장 등에서 마실 수 있게 되었습니다.

이런 점을 그대로 광고에 반영합니다. 술자리가 아닌 평범한 장소에서 맥주를 마셔 사람들을 놀라게 하는 반전 상황을 만듭니다. 일반적으로 마실 수 없다고 생각한 상황이었기 때문에 주변 사람들이 이상한 표정을 짓거나 의아해합니다. 시청자는 무알코올이라는 것을 알고 있어 반전 효과임을 바로 눈치챌 수 있습니다.

하지만 상황은 거기서 끝나지 않습니다. 화면 속 사람들이 놀란 이유는 맥주를 마신 행동 때문이 아닙니다. 그들도 무알코올 맥주라는 것은 이미 알고 있고, 주인공이 다른 곤경에 빠져있는 상황인데 본인만 모르고 태연한 것 같아 걱정하는 거였습니다. 반전의 반전입니다.

한 예로, 운동 후 여자가 걸어가면서 맥주 마시는 걸 보고 사람들이 걱정하는 표정을 짓는데, 여자가 남자 샤워장으로 잘 못 들어가고 있어서 그런 겁니다. 한 번의 반전으로 끝나지 않고 반전을 두 번 반복한 이유는 제품을 강조하기 위해서입니다. 무알코올이라는 특징이 다소 생소하고 독특하여 시청자에게 거듭 알리는 겁니다.

No. 56 '하이네켄' 무알코올 맥주 광고(회사 편)

• 광고내용 • (여러 사람 앞에서) 만족스럽게 발표를 마친 후 마시는 맥주는 성취감을 올려줍니다.

30초

16명이 있는 회의실
테이블에는 간단히 먹을 수 있는 음식이 있음
한 명이 발표를 성공적으로 마침
다른 사람들은 박수를 보냄

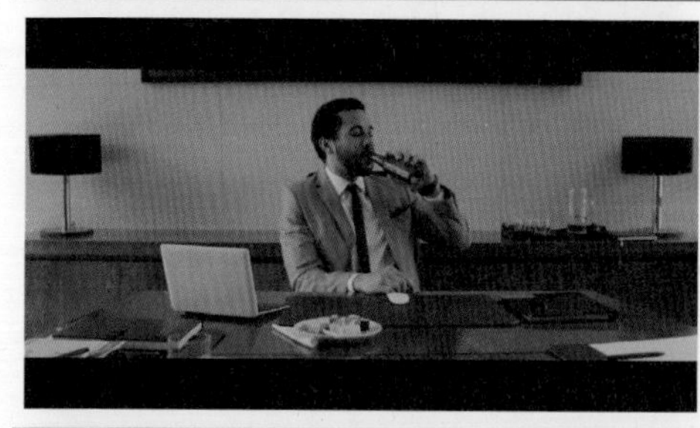

발표자는 뿌듯한 표정으로 자리에 앉아 맥주를 마심

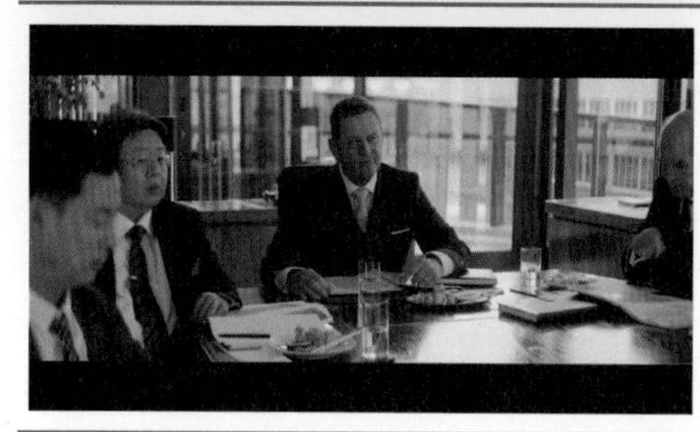

사람들이 이상한 눈초리로 발표자를 바라보기 시작

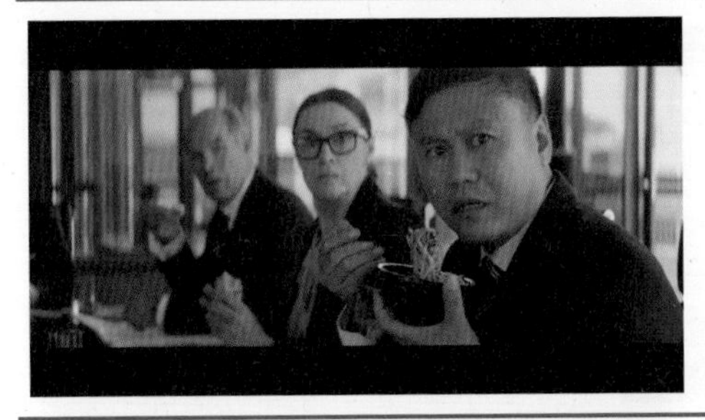

불편한 사람들의 표정
(음식을 먹다가 발표자를 보는 중)

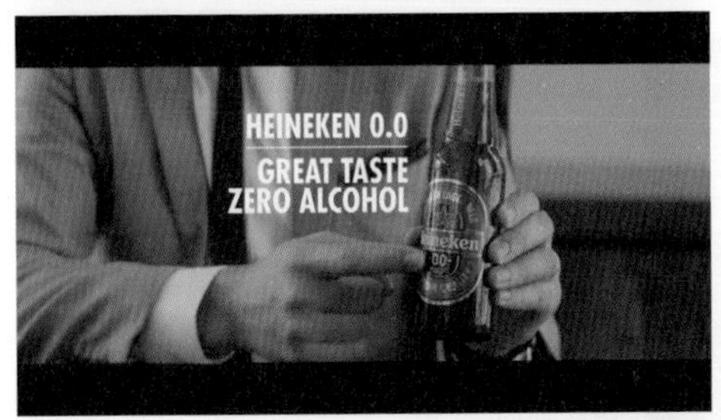

첫 번째 반전 효과
발표자가 맥주병에 쓰여 있는 무알코올 표시를 가리킴

자막
하이네켄 0.0
훌륭한 맛
무알코올

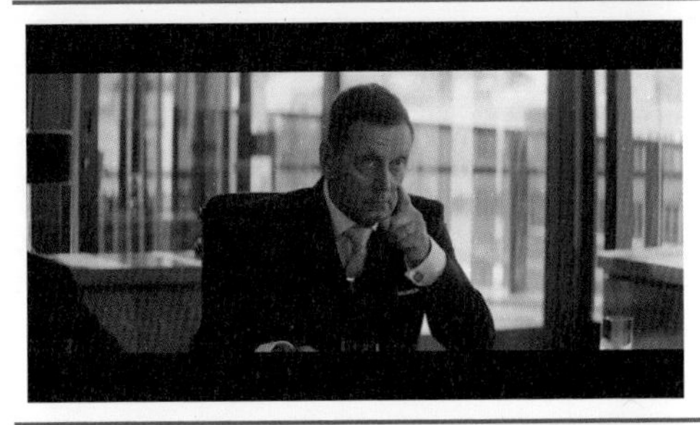

사람들 중 한 명이 발표자 뒤에 있는 모니터를 가리킴

두 번째 반전 효과
발표자의 노트북에 있는 개인용 사진들이 슬라이드 쇼 중임

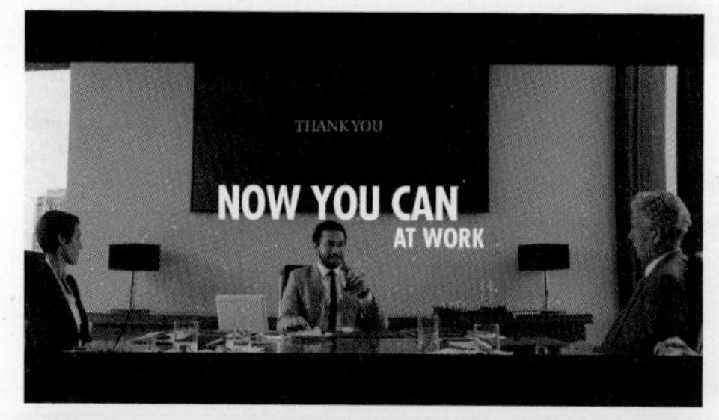

발표자는 다급하게 슬라이드 쇼를 중지시키고 겸연쩍은 표정을 지음

자막
이젠 회사에서도 마실 수 있습니다

로고
하이네켄

https://youtu.be/XRgqiPO1uuE

No. 57 '하이네켄' 무알코올 맥주 광고(불법 주차 편)

• 광고내용 • 햇볕이 내리쬐는 무더운 여름. 목이 타는 이런 날씨에는 시원한 맥주가 최고죠.

30초

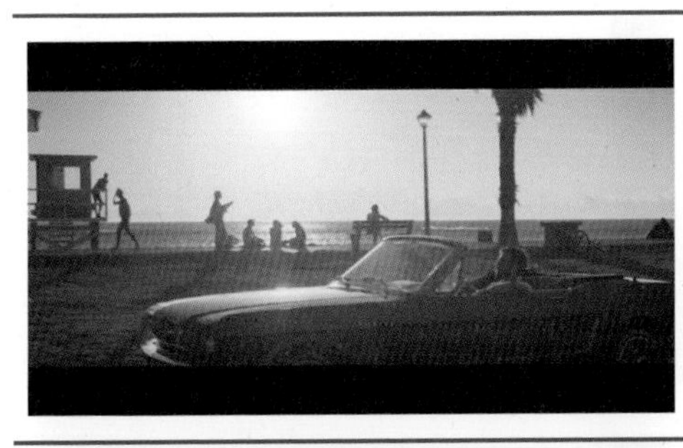

멋진 풍경의 바닷가
컨버터블(지붕이 접히는) 자동차가 정차해 있음

자동차 안에서 운전자가 맥주를 마심

경찰이 와서 벌금 부과 딱지를 뗌

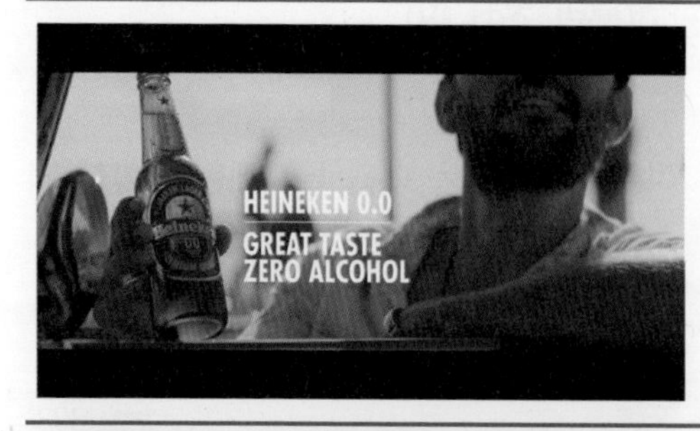

첫 번째 반전 효과
운전자가 맥주병에 쓰여 있는 무알코올 표시를 가리킴

자막
하이네켄 0.0
훌륭한 맛
무알코올

경찰이 무언가를 가리킴

두 번째 반전 효과
주차 금지 구역 표시

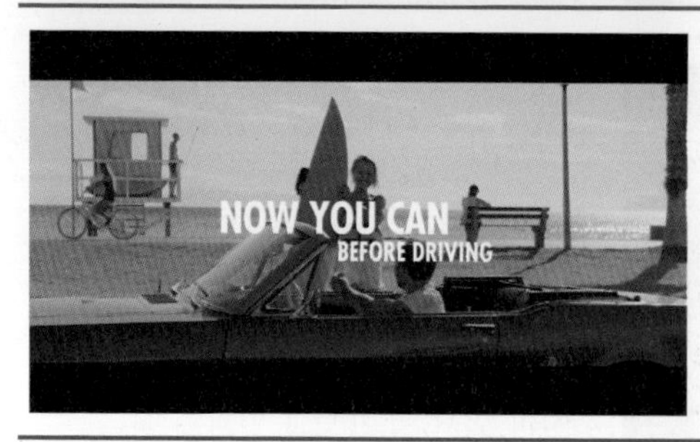

운전자 일행이 자동차 근처로 오고 있음

자막
이젠 운전하기 전에도 마실 수 있습니다

로고
하이네켄

https://youtu.be/KNZCe3I_X7o

No. 58 '하이네켄' 무알코올 맥주 광고(주유소 편)

• 광고내용 • 저녁 식사 후 목이 마를 때 맥주를 마시면 시원할 겁니다. 장소 관계없이 원할 때 간단하게 음료처럼 마실 수 있습니다.

30초

주유소 전경

한 남자가 주유소에 있는 식료품 상점을 나오며 맥주를 마시고 있음

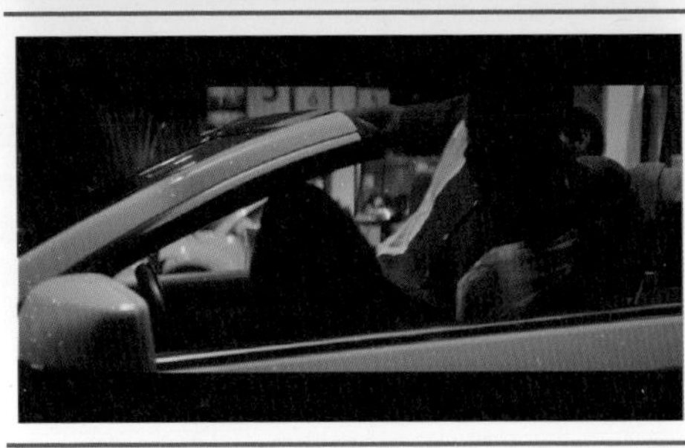
차 안에서 기다리던 친구들이 남자가 맥주 마시는 것을 봄
친구 중 한 명이 자동차 조수석에서 운전자석으로 옮겨탐

친구가 자동차 키를 달라는 듯 손을 내어 보임

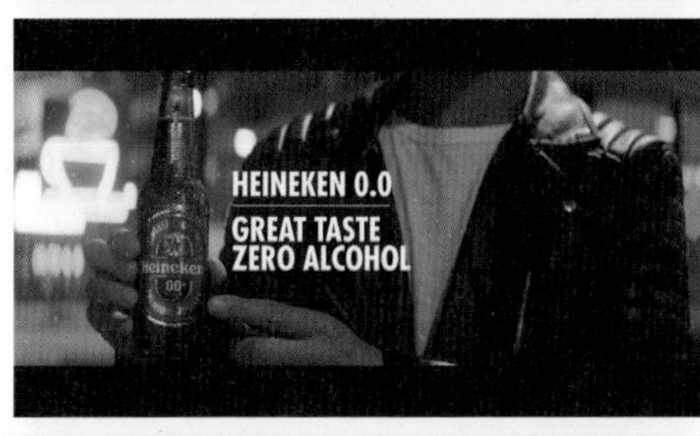

첫 번째 반전 효과
남자는 맥주병에 쓰여있는 무알코올 표시를 가리킴

자막
하이네켄 0.0
훌륭한 맛
무알코올

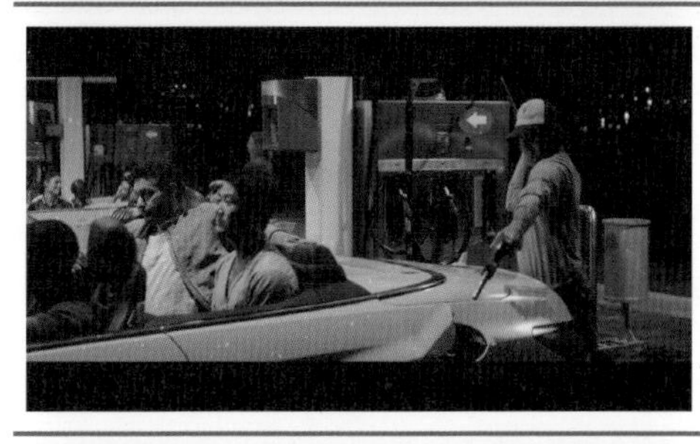

두 번째 반전 효과
자동차가 어정쩡한 위치에 있어 주유할 수 없는 상태임

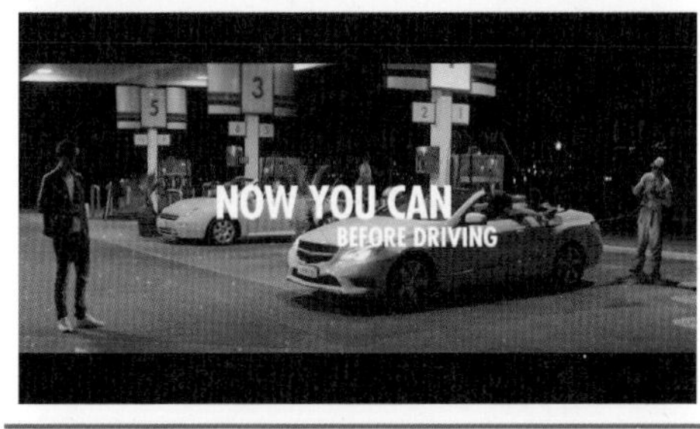

친구가 자동차 키를 받고 주유기와 가까워지도록 후진함

자막
이젠 운전하기 전에도 마실 수 있습니다

로고
하이네켄

https://youtu.be/F_tRENCSQtU

No. 59 '하이네켄' 무알코올 맥주 광고(방송국 편)

• 광고내용 • 일하다 보면 여유로운 휴식 시간이 필요할 때도 있습니다. 이럴 때 맥주를 시원하게 마시면 더욱 좋겠죠.

30초

뉴스 진행자가 방송을 마무리하는 중

뉴스 세트장에서 걸어 나옴

실외 휴식 공간에서 맥주를 마심

누군가 큰소리로 “지금 뭐 하는 거야? (What are you doing?)”라고 여러 번 말함

첫 번째 반전 효과
뉴스 진행자는 맥주병에 쓰여 있는 무알코올 표시를 가리킴

자막
하이네켄 0.0
훌륭한 맛
무알코올

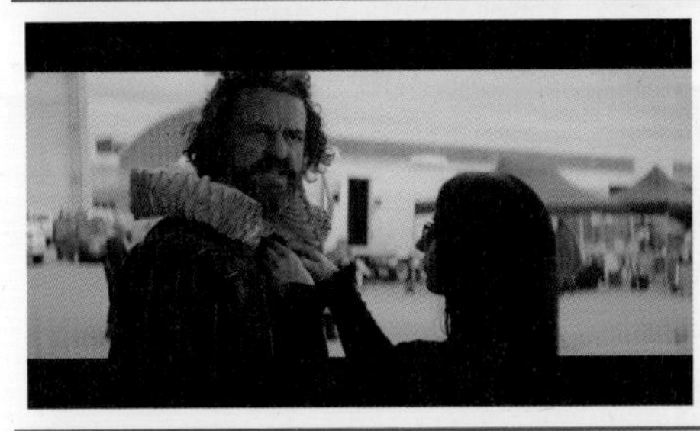

두 번째 반전 효과
남자는 뉴스 진행자를 향해 말한 것이 아님
혼자서 연기 연습 중임(배우였음)
스텝이 남자에게 촬영용 의상을 입히는 중

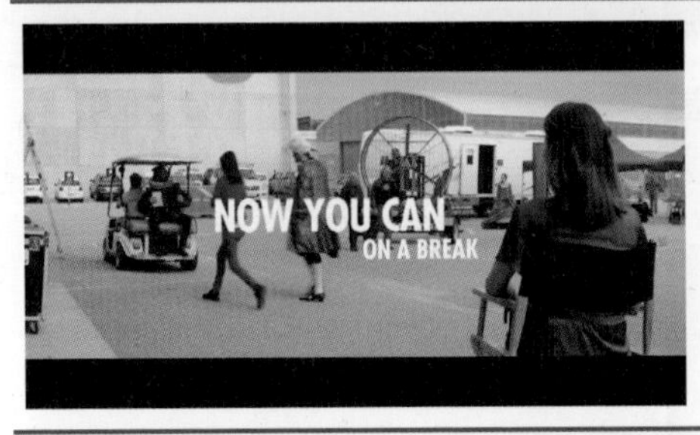

남자와 스텝이 휴식공간을 떠남

자막
이젠 쉬는 시간에도 마실 수 있습니다

로고
하이네켄

https://youtu.be/YPaGfE851hw

No. 60 '하이네켄' 무알코올 맥주 광고(헬스장 편)

• 광고내용 • 열심히 운동한 후에는 목이 타오릅니다. 이럴 땐 시원한 맥주가 생각나죠.

30초

한 여성이 헬스장에서 운동 중

운동을 마치고 맥주를 마심

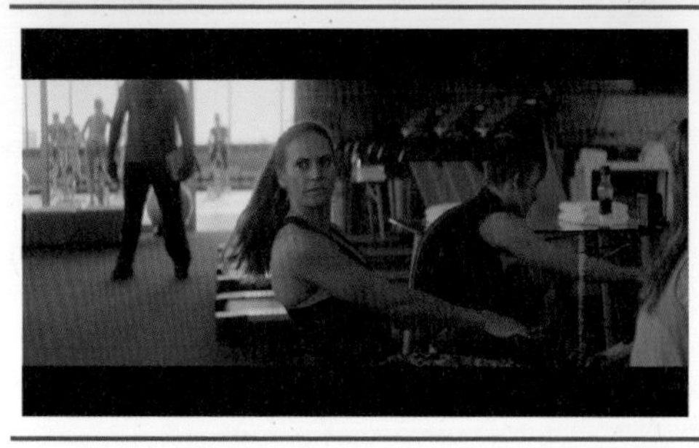
헬스장에 있는 다른 사람이 맥주 마시는 여성을 쳐다봄

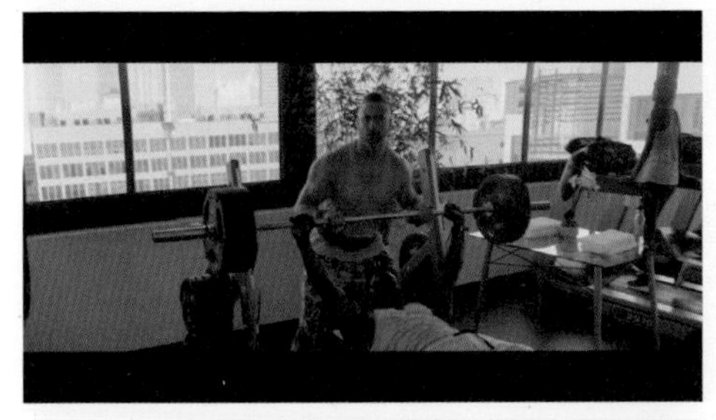

또 다른 사람이 맥주 마시는 여성을 걱정스럽게 쳐다봄

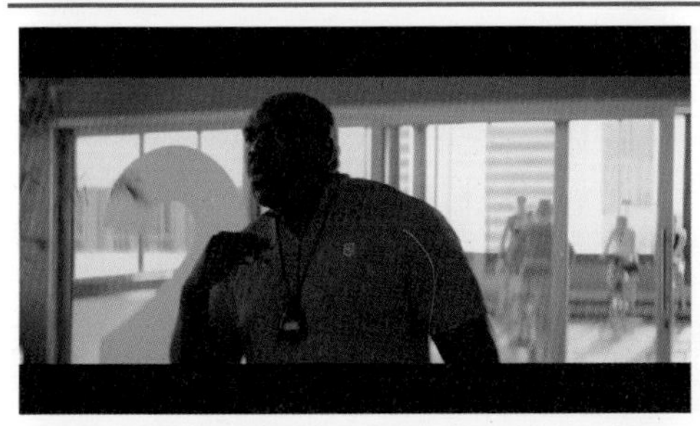

트레이너가 여성을 향해 '금지(하지 마세요)'를 뜻하는 제스처를 보내는 중

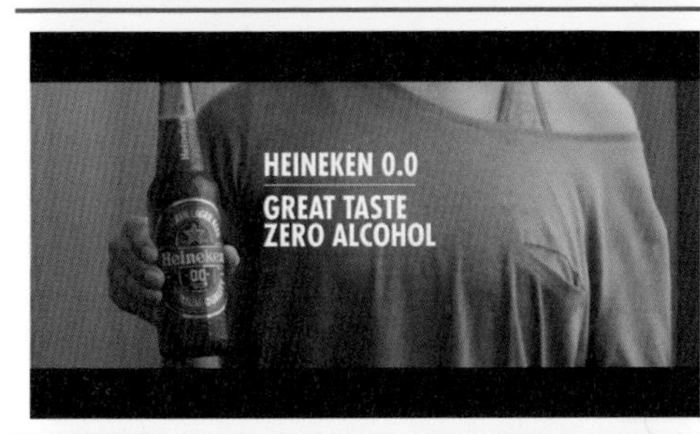

첫 번째 반전 효과
여자는 맥주병에 쓰여있는 무알코올 표시를 가리킴

자막
하이네켄 0.0
훌륭한 맛
무알코올

여자가 샤워장에 들어감

두 번째 반전 효과
여자가 들어간 샤워장 문에 남자 샤워장을 알리는 표시가 있음

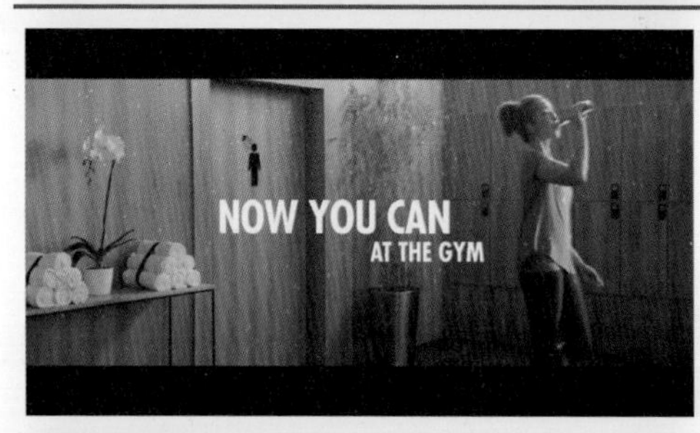

여자가 당황한 표정으로 샤워장 밖으로 다시 나옴

자막
이젠 헬스장에서도 마실 수 있습니다

로고
하이네켄

https://youtu.be/xdA7SZH1T94

기획 아이디어 흐름

* **브랜드:** 하이네켄(Heineken) (맥주)
* **제품:** 무알코올 맥주
* **제품 탄생 배경 및 특징**

1. 맥주는 술이기 때문에 일반 음료처럼 언제 어디에서든 마시지 못하는 단점이 있음
2. 아무 제약 없이 시원한 맥주를 마시고 싶은 소비자 욕구 반영
3. 알코올이 들어가지 않은 맥주 탄생

* **제품 소개 방법**

: 알코올이 없다는 핵심내용을 상황을 통해 자연스럽게 전달

* **스토리 전개 방법**

1. 반전 효과를 주어 스토리를 흥미 있게 진행
2. 시청자에게 무알코올은 다소 생소한 제품이기 때문에 반복을 통해 제품을 인식시킴
3. 반복 인식하도록 반전 효과를 한 번 더 사용함

* **스토리 시각화**

: 맥주를 마시고 싶은 시간과 장소를 설정

예) 일을 성공적으로 마쳤을 때(회의실)
무더운 더위(바닷가)
저녁 식사 후(주유소)
휴식이 필요할 때(실외 휴식공간)
운동 후 갈증 날 때(헬스장)

* **시각화할 때 유의할 점**

: 두 번의 반전 효과 타이밍이 자연스러운지 검토

숏팁 for 숏폼

다른 제작자가 생각하지 못한 독특한 특징(차별성)이 있다면, 한 번 말고 두 번(반복) 강조하여 시청자가 기억하게 해주세요.

19. 연상작용으로 기억하게 만들기 | 럭키스 피자 (1편)

피자는 기호별로 맞춤 제작이 가능한 음식입니다. 주문할 때 토핑이나 형태를 마음대로 선택할 수 있는 커스터마이징(Customizing)이 가능하죠. 그래서 그동안의 피자 광고를 떠올려보면 (불고기, 새우, 고구마 등) 토핑 종류가 새로워지거나, 크러스트에 치즈를 넣어 형태가 새로워진 소개가 대부분이었습니다. 특별히 도우(Dough, 반죽)가 바삭하다는 것을 강조하는 광고는 드물었던 것 같은데, 이번에 소개할 럭키스 피자(Lucky's Pizza)는 남들이 기존에 내세우지 않았던 도우의 특별함을 이야기합니다.

식품 광고는 맛있게 보이는 게 관건입니다. 따뜻한 종류의 음식은 김이 모락모락 나게 일부러 연기를 넣어 먹음직스럽게 표현하는데, 촬영하는 동안에 김을 계속 나게 하는 게 번거로워 주로 후반 작업할 때 그래픽으로 넣죠. 피자의 경우 치즈를 풍부하게 표현하려고 주욱 늘어나는 장면에서 치즈 대신 본드 같은 특수 물질도 사용합니다. 탄산음료 같은 차가운 음식은 용기 표면에 물방울 만들어 시원한 느낌을 연출하죠. 이렇게 식품 광고에서는 먹고 싶은 생각이 들게 식감표현에 신경을 많이 씁니다. 식품 자체뿐 아니라 모델이 먹는 장면도 맛있게 보여야 합니다. 라면 광고에서 모델 이마에 땀방울이 송송 맺히고 입으로 '후후' 부는 동작을 하는 이유가 식감을 올려주는 비주얼이기 때문입니다.

하지만 럭키스 피자에서는 이런 식품 표현의 전형적인 방법을 사용하지 않았습니다. 알려야 할 특징이 바삭하고 얇게 구운(Crispy thin crust) 도우여서 그런지 식감보다는 사운드 표현에 신경을 더 썼습니다. '바사삭' 소리만 들어도 제품을 연상할 수 있도록 독특한 연출을 시도한 겁니다.

지압사가 환자의 몸을 비틀 때 나는 소리가 '바사삭'과 비슷하게 들려 피자 대신 지압하는 장면을 사용하고, 소리는 피자 먹는 소리를 들려줍니다. 지압 장면을 계속 보여주다가 후반에 피자 먹는 장면을 같이 보여줍니다. 지압에서 나는 소리인 줄 알았는데 알고 보니 피자 먹을 때 나는 소리였음을 뒤늦게 알게 하는 겁니다. 식품 광고에서 볼 수 없는 의외의 비주얼(지압 장면)에 시청자는 주목하게 됩니다. 앞으로 '바사삭' 소리만 들어도 럭키스의 얇게 구운 피자를 연상할 수 있게 만든 거죠.

No. 61 '럭키스 피자' 광고

• 광고내용 • 지압사가 환자의 자세를 교정하기 위해 몸을 누르고 비틀자 '우두둑', '바사삭' 소리가 납니다. 하지만 이 소리는 지압할 때 나는 게 아닙니다. 같은 장소에서 누군가 피자를 먹는 소리입니다. 얇게, 바삭하게 구운 피자의 특징을 살리기 위해 먹는 소리를 강조했습니다.

30초

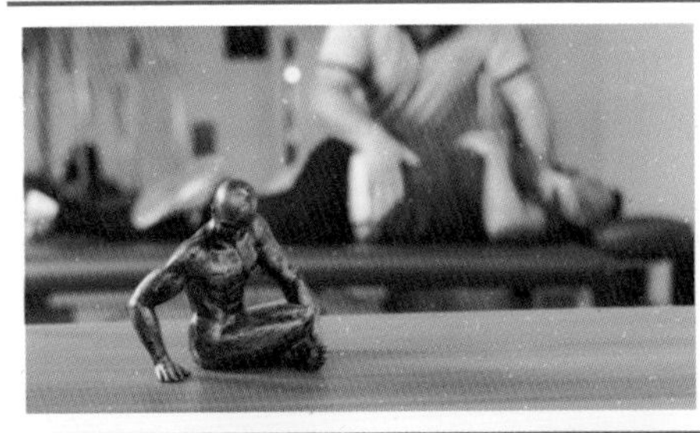

화면 앞에 조각상이 있음
(조각상은 사람이 자세 교정 운동하는 모습)
화면 뒤편에는 지압사가 환자를 누르고 비틀며 교정 치료 중임

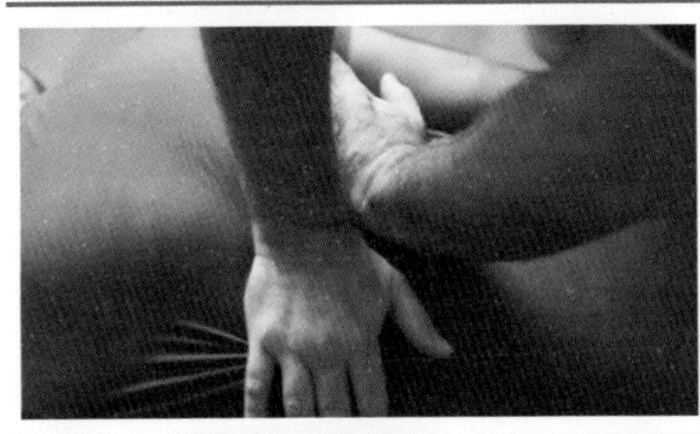

지압할 때마다 '바사삭' 하는 소리가 들림
(뼈의 '우두둑' 하는 소리와 비슷하지만 좀 더 가벼운 소리임)

목 자세를 잡을 때도 '바사삭' 소리가 남

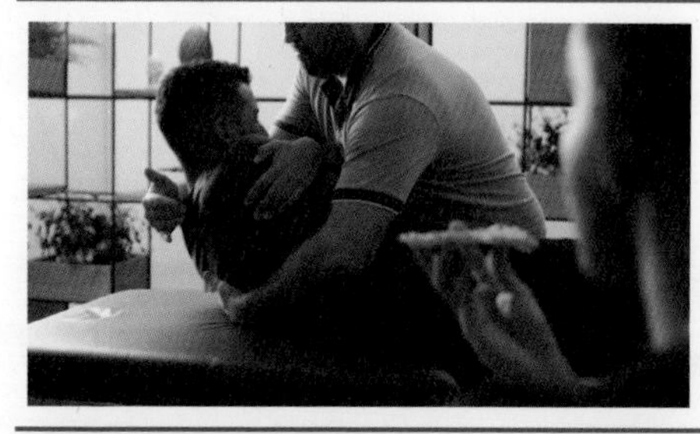

화면 뒤편에는 지압사가 계속 치료 중이고, 화면 앞에는 누군가가 피자를 먹고 있음 ('바사삭' 소리는 피자 먹는 소리였음)

자막
이제는 바삭하고 얇게 구운 피자로(즐기세요)

피자를 가까이에서 촬영

토핑이 다른 피자(다른 맛)도 보여줌

로고
럭키스 피자

https://youtu.be/nbxLLZiYOaY

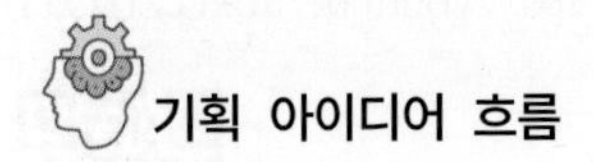

기획 아이디어 흐름

* **브랜드:** 럭키스 피자(Lucky's Pizza)
* **광고 제품:** 바삭하고 얇게 구운 피자(Crispy thin crust)
* **제품 특징 키워드:** 바삭함
* **특징 강조 방법**

1. '바삭함'은 소리를 나타내는 단어
2. 바삭한 것을 먹을 때 나는 소리를 통해 그 소리만 들어도 제품을 연상할 수 있게 함

* **연상작용 구체화**

1. '바사삭' 소리로 식감을 살려주는 연출
2. 동종업계와 구별되는 차별성을 두기 위해 일반적인 연출 방법을 피함
   (일반적인 식품 광고는 제품을 얼마나 '맛있게' 보여주는지가 관건)
3. 독특한 연출을 위해 '바사삭' 소리가 나는 다른 비주얼을 의도적으로 사용
   예) 지압사가 환자 자세 교정을 위해 몸을 누르거나 비틂
4. 의외의 비주얼로 시청자를 주목하게 하는 효과

* **흥미 요소 추가(반전 효과 추가)**

1. 콘텐츠 후반에 최종적으로 피자 먹는 모습을 보여줌
2. '바사삭' 소리의 근원은 피자였음을 드러냄
3. 몸을 비틀거나 누를 때 나는 소리와 비슷할 정도로 바삭하고 얇게 구운 피자임을 어필

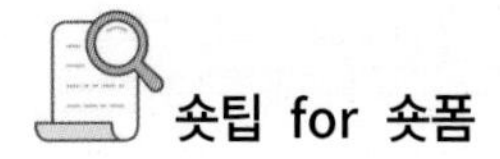

숏팁 for 숏폼

새로운 대상을 소개할 때 이해하기 쉽고 오래 기억할 수 있게 하려면, 시청각 특징이 유사한 다른 대상에 빗대어 등장시켜보세요.

20. 특징이 비슷한 대상과 비교하기 | 빅 필기용 펜 (1편)

필기용 펜 광고는 어떻게 만들어야 할까요? 더 구체적으로 생각해본다면 펜의 특징을 어떻게 이미지로 표현할 수 있을까요? 사실 펜의 기능이 전반적으로 좋아져 예전처럼 잉크가 뭉쳐나오거나 뻑뻑하여 필기하기 어려운 제품은 거의 없습니다. 만약 펜을 구매한다면 디자인적으로 취향에 맞거나, 쥐었을 때 그립감이 좋거나 등 외형에 더 신경을 쓰지 않을까 싶습니다.

빅(BIC)은 펜 회사 중에서도 규모가 크고, 세계적으로 인기 있는 제품인 (1950년 출시된) '크리스탈 펜(Cristal pen)'을 만든 대중적인 브랜드입니다. 2021년에는 여전히 세계 1등 제품임을 알리기 위해 1950년에 출시된 것과 2021년 버전을 함께 보여주는 70주년 광고를 했습니다(정확하게는 71년이지만 인식하기 쉽게 70주년으로 표기). 빅은 선두에 있는 브랜드이기 때문에 꾸준히 이미지 관리를 해주어야 합니다. 1등은 물리칠 대상이 없어 아무런 걱정이 없을 것 같지만 오히려 자신의 자리를 다른 이에게 빼앗기지 않기 위해 더 노력해야 하죠.

사실 펜 광고는 예전보다 많이 줄었습니다. 주변에서 사은품으로 받는 경우가 많아져 직접 구매가 적어졌죠. 펜 회사는 개인보다 단체로 구매하는 기업을 위해 B2B(Business to Business, 기업 간)로 거래하는 것이 더 유리할 수 있습니다. 하지만 빅은 선두 이미지를 지속적으로 관리해야 하는 숙제가 있죠. 사람들 기억 속에 잊히는 것은 순간이고, 언제 다른 브랜드에게 그 자리를 뺏길지 몰라 꾸준히 대세임을 알려야 합니다. 그래야 인기 제품이라는 효과로 B2B 거래에도 유리하니까요.

이런 빅에서 신제품을 출시했습니다. 번지지 않고 끊김 없이 부드럽게 필기할 수 있는 펜으로 'Quick Dry(빨리 마름)'라는 특징을 강조하는 제품입니다. 이러한 펜을 광고로 만든다면 어떤 장면으로 나타낼 수 있을까요? 위의 특징을 설명형태로 나열한다면 별 흥미 없겠죠. 진부하게 보일 수 있어 탑 브랜드의 전통 있는 이미지가 오히려 오래된 구식 이미지로 낙후될 수 있습니다. 그래서 빅은 직접적인 설명을 피하고 색다른 방법을 사용했습니다. 광고에서는 트렌드 반영도 중요한데, 세계적으로 유행하고 있는 랩배틀(Rap battle) 방송 프로그램의 형식을 빌려와 광고로 변형시킨 겁니다.

• • '빅'의 크리스탈 펜(Cristal pen)

https://eu.bic.com/nl-nl/stationery/cristal-anniversary

• • '빅'의 크리스탈 펜 70주년 기념 광고

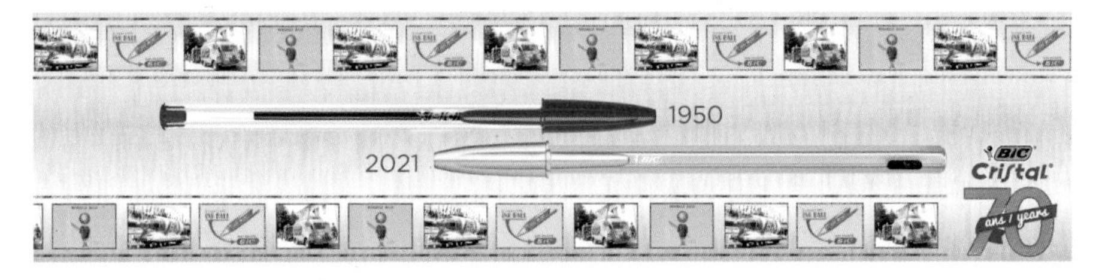

https://eu.bic.com/nl-nl/stationery/cristal-anniversary

구체적인 장면은 빠르게 랩을 하는 '래퍼'와 빅의 새로 나온 '펜'이 대결하는 것으로 시작합니다. 래퍼가 아주 빨리 랩을 하면 그 가사를 모두 펜으로 적는데, 사람이 받아 적기에 너무 빨라 로봇 팔에 펜을 꽂아 로봇이 적게 합니다. 로봇은 래퍼가 놀랄 정도로 글자를 하나도 빼먹지 않고 전부 부드럽게 받아 적습니다. '번짐과 끊김 없는 펜이기에 가능하다'라는 것을 이렇게 시각적으로 바꾼 겁니다. 나열식의 복잡한 설명 없이도 비교 장면을 통해 의미를 빠르게 전달했습니다.

No. 62 '빅'의 젤로시티 펜 광고

• 광고내용 • 래퍼 경연 대회의 분위기. 사회자가 '(펜의) 필기 속도가 래퍼의 빠르기를 따라갈 수 있을지'를 묻습니다. 펜은 로봇 팔에 장착되어 있고, 래퍼는 마이크를 잡고 있습니다. 사회자가 "시작"을 외치자 래퍼가 아주 빠르게 랩을 하고 로봇 팔에 있는 펜은 그 가사를 모두 받아 적습니다. 속도에 밀리지 않고 또렷하게 가사가 적히자 래퍼가 놀랍니다. 랩이 끝남과 동시에 가사가 다 적히고, 사회자는 "펜이 번지지 않고 정말 해냈어요."라고 말합니다.

20초

사회자 대사
빅(BIC)의 대결장에 오신 걸 환영합니다. 빨리 마르는 젤로시티 펜이 래퍼의 빠르기를 따라갈 수 있을까요?

로봇 팔에 장착된 젤로시티 펜

래퍼가 아주 빠르게 랩을 시작

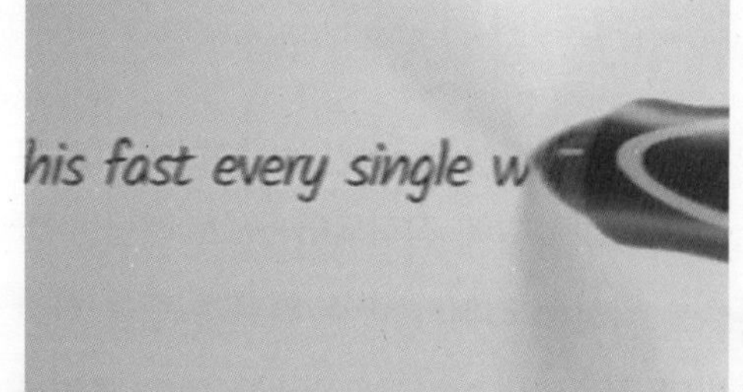

래퍼의 속도에 맞춰 빠르게 적히고 있는 가사

둘의 비교 화면
(왼쪽 화면) 빠르게 움직이는 래퍼의 입
(오른쪽 화면) 빠짐없이 가사를 모두 받아 적는 펜

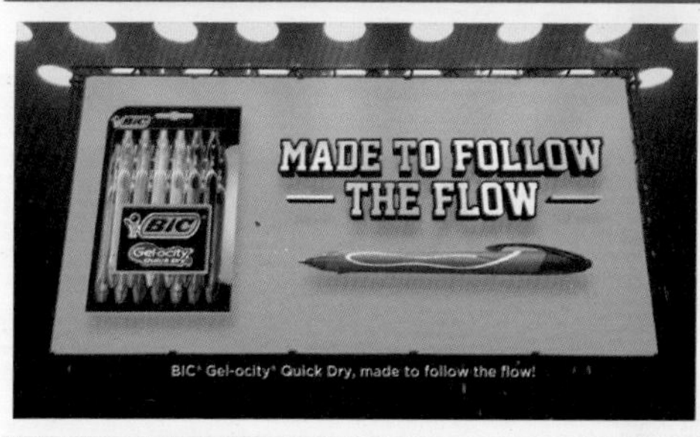

자막
막힘없이 (필기의) 흐름을 잘 따라가도록 만들었습니다

사회자 대사
빅(BIC)의 젤로시티 펜이 번지지 않고 래퍼의 흐름을 모두 따라갔습니다

https://www.youtube.com/watch?v=znGvjmYGiWw

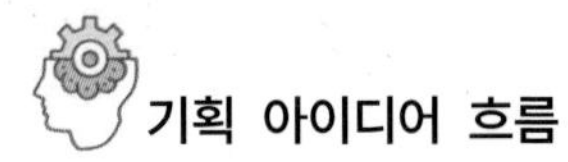

기획 아이디어 흐름

* **제품:** 젤로시티 펜(Gel-ocity pen)(브랜드: BIC)
* **어필할 제품 특징**
  1. 막힘없이 부드러움
  2. 필기 속도가 빨라도 잉크가 끊이지 않고 나옴
  3. 빨리 마르기 때문에 번짐 없이 정확한 필기를 할 수 있음
* **제품과 흡사한 특성을 갖는 대상을 여러 가지 떠올리기**
* **그중 특징을 잘 대변하는 대상 고르기:** 래퍼(Rapper)
* **일반적으로 알려진 래퍼의 특징**
  1. 막힘없이 술술 랩을 함
  2. 말하는 속도가 빠름
  3. 가사를 뭉개짐 없이 정확하게 전달함
* **제품(펜)과 대상(래퍼)을 비교하기**

: 제품(펜)이 대상(래퍼)의 특징을 갖고 있다고 인식하게 하기

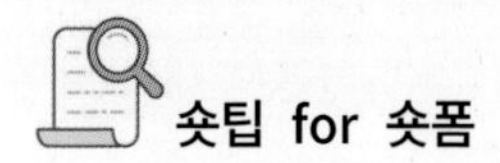

숏팁 for 숏폼

대상이 가진 우수한 특징(성능)을 강조하고 싶다면, 그 특징을 대변해 주는 흥미로운 다른 대상을 찾아보세요. 그리고 둘을 비교하여 보여주면 시청자가 빠르게 특징을 이해할 수 있고 오래 기억할 수 있습니다.

21. 초근접 촬영으로 자세히 보여주기 | KFC 치킨 (3편)

남들과 다른 방식으로 제품을 만들면 그 방식 자체가 특징이자 장점입니다. 이를 위해 식품 회사는 서로 경쟁적으로 더 맛있게, 더 영양가 있는 음식을 만들기 위해 레시피 개발에 노력하죠. 맛집에서 새로운 레시피로 신메뉴를 선보인다면 그 레시피 자체가 특징이자 장점이 될 겁니다. 여기에 추가로 원래 잘하던 요리에 접목하여 신메뉴를 만든 것이라면 맛도 보장되겠죠.

KFC는 전 세계에 1만 개 이상의 매장을 가진 치킨 맛집입니다. 이 맛집에서 주메뉴 치킨으로 또 다른 식품인 버거를 만들어 홍보하려 합니다. 다른 브랜드와 달리 빵 대신 치킨으로 버거 속을 감싼 치킨버거이고, 방식 자체가 독특하고 맛도 보장되는 제품입니다. 자랑할 거리가 많아 보이는데, 너무 뽐내면서 말하면 반감을 살 우려가 있어 KFC는 조금 우회하는 방식을 택했습니다.

'SORRY NOT SORRY(미안하지 않아서 미안해요)'라는 콘셉트입니다. 버거에 일반적으로 들어가는 재료(빵, 채소)가 없어 미안해야 하는데, 그 대신 치킨이 많아져 오히려 더 잘되었다고 말하는 겁니다. KFC는 그동안 버거를 계속 만들어 오긴 했지만, 주메뉴인 치킨을 풍부하게 사용한 적은 별로 없었습니다. 그래서 이번에는 치킨이 푸짐한 것을 강조하려는데 노골적인 표현을 피하려고 미안하다고 하는 겁니다. 하지만 말로만 미안한 거지 치킨이 푸짐한 모습을 비주얼로는 더 드러내려고 (먹음직스럽게 보이도록) 식감을 최대한 살려 촬영했습니다. 치킨이 버거 위에 쌓이는 장면, 치즈가 녹아내리는 장면 등 아주 가까이에서 보여주어 자신들의 장점을 한껏 뽐냈습니다.

No. 63 'KFC' 치킨버거 광고(빵 미안해 편)

• 광고내용 • 빵(Bun) 대신 치킨으로 버거를 만들었습니다.

17초

치킨이 햄버거 빵(Bun)처럼 버거 위에 천천히 올려지는 중

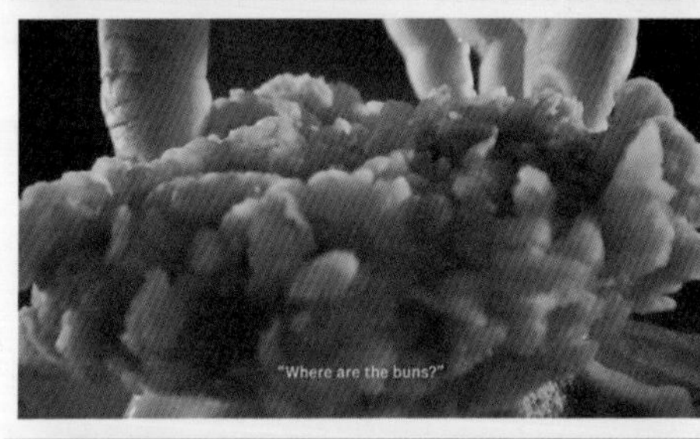

치킨이 버거 위에 올려짐

내레이션
빵은 어디 있냐고 묻는 사람들이 있어요

내레이션
그러면 우리는 간단하게 대답하죠
무슨 빵이요?

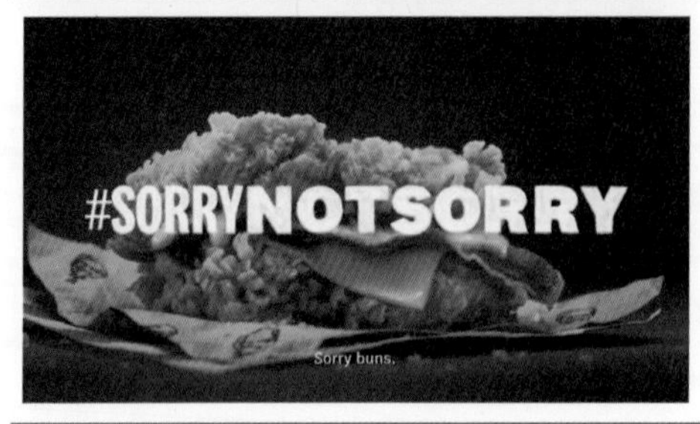

내레이션
빵 미안해

자막
#미안하지않아서미안해요

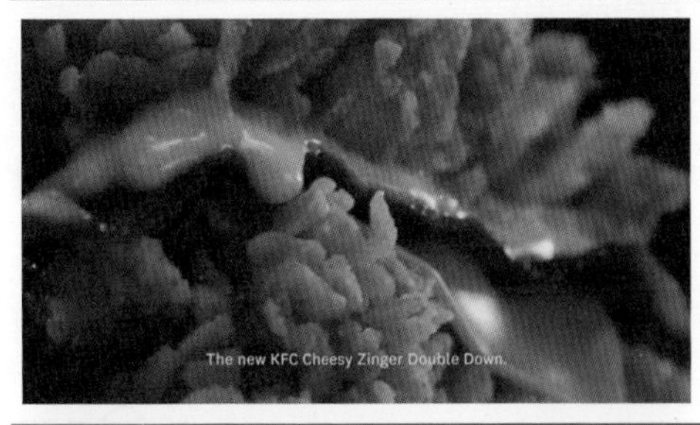

내레이션
새로운 'KFC 치지 징거 더블 다운'에는 빵이 없어요. 모두 고기예요

내레이션
(손에 묻은 양념 먹으려고) 손가락까지 핥을 정도로 맛있어요

자막과 로고
새로 나온 KFC 치지 징거 더블 다운

https://youtu.be/n53roe7VLE8

No. 64 'KFC' 치킨버거 광고(채소 미안해 편)

• 광고내용 • 새로 나온 'KFC 치지 징거 더블 다운' 버거에는 채소가 들어있지 않습니다.

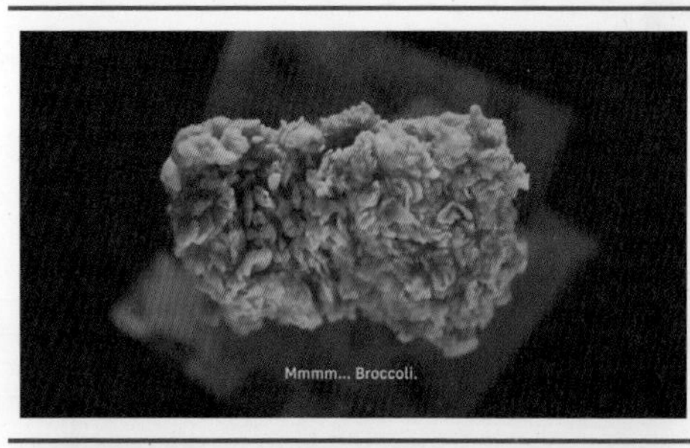

위에서 아래 방향으로 촬영하는 하이 앵글(High angle) 숏
튀긴 닭고기가 공중에서 바닥으로 내려가는 중

공중에서 내려온 치킨이 햄버거 빵(Bun)처럼 버거 위에 올려짐

내레이션
음… 브로콜리

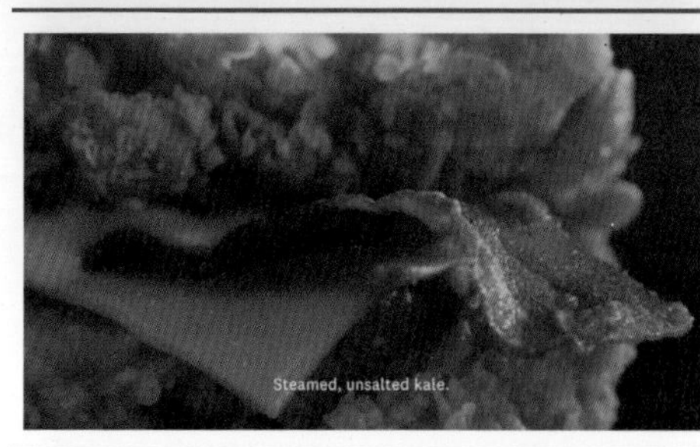

버거를 화면에 꽉 차게 촬영함

내레이션
소금으로 간하지 않은 (찜통에서) 찐 케일, 익히지 않은 셀러리 크림

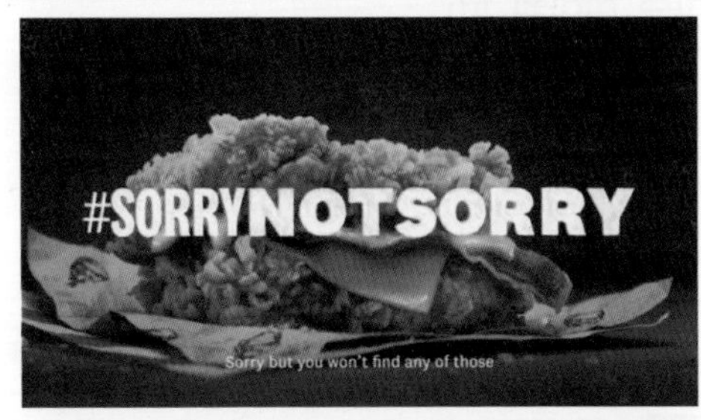

내레이션
미안해요. 새로운 'KFC 치지 징거 더블 다운'에는 지금 말한 것들이 하나도 없어요

자막
#미안하지않아서미안해요

버거가 먹음직스럽게 보이도록 더 가까이 촬영

내레이션
(손에 묻은 양념 먹으려고) 손가락까지 핥을 정도로 맛있어요

자막과 로고
새로 나온 KFC 치지 징거 더블 다운

https://youtu.be/JniRTwQnXYA

No. 65 'KFC' 치킨버거 광고(다이어트 미안해 편)

• 광고내용 • 빵과 채소는 없지만 치즈는 아주 많이 들어있습니다.

17초

치즈가 천천히 녹아내리는 중

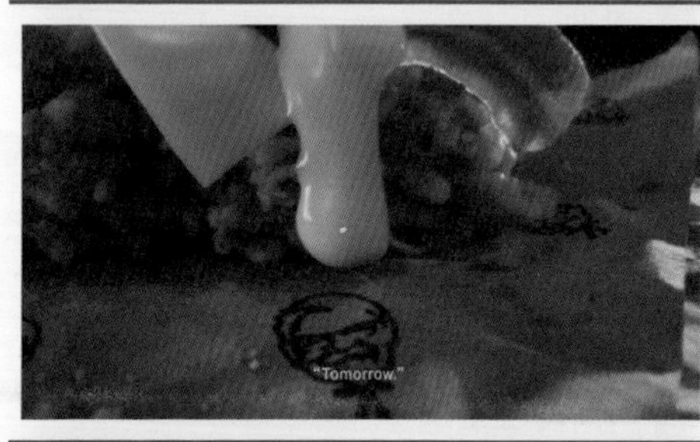

치즈가 계속 녹아내림

내레이션
사람들이 다이어트 언제 시작하냐고 물어보면 그냥 내일이라고 말하세요

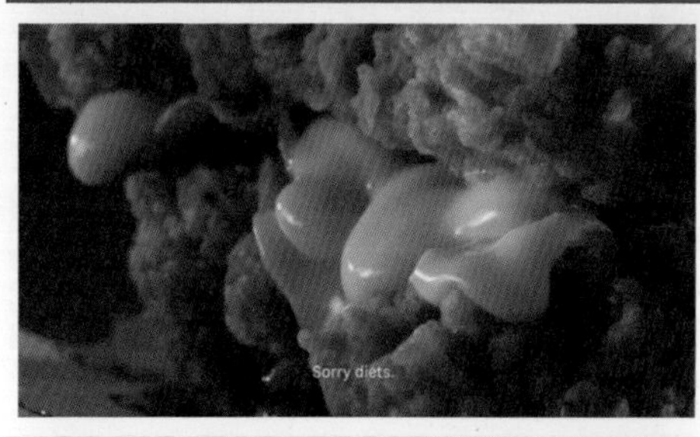

내레이션
다이어트 미안해

자막
#미안하지않아서미안해요

내레이션
새로운 'KFC 치지 징거 더블 다운'이 여기 있어요

내레이션
(손에 묻은 양념 먹으려고) 손가락까지 핥을 정도로 맛있어요

자막과 로고
새로 나온 KFC 치지 징거 더블 다운

https://youtu.be/s0aGjm1X11M

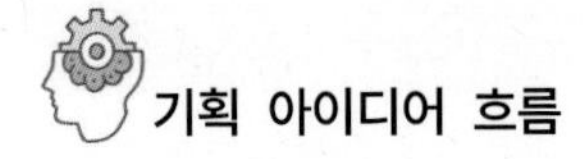

기획 아이디어 흐름

* **브랜드:** KFC 치킨
* **제품:** KFC 치지 징거 더블 다운(치킨버거)
* **제품 특징**
  1. 빵(Bun)이 없음. 빵 대신 치킨으로 버거 속을 감쌈
  2. 채소 없음
  3. 치즈 많음
* **특징 구체화**
  1. (일반적으로 버거에서 볼 수 있는) 빵과 채소가 없는 것을 강조
  2. 빵과 채소가 없어 아쉬운 게 아니라 오히려 더 잘되었다는 표현으로 특징 강조
* **전달할 메시지 함축**
  : ‘SORRY NOT SORRY’(미안하지 않아서 미안해요)
* **특징 살리기**
  1. 식품이기 때문에 먹음직스럽게(따뜻한 음식, 풍부한 재료 등) 표현
  2. 대상에서 멀리 떨어져 촬영하는 것보다 가까이에서 자세하게 보여줌
  3. 치즈의 양이 많은 것을 나타내기 위해 치즈의 식감(녹아내림)을 살려 촬영
* **특징 시각화**
  1. 초근접 숏(Extreme Close Up Shot) 촬영으로 음식을 자세하게 촬영
  2. 빵과 채소 대신 치킨을 사용하고 치즈의 양이 많은 점을 강조
     예) 빵이 버거 위에 올려지는 것 같은 느낌으로 치킨을 올림
     버거 중간 채소가 있어야 할 부분에 치즈가 흘러내리는 장면(치즈 많음)을 보여줌
* **시각화 강조**
  1. 배경은 브랜드 대표색(KFC 로고 색이기도 한)인 붉은색으로 설정
  2. 배경에 버거 포장지 외에 다른 요소는 없앰. 시선을 식품에 집중하게 함
  3. 식품이 맛있게 보이게 조명을 밝게 설정
  4. 따뜻하게 먹는 식품이기 때문에 동영상 색감을 전반적으로 붉은 톤으로 맞춤

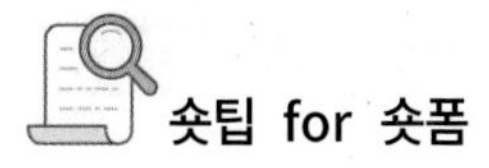

숏팁 for 숏폼

비주얼 요소 중 중요한 것이 있다면 초근접 숏으로 화면을 꽉 채워 촬영해보세요. 시청자는 그 요소를 자세하게 보게 되고 자연스럽게 중요한 것으로 인식합니다.

22. 비포-애프터-비포 형태로 진행하기 | 아마존 온라인 쇼핑 (5편)

물건을 구매하는 이유는 사람마다 다르죠. 꼭 필요할 때 이것저것 따져 보고 사는 사람이 있고, 새로운 제품이 나오면 호기심에 사는 사람도 있습니다. 신제품에 관심 없는 사람도 있고, 오래되어도 바꾸지 않고 예전 물건을 계속 고쳐 쓰는 사람도 있습니다.

쇼핑몰 입장에서는 물건을 자주 사야 좋습니다. 그래서 쇼핑몰은 잘 안 사려고 하는 사람들을 설득하는 게 가장 큰 숙제입니다. 그들이 구매를 시작해야 판매율이 높아지니까요. 현혹하거나 강제로 물건을 사게 만드는 차원이 아닌 브랜드의 숙명인 판매를 위해 자신의 메시지를 상대방에게 전달해야 합니다.

아마존(amazon)은 세계적인 온라인 쇼핑몰이고, 다양한 제품을 대규모로 보유하고 있음을 자랑합니다. 로고에도 그런 특징을 드러내는데, 로고에 있는 화살표를 보면 방향이 a에서 z로 이어져 있습니다. a부터 z까지 모든 물건이 다 있다는 뜻입니다.

• • '아마존' 로고

amazon

아마존은 '일상에서 필요한 모든 것을 구매할 수 있다'를 어필하려 합니다. 특히 잘 안 사는 사람이 공감할 수 있도록 아주 특별하거나 독특한 방법보다 보편적으로 주변에서 경험할 수 있는 상황을 접하게 합니다. 이를 통해 그들에게 자연스럽게 가까이 다가가는 겁니다. 구체적으로 표현한다면, 문제 상황을 보여주고 해결 방법을 아마존에서 찾을 수 있음을 알려주는 겁니다.

예를 들어, 강아지가 입으로 물어뜯어 장화가 찢어지면 비 올 때 신을

게 없어 문제 상황이 발생합니다. 이럴 때 아마존에서 새 장화를 구매하면 상황이 해결됨을 보여주는데, 여기에서 상황이 끝나지 않고 또 문제가 발생합니다. 비 오는 날 장화를 신고 강아지와 놀 수 있게 되었지만, 실내로 들어오니 강아지 발에 묻은 진흙이 하얀 러그 위에 묻어 청소할 도구가 필요한 겁니다. 물건을 아마존에서 또 구매해서 이를 해결해야 합니다. 이렇게 일상은 끊임없이 문제 상황의 연속임을 보여줍니다(비포-애프터-비포의 연속). 구매해야 하는 이유를 자연스럽게 전달하여 평소 쇼핑에 관심 없는 사람도 공감할 수 있게 하는 겁니다.

No. 66 온라인 쇼핑몰 '아마존' 광고(손전등 편)

• 광고내용 • 다락방은 어둡고 천장이 낮아 머리를 조심해야 합니다. 이럴 때는 손전등이 유용하게 사용됩니다. 다락방을 쉽게 오르내리는 사다리도 있으면 더욱 편리할 겁니다.

15초

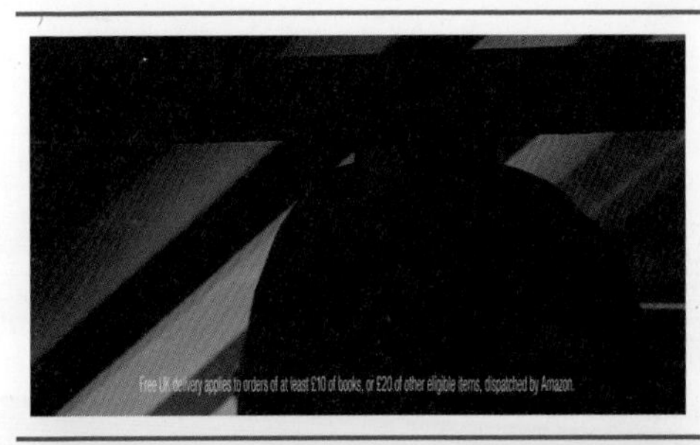

비포(Before)
어두운 다락방
남자가 허리를 구부리고 걷다가 장애물에 이마를 부딪침

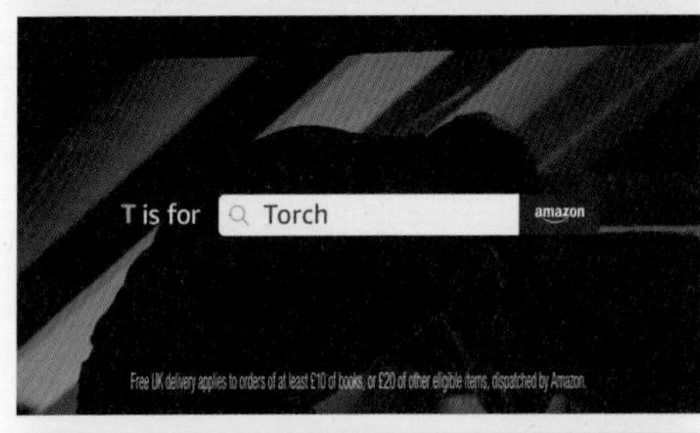

아마존 검색창이 화면 가운데 등장
검색창에 '손전등' 입력

애프터(After)
(며칠 후)
남자가 손전등을 사용하고 있음
다락방 출입문을 향해 조심스럽게 걸어감

비포(Before)
다락방을 내려가려다 멈춤

문 아래를 보니 사다리가 넘어진 상태

다시 아마존 검색창이 화면 가운데 등장
검색창에 '다락방용 사다리' 입력

Everything you need from **a** to **z**

Free delivery on millions of items

자막
당신이 필요한 모든 것 a부터 z까지
수백만 개의 물품이 무료로 배송 중

Free delivery on millions of items

로고
아마존

https://d3nuqriibqh3vw.cloudfront.net/aotw_migration_vimeo/324821/1080P_260956014.mp4

No. 67 온라인 쇼핑몰 '아마존' 광고(강아지 편)

• 광고내용 • 반려동물을 집에 혼자 두고 외출하면 집안 물건이 어지럽혀 있는 때가 있습니다. 이럴 땐 (육아 안전장치 중 하나인) 아기용 문을 사용하면 반려동물이 일정 장소에만 머무를 수 있겠죠.

15초

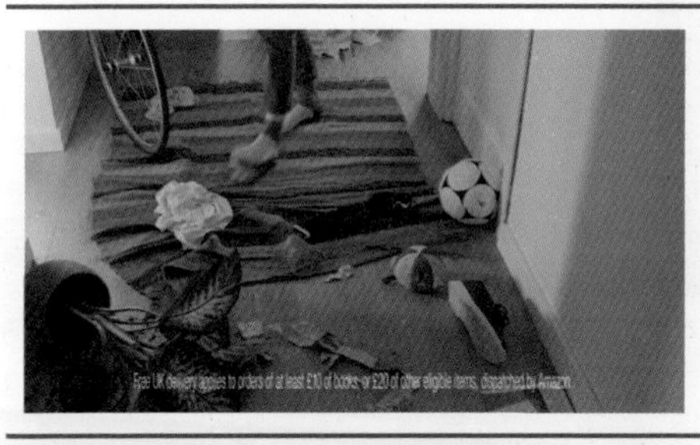

비포(Before)
커플이 집에 들어오니 바닥에 물건이 어지럽혀 있음(강아지가 어지럽힘)

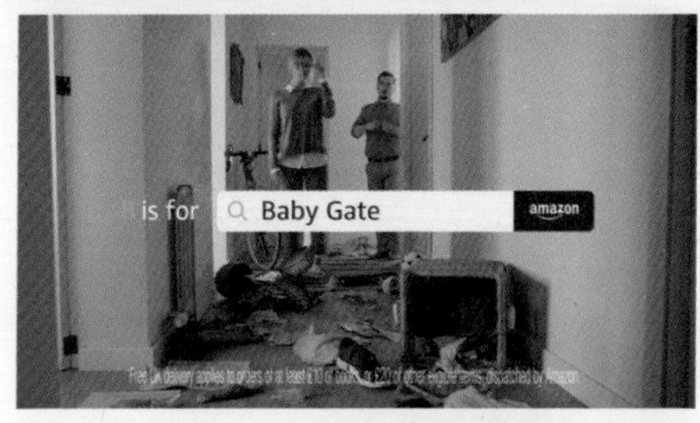

아마존 검색창이 화면 가운데 등장
검색창에 '아기용 문' 입력

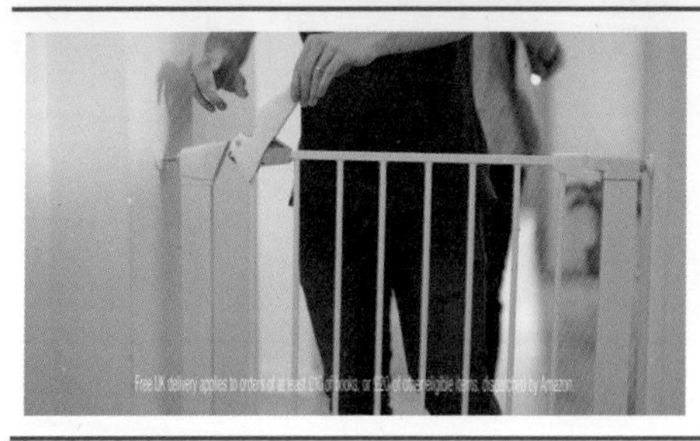

애프터(After)
(며칠 후)
남자가 아기용 문을 열고 부엌으로 들어감

부엌 바닥을 보고 놀람

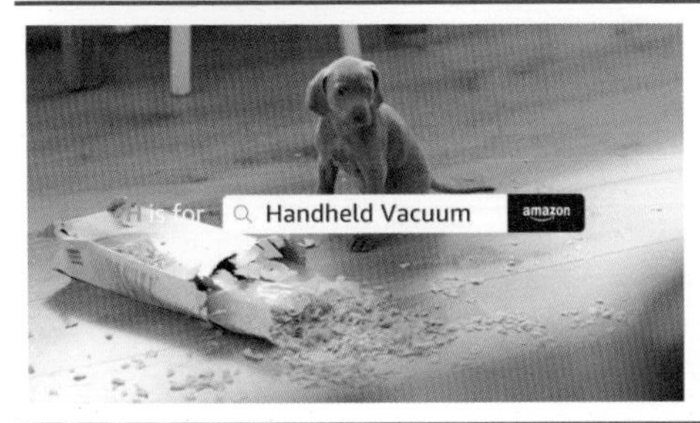

비포(Before)
강아지가 식료품을 바닥에 쏟음

다시 아마존 검색창이 화면 가운데 등장
검색창에 '휴대용 청소기' 입력

Everything you need from **a** to **z**

Free delivery on millions of items

자막
당신이 필요한 모든 것 a부터 z까지
수백만 개의 물품이 무료로 배송 중

amazon

Free delivery on millions of items

로고
아마존

https://d3nuqriibqh3vw.cloudfront.net/aotw_migration_vimeo/324820/1080P_260956030.mp4

No. 68 온라인 쇼핑몰 '아마존' 광고(발 마사지 편)

• 광고내용 • 임산부에게 편안한 휴식은 필수입니다. 쉬면서 발 마사지할 수 있다면 정말 좋겠죠. 아빠도 임신 기간에는 출산 준비에 바쁩니다. 침대 조립 등 물리적인 일을 많이 하게 되는데 찜질 패드 같은 제품이 있다면 통증 해소에 도움이 될 겁니다.

15초

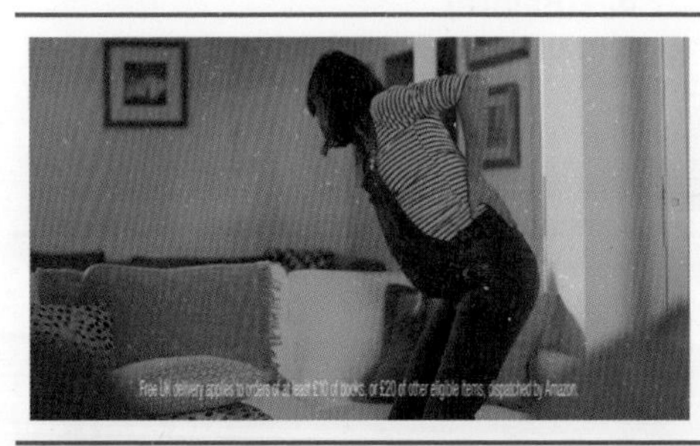

임산부가 손을 허리에 대고 소파에 앉는 중

비포(Before)
숨을 몰아쉬며 다리를 소파 위로 올리려 함

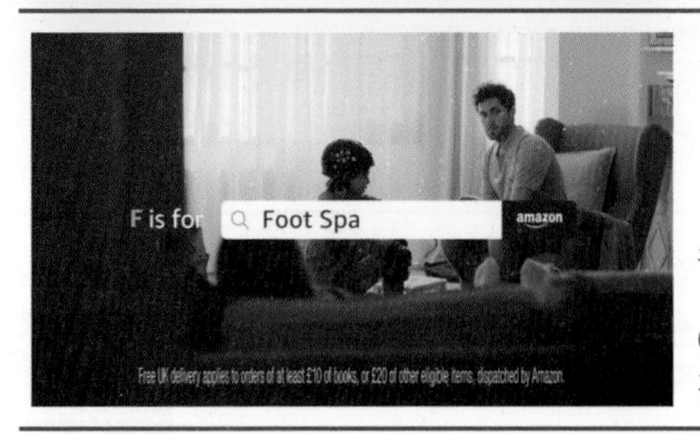

소파 맞은편에서 아빠가 이를 보고 있음

아마존 검색창이 화면 가운데 등장
검색창에 '발 마사지' 입력

애프터(After)
(며칠 후)
임산부는 발 마사지기로 마사지 중

비포(Before)
남자는 유아용 침대를 조립하다 허리로 손을 가져감
통증을 느끼는 표정임

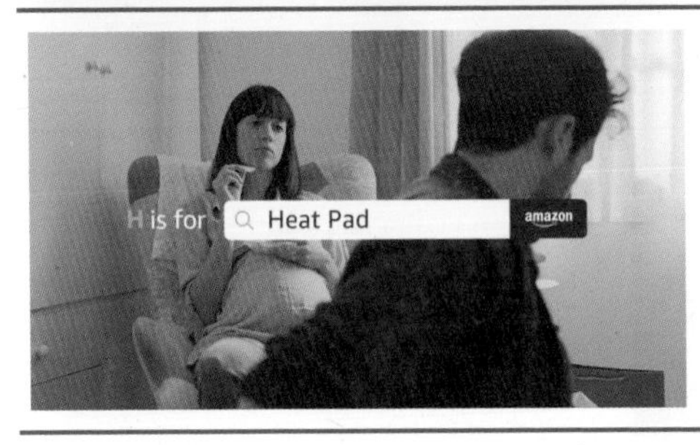

임산부가 남자를 측은하게 바라봄

다시 아마존 검색창이 화면 가운데 등장
검색창에 '찜질 패드' 입력

Everything you need from a to z

Free delivery on millions of items

자막
당신이 필요한 모든 것 a부터 z까지
수백만 개의 물품이 무료로 배송 중

Free delivery on millions of items

로고
아마존

https://d3nuqriibqh3vw.cloudfront.net/aotw_migration_vimeo/324819/1080P_260956035.mp4

No. 69 온라인 쇼핑몰 '아마존' 광고(물청소 편)

• 광고내용 • 마당이 있는 집에는 야외용 장식 소품이 더러 있습니다. 소품은 눈, 비, 바람에 고스란히 노출되어 먼지가 쌓이고, 얼룩지고, 표면 위에 벌레가 기어 다니기도 합니다. 시원하게 씻겨줄 도구가 있으면 깨끗하게 유지할 수 있을 겁니다.

15초

비포(Before)
야외용 장식 소품이 비를 맞고 있음

(계절이 변함)
소품 위에 눈이 쌓임

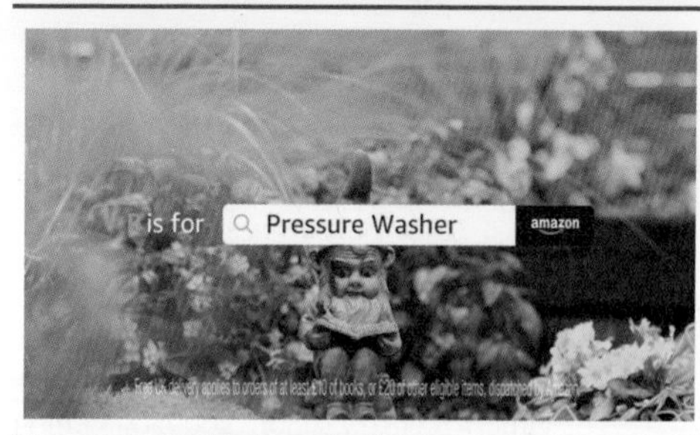

(계절이 변함)
소품이 더러워짐
벌레가 소품 표면 위를 기어가고 있음

아마존 검색창이 화면 가운데 등장
검색창에 '고압 세척기' 입력

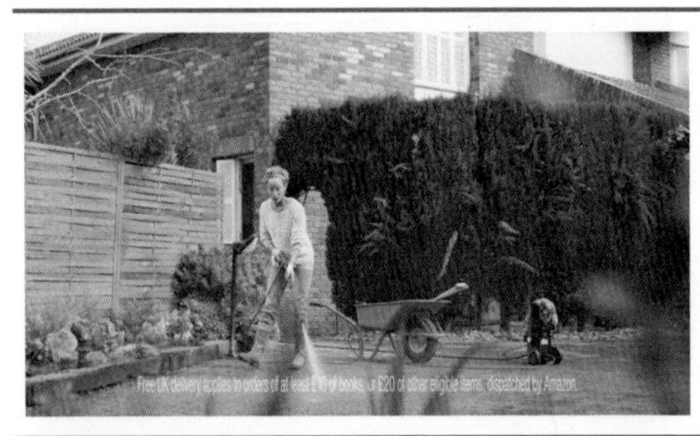

애프터(After)
(며칠 후)
고압 세척기를 사용해 물청소 중

비포(Before)
고압 세척기를 소품 쪽으로 가져감
소품이 압력에 밀려 넘어지면서 깨짐

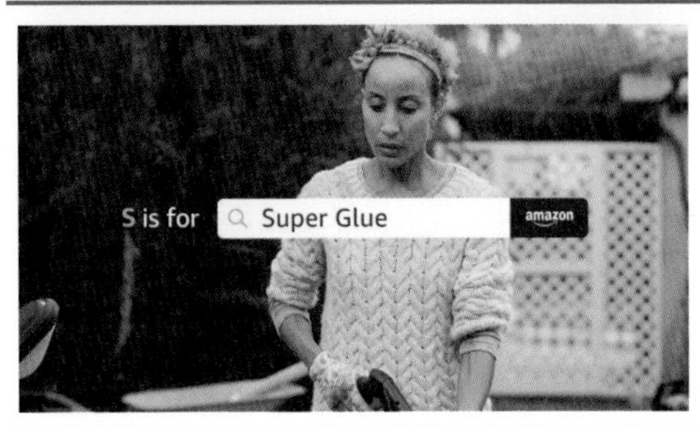

다시 아마존 검색창이 화면 가운데 등장
검색창에 '초강력 접착제' 입력

Everything you need from **a** to **z**

Free delivery on millions of items

자막
당신이 필요한 모든 것 a부터 z까지
수백만 개의 물품이 무료로 배송 중

Free delivery on millions of items

로고
아마존

https://d3nuqriibqh3vw.cloudfront.net/aotw_migration_vimeo/324818/1080P_260956090.mp4

No. 70 온라인 쇼핑몰 '아마존' 광고(장화 편)

• 광고내용 • 유독 신발을 좋아하는 강아지가 있습니다. 질경질경 물기도 하여 신지 못하게 되기도 합니다.

 15초

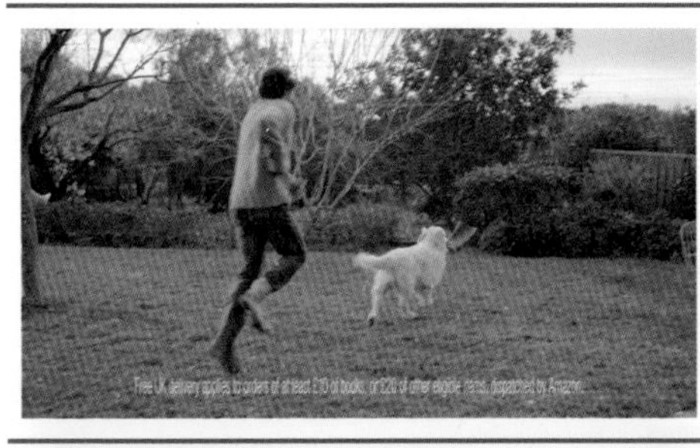	**비포(Before)** 강아지가 장화를 입에 물고 뛰고 있음 장화 한 짝만 신은 남자가 한 발로 뛰며 강아지를 뒤쫓는 중
	강아지 입에 있는 장화를 남자가 빼려고 함 강아지는 놓지 않으려고 꽉 물고 버팀
	남자가 찢어진 장화를 들고 있음 아마존 검색창이 화면 가운데 등장 검색창에 '장화' 입력

애프터(After)
(며칠 후)
비 내리는 날
남자가 장화를 신고 강아지와 함께 집안으로 들어옴

비포(Before)
바닥에 깔린 러그 위를 강아지가 걸어감
강아지 발에 있던 진흙이 러그 위에 묻음

다시 아마존 검색창이 화면 가운데 등장
검색창에 '스팀 청소기' 입력

Everything you need from **a** to **z**

Free delivery on millions of items

자막
당신이 필요한 모든 것 a부터 z까지
수백만 개의 물품이 무료로 배송 중

amazon

Free delivery on millions of items

로고
아마존

https://d3nuqriibqh3vw.cloudfront.net/aotw_migration_vimeo/324813/1080P_260956095.mp4

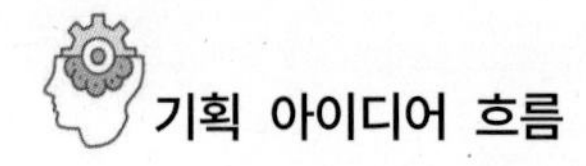

기획 아이디어 흐름

* **브랜드:** 아마존(amazon)(온라인 쇼핑몰)

* **브랜드 사전 지식**

: 브랜드 로고를 보면 화살표 방향이 a에서 z로 이어져 있음
a에서 z까지 모든 물건이 다 있는 대규모 쇼핑몰을 의미

* **전달하려는 메시지(특징)**

: 일상 속에서 필요한 물건을 모두 아마존에서 구매할 수 있음

* **메시지(특징) 전달 방법**

: 물건이 필요한(구매해야 할) 상황을 보여주며 이야기를 이어나감

* **스토리 구조**

비포(Before)
↓
애프터(After)
↓
비포(Before)

* **스토리 구조 시각화**

비포 1: 사건이 벌어짐. 사건을 해결할 물건이 필요
↓
애프터: 구매한 물건 사용. 사건 해결
↓
비포 2: 또 다른 사건이 벌어짐. 사건을 해결할 물건이 더 필요

* **'비포-애프터-비포' 구조 설정의 이유**

1. '비포-애프터'인 일반적인 형태에서 한 단계 더 나아간 구조
2. 원인(문제)과 결과(해결)는 한 번에 끝나는 과정이 아님
3. 결과(해결) 속에 또 다른 문제가 발생할 수 있음
4. 이러한 연속 과정을 해결하기 위해서는 다양한 방법이 필요함
5. 아마존은 다양한 물건이 있어 언제든 문제 해결이 가능함을 어필

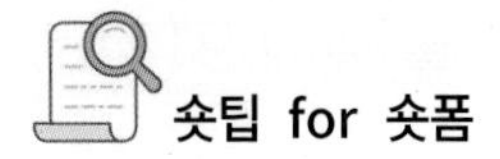

숏팁 for 숏폼

지속성 있는 콘텐츠를 제작하고 싶다면, 다음 회차를 기대할 수 있는 소재를 찾아보세요. 그리고 현재 콘텐츠에 그 소재를 맛보기 형태로 (살짝만) 보여주고 시청자를 궁금하게 만드세요.

23. 롱 테이크(Long Take)로 긴 호흡 촬영하기 | 리들 슈퍼마켓 (4편)

재미있는 이야기라도 상대방이 기분 안 좋을 때 들려주면 재미는커녕 분위기 파악 못한다는 핀잔만 들을 겁니다. 대화는 듣는 사람의 입장도 고려해야 하는데요. 콘텐츠도 마찬가지입니다. 시청자뿐 아니라 그 시대 분위기도 생각하며 방법과 수위를 조절해야 합니다.

2020년에는 코로나 바이러스로 전 세계가 멈추고 갑자기 모두가 당황한 상태가 되었습니다. 쇼핑, 여행, 레저 등에 제약이 생겼고 경제적으로도 많이 힘들어졌습니다. 광고 시장도 죽고, 2020년 초반에는 조심스러워 큰 기업에서도 광고를 잘 하지 않았습니다. 몇 달 후에서나 코로나 관련 내용으로 서서히 온에어(On-air, 상영)하기 시작했죠.

이때 사람들이 가장 걱정하는 건 집 밖으로 나가는 거였고, 재택근무, 실시간 화상 수업 등 비대면 방식인 온라인 활동이 많아졌죠. 배달 음식 주문도 늘어나고, 배달하지 않았던 식료품점도 배송 서비스를 시작했습니다. 시간도 확장해 새벽에도 배달하고, 대형 온라인 쇼핑몰도 경쟁이 치열해졌죠.

리들(LiDL)은 유럽과 미국에 12,000개가 넘는 점포를 운영하는 큰 규모의 슈퍼마켓입니다. 코로나 시기에 리들도 배송 주문을 활성화하고 이 부분을 광고했습니다. 밖과 거리는 멈췄지만 자신들의 배송은 현재 진행 중임을 알리는 콘셉트로요. 하지만 전 세계가 어려운 만큼 조심스럽게 이야기하기 위해 아주 신중한 표현 방법을 선택했습니다.

아무도 없는 조용한 거리, 골목, 다리 위에서 카메라가 컷(Cut) 없이 앞으로 서서히 이동합니다. 적막함 속에 천천히 움직이는 화면은 앞으로 일어날 일에 궁금증을 갖게 하고, 특히 물가 장면에서는 움직이지 않고 가만히 떠 있는 배가 분위기를 더 적막하게 만듭니다. 어디에선가 서서히 자동차 소리가 나기 시작하고 리들 배송 트럭이 화면 가운데를 유유히 지나갑니다. 코로나 시기에 모두가 움직이려 하지 않지만 리들은 열심히 배송하고 있음을 보여준 겁니다. 시대 분위기에 튀지 않게, 모두가 힘들어하는 상황에서 아주 조심스럽게 자신들의 메시지를 전했습니다.

No. 71 슈퍼마켓 '리들' 광고(교회 앞 편)

• 광고내용 • (코로나19 발생 후) 교회 앞거리. 지나가는 사람 한 명 없이 적막함이 흐릅니다.

20초

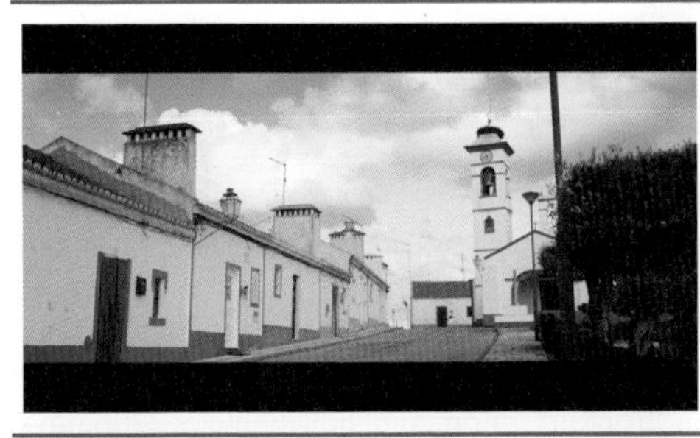	아무도 없는 조용한 거리 (코로나 바이러스 때문에 아무도 밖에 나오지 않아 조용한 거리) 전방에 교회 건물이 보임
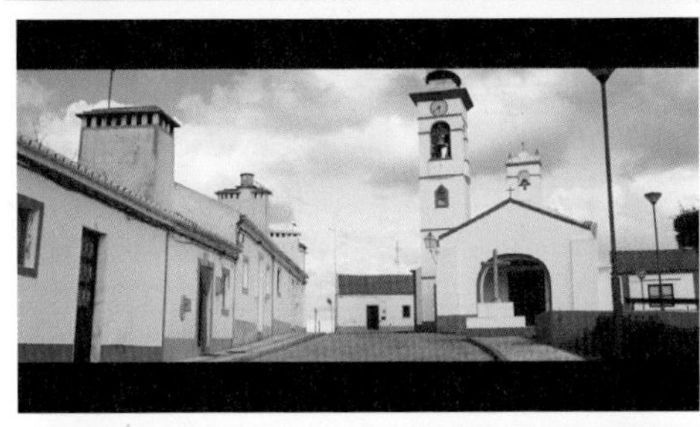	카메라가 천천히 앞으로 이동 중 중간에 컷 없이 한 번에 롱 테이크로 촬영
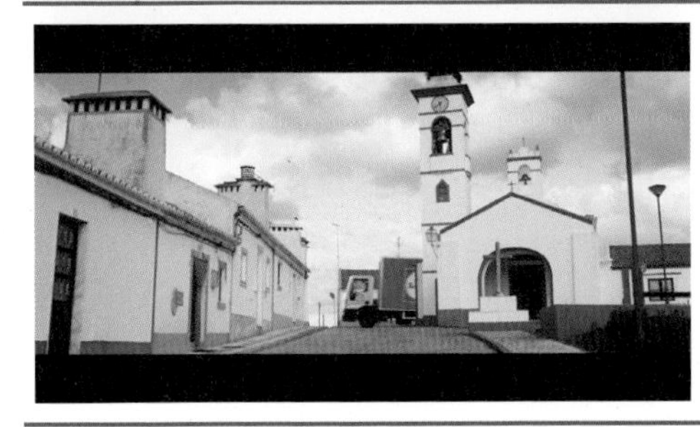	조용한 거리에 자동차 소리가 들리기 시작 건물과 건물 사이에 리들 슈퍼마켓 배송 트럭이 지나감 (아무도 밖에 나오지 않는 시기이지만 리들 슈퍼마켓은 배송 중임을 의미)

카메라는 컷 없이 앞으로 계속 이동 중

자막
당신을 위해 저희가 있습니다

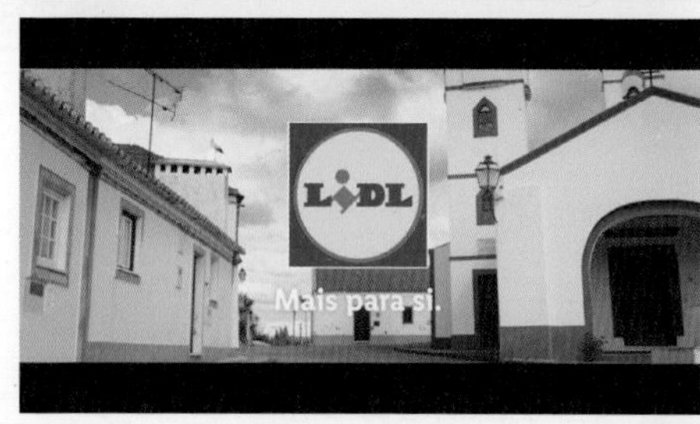

로고와 자막
리들은 더 많은 것을 드립니다

https://d3nuqriibqh3vw.cloudfront.net/fbion.com_lidl_alentejo_720p.mp4?opoz7LcpAfuVacYmSJ.XtAbI9UCLApyT

No. 72 슈퍼마켓 '리들' 광고(골목길 편)

• 광고내용 • (코로나19 발생 후) 골목길에도 사람이 없습니다.

20초

아무도 없는 조용한 골목길
(코로나 바이러스 때문에 아무도 밖에 나오지 않아 조용한 거리)
전방에 큰 문(Gate)이 보임

카메라가 천천히 앞으로 이동 중
중간에 컷 없이 한 번에 롱 테이크로 촬영

조용한 거리에 자동차 소리가 들리기 시작
전방 문 쪽에 리들 슈퍼마켓 배송 트럭이 지나가는 게 보임
(아무도 밖에 나오지 않는 시기이지만 리들 슈퍼마켓은 배송 중임을 의미)

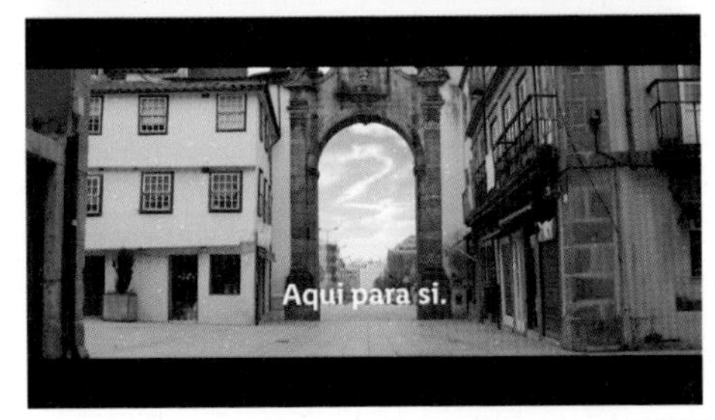

카메라는 컷 없이 앞으로 계속 이동 중

자막
당신을 위해 저희가 있습니다

로고와 자막
리들은 더 많은 것을 드립니다

https://d3nuqriibqh3vw.cloudfront.net/fbion.com_lidl_braga_720p.mp4?TzboVpAd4G0LXlC_vPiKpKeQtaIkJJHJ

No. 73 슈퍼마켓 '리들' 광고(아스팔트 거리 편)

• 광고내용 • (코로나19 발생 후) **아스팔트 도로에도 지나가는 차 한 대 없습니다.**

18초

	아무도 없는 조용한 아스팔트 거리 (코로나 바이러스 때문에 아무도 밖에 나오지 않아 조용한 거리)
	카메라가 천천히 앞으로 이동 중 중간에 컷 없이 한 번에 롱 테이크로 촬영
	조용한 거리에 자동차 소리가 들리기 시작 건물과 건물 사이에 리들 슈퍼마켓 배송 트럭이 지나감 (아무도 밖에 나오지 않는 시기이지만 리들 슈퍼마켓은 배송 중임을 의미)

카메라는 컷 없이 앞으로 계속 이동 중

자막
당신을 위해 저희가 있습니다

로고와 자막
리들은 더 많은 것을 드립니다

https://d3nuqriibqh3vw.cloudfront.net/fbion.com_lidl_lisboa_720p.mp4?LjJzOm.EgwCfR0ccs9lGNi7mWu5hjPVW

No. 74 슈퍼마켓 '리들' 광고(다리 편)

• 광고내용 • (코로나19 발생 후) 다리 위. 아무도 지나가지 않고, 물 위에 떠 있는 배도 움직이지 않습니다.

20초

	아무도 없는 조용한 다리 (코로나 바이러스 때문에 아무도 밖에 나오지 않아 조용한 거리) 다리 건너 여러 건물과 도로가 보임
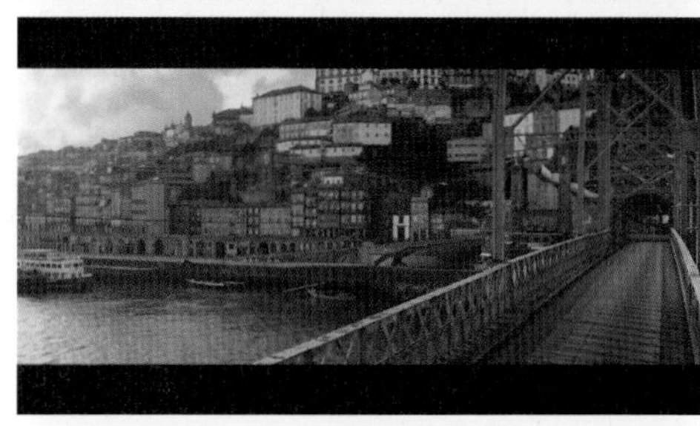	카메라가 천천히 앞으로 이동 중 중간에 컷 없이 한 번에 롱 테이크로 촬영
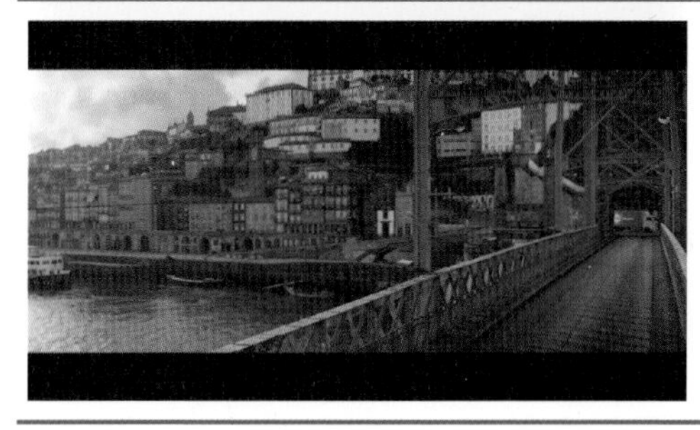	조용한 다리 위에 자동차 소리가 들리기 시작 다리 건너편 도로에 리들 슈퍼마켓 배송 트럭이 지나감 (아무도 밖에 나오지 않는 시기이지만 리들 슈퍼마켓은 배송 중임을 의미)

카메라는 컷 없이 앞으로 계속 이동 중

자막
당신을 위해 저희가 있습니다

로고와 자막
리들은 더 많은 것을 드립니다

https://d3nuqriibqh3vw.cloudfront.net/fbion.com_lidl_porto_720p.mp4?6aWmYQbITlVTeClXeHAGlKx.EJ8rxQB6

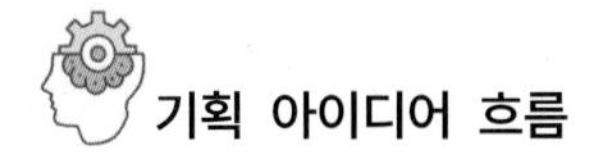

기획 아이디어 흐름

* **브랜드:** 리들(LiDL) (슈퍼마켓)

* **브랜드 사전 지식:** 유럽과 미국에 12,000개가 넘는 점포 운영

* **전달할 내용 및 브랜드 특징**

: 2020년 봄. 코로나 바이러스로 사람들이 매장에 오지 않자 배송 주문을 활성화함

* **메시지 구체화**

1. 재택근무, 거리 두기, 외출 자제 등으로 사람들이 밖으로 나오지 않음
2. 밖과 거리는 모두 스톱(Stop)되었지만 리들의 배송은 현재 진행 중

* **메시지 시각화**

1. 아무도 없는 조용한 거리에 자동차 소리가 나고 트럭 한 대가 지나감
2. 리들의 배송 트럭이 지나가고 있음(트럭 표면에 '리들' 로고 부착)

* **메시지 강조**

1. 아무도 없는 조용한 거리의 적막함을 느낄 수 있도록 천천히 카메라가 이동함
2. 촬영 중간에 컷(Cut) 없이 한 번의 롱 테이크(Long Take)로 진행하여 시청의 흐름을 깨지 않음
3. 시청자를 집중하게 만들고 앞으로 일어날 일에 궁금증을 갖게 함
4. 적막함을 강조하기 위해 배경음악이나 효과음 사용 안 함
5. 메시지의 핵심인 트럭 소리만 사용

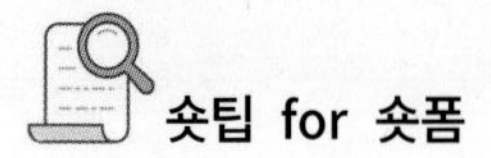

숏팁 for 숏폼

시청자를 콘텐츠에 점점 빠져들게 하고 싶다면, 호흡을 끊지 말고 한 번의 테이크로 길게 촬영해보세요.

24. 화면 분할 응용하기 | 애플 아이폰 (8편)

광고에서는 제품 비교 화면을 자주 등장시킵니다. 새로운 제품의 장점만 이야기하는 것보다 때로는 과거 제품의 단점을 보여줘야 더 설득력이 강해지기 때문입니다. 아이폰(iPhone)은 스마트폰 혁신을 가져온 주인공 중 하나인 만큼 브랜드 파워가 막강합니다. 하지만 타사와 달리 제품 가격이 쉽게 내려가지 않아 브랜드 가치는 고급스럽게 유지되지만, 고객에게는 구매를 망설이게 하기도 합니다. 애플의 독특함과 세련된 면에 반한 고객도 있지만, 가격 때문에 고민하는 고객도 있죠.

전자 제품은 신제품이 나오면 이전 모델 가격을 인하하는 경향이 있는데 아이폰은 그렇지 않아 마니아층이 아니고서는 자주 바꾸는 경우가 드뭅니다. 스마트폰 초기에는 비교 대상이 적어 큰 고민 없이 아이폰을 선택한 고객도 그 후에는 특별한 이유가 없으면 굳이 새로운 버전으로 바꾸지 않습니다.

아이폰은 고객이 움직여야 할 이유를 보여줘야 했습니다. 지금 사용하는 폰이 타사 제품이든 기존 아이폰이든 관계없이 'your phone(당신이 지금 사용하는 폰)'으로 규정하고, 새로운 아이폰과 비교하는 광고를 만들었습니다. 아이폰의 뛰어난 성능(빠름, 버벅거리지 않음, 음악을 옮기기 쉬움, 보안 철저함, 사생활 보호 기능 있음, 사진 옮기기 쉬움, 연락처 옮기기 쉬움)을 시리즈로 묶어 한 편에 하나씩 공개합니다. 화면 분할을 사용하여 왼쪽은 your phone의 성능을 오른쪽은 iPhone의 성능을 보여줍니다.

사람이 왼쪽 화면에서 오른쪽으로 넘어오면 느렸던 동작이 빨라집니다. 버벅거리며 끊김 현상이 있던 화면도 자연스러운 일반 상태의 화면으로 바뀝니다. 보안이 철저하다는 성능을 보여줄 때는 도둑이 왼쪽 화면에서 등장한 후 오른쪽 화면으로 넘어가려고 애쓰지만 이동하지 못하고 왼쪽 화면에만 머무릅니다. 분할된 화면을 단순하게 성능을 비교하는 차원이 아닌 하나의 공간 영역으로 응용하였습니다. 화면 분할의 다양한 활용을 보여주는 표현 방법이 뛰어난 예입니다.

No. 75 '애플 아이폰' 광고(빠름 편)

• 광고내용 • 아이폰은 속도가 빠릅니다.

15초

왼쪽 화면 자막
당신(이 사용하는) 폰

오른쪽 화면 자막
아이폰

남자가 화면 왼쪽에서 오른쪽으로 느리게 달리는 중
배경음악은 소리가 늘어진 상태로 들림

아주 느린 속도로 계속 달리는 중

남자가 오른쪽 '아이폰' 화면으로 들어오자 갑자기 속도가 빨라짐
왼쪽 화면에는 벗겨진 신발 한 짝이 있음

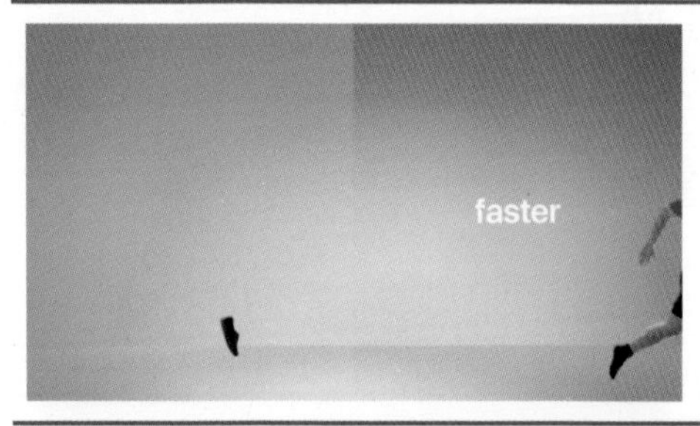

벗겨진 신발은 아주 천천히 땅에 떨어지는 중
남자는 아주 빠르게 화면 오른쪽으로 달려 나감

오른쪽 화면 자막
더 빠르게

왼쪽 화면에 벗겨진 신발이 천천히 바닥에서 튕겨 오른쪽으로 이동 중
오른쪽 화면으로 신발이 오면서 빠르게 바닥으로 떨어짐

로고와 웹사이트 주소

https://youtu.be/MjyzXVDJZ-g

No. 76 '애플 아이폰' 광고(부드러움 편)

• 광고내용 • 아이폰은 버벅거리지 않습니다.

15초

왼쪽 화면 자막
당신(이 사용하는) 폰

오른쪽 화면 자막
아이폰

여자가 화면 왼쪽에서 오른쪽으로 걸어오는 중
여자 모습이 깨지면서 버벅거림
배경음악 소리도 버벅거림

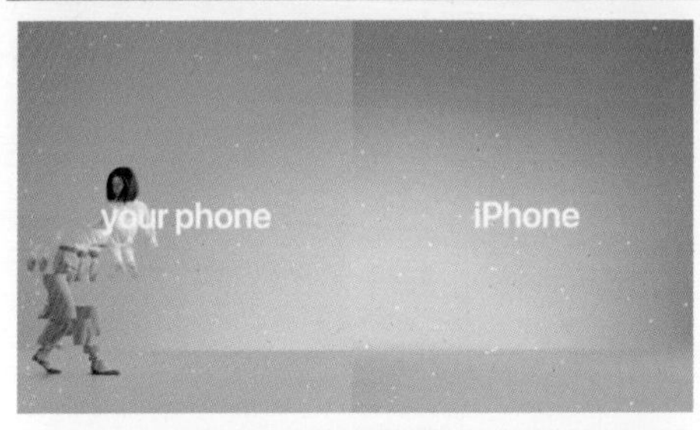

한 걸음 나아갈 때마다 버벅거림

힘겹게 오른쪽으로 걸어가는 중

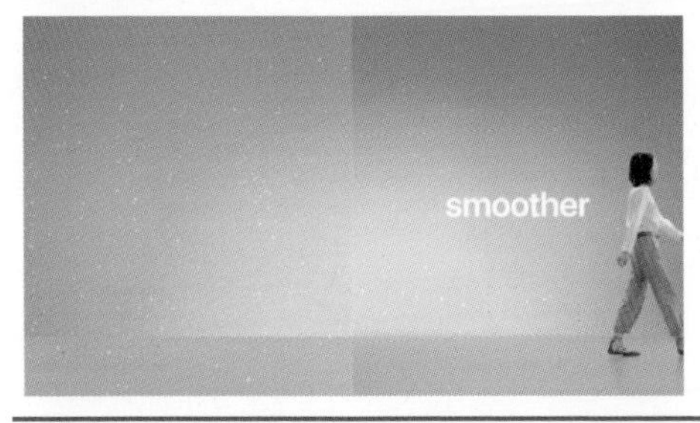	오른쪽 화면으로 넘어오자마자 부드럽고 자연스럽게 걸어감 **오른쪽 화면 자막** 더 부드럽게
	**로고와 웹사이트 주소**

https://youtu.be/oRw_WjLDrNs

No. 77 '애플 아이폰' 광고(점프 편)

• 광고내용 • 아이폰 사용은 즐겁고 신납니다.

15초

왼쪽 화면 자막
당신(이 사용하는) 폰

오른쪽 화면 자막
아이폰

남자가 화면 왼쪽에 있을 때는 잘 뛰지 못했는데, 화면 오른쪽으로 넘어오면서 점프력이 강해짐

뒤로 넘기 위해 점프함

오른쪽 화면 자막
아이폰으로 넘어오세요(바꾸세요)

뒤로 넘어가는 중

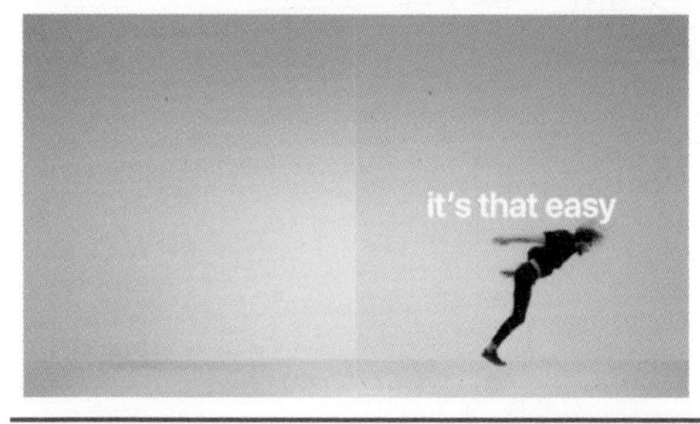

다시 점프해서 화면 오른쪽으로 나감

오른쪽 화면 자막
이렇게 쉬워요

로고와 웹사이트 주소

https://youtu.be/HE-I--pvOSs

No. 78 '애플 아이폰' 광고(피아노 연주 편)

• 광고내용 • 아이폰은 음악을 옮기는 것도 쉽습니다.

15초

왼쪽 화면 자막
당신(이 사용하는) 폰

오른쪽 화면 자막
아이폰

남자가 피아노를 잘 치지 못하고 버벅거림
스텝이 등장하여 피아노 치는 사람을 오른쪽 화면으로 밀기 시작

계속 오른쪽으로 미는 중

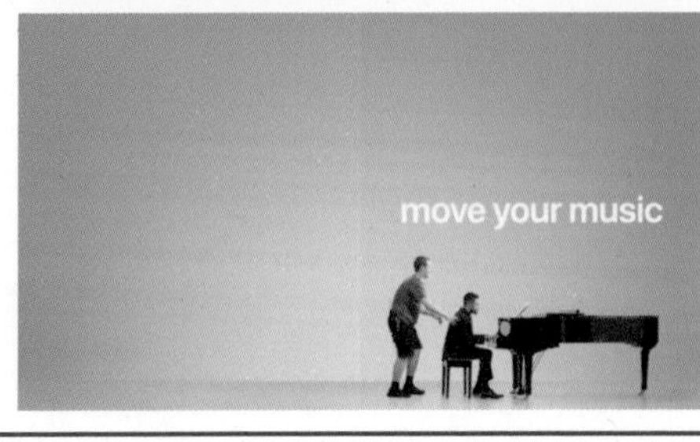

오른쪽 화면으로 모두 이동
남자가 멋지게 연주함

오른쪽 화면 자막
(당신이 가진) 음악을 옮기세요

스텝이 피아노 뚜껑을 열어줌

로고와 웹사이트 주소

https://youtu.be/57OBui0yKQE

No. 79 '애플 아이폰' 광고(보안 편)

• 광고내용 • 아이폰은 보안이 잘되어 안심하고 사용할 수 있습니다.

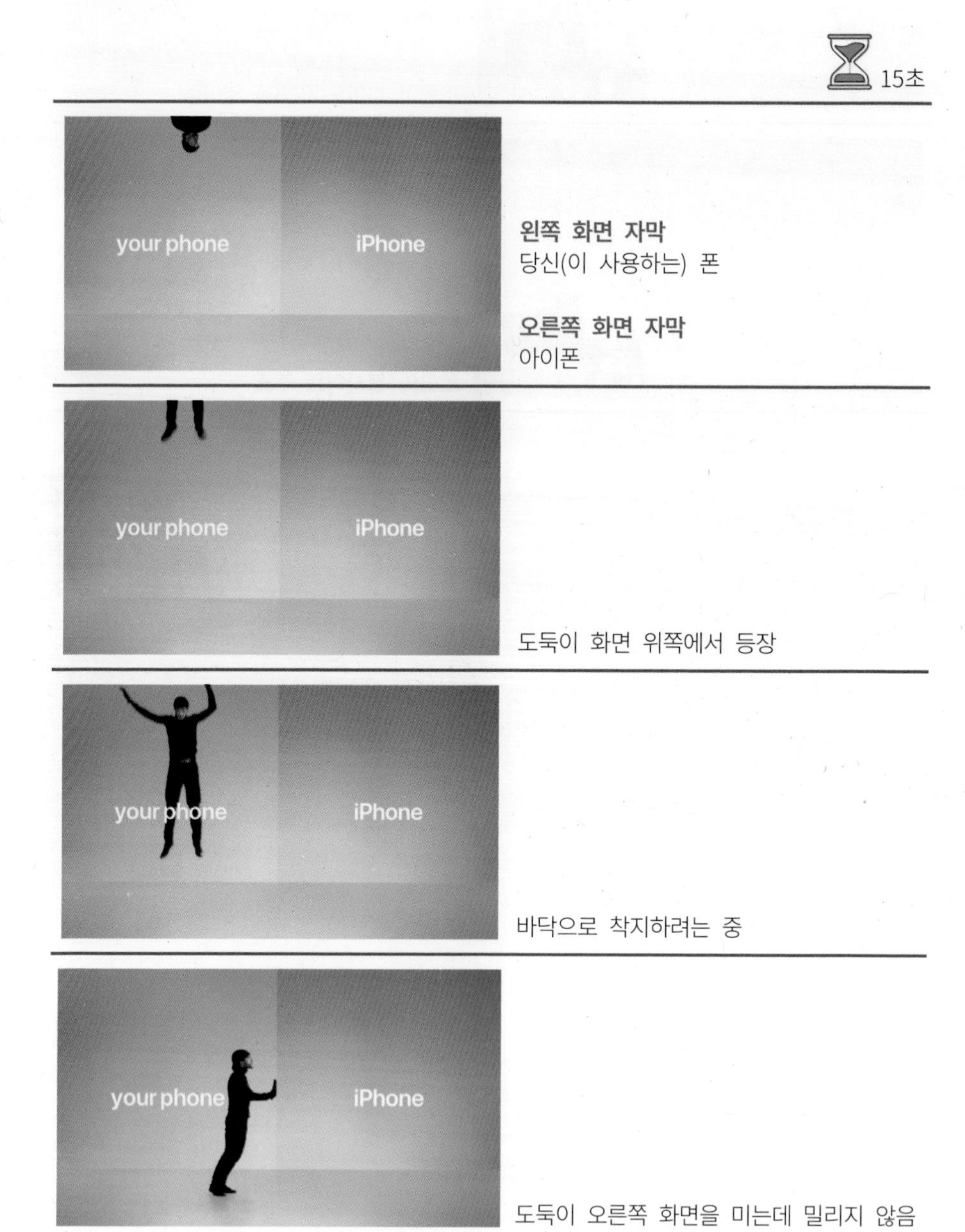

왼쪽 화면 자막
당신(이 사용하는) 폰

오른쪽 화면 자막
아이폰

도둑이 화면 위쪽에서 등장

바닥으로 착지하려는 중

도둑이 오른쪽 화면을 미는데 밀리지 않음

몸을 사용하여 밀어도 안 밀림

오른쪽 화면 자막
안전합니다

로고와 웹사이트 주소

https://youtu.be/7s_lh6_fTAo

No. 80 '애플 아이폰' 광고(사생활 보호 편)

• 광고내용 • 아이폰은 사생활 보호 기능이 뛰어납니다.

15초

왼쪽 화면 자막
당신(이 사용하는) 폰

오른쪽 화면 자막
아이폰

한 남자가 머그잔을 들고 서류를 보는 중
또 다른 남자가 뒤에서 쳐다보고 있음

서류를 보던 남자가 화면 오른쪽으로 이동하기 시작

서류를 보던 남자는 화면 오른쪽으로 이동 완료
뒤에서 몰래 보던 남자는 오른쪽으로 이동 못 함

몰래 보던 남자는 화면 왼쪽으로 서서히 사라짐

오른쪽 화면 자막
사생활 보호

로고와 웹사이트 주소

https://youtu.be/fsNLkwMURSU

No. 81 '애플 아이폰' 광고(사진 옮기기 편)

• 광고내용 • 아이폰은 사진 옮기기가 쉽습니다.

15초

왼쪽 화면 자막
당신(이 사용하는) 폰

오른쪽 화면 자막
아이폰

화면 왼쪽에서 사진을 감상하던 여자를 스텝이 안아서 들어 올리는 중
또 다른 스텝이 사진들을 화면 오른쪽으로 밀기 시작

여자와 사진 모두 화면 오른쪽으로 이동 중

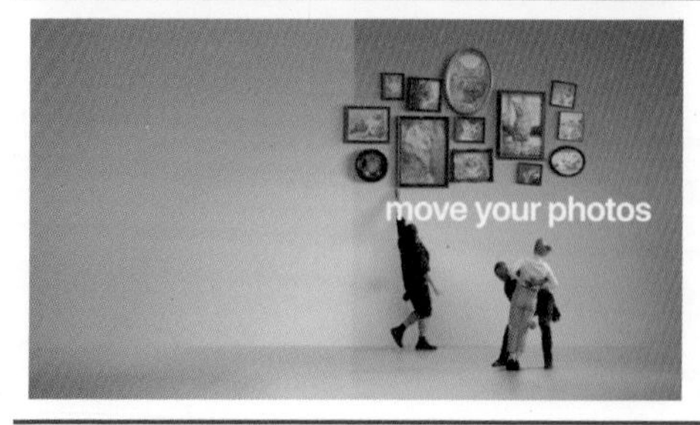

오른쪽으로 모두(여자, 사진, 스텝) 이동

오른쪽 화면 자막
(당신이 소유한) 사진을 옮기세요

여자와 사진을 두고 스텝들은 퇴장

오른쪽 화면 자막
이렇게 쉬워요

로고와 웹사이트 주소

https://youtu.be/ue4Kzq2Q5sM

No. 82 '애플 아이폰' 광고(연락처 옮기기 편)

• 광고내용 • 아이폰은 연락처도 쉽게 옮길 수 있습니다.

15초

왼쪽 화면 자막
당신(이 사용하는) 폰

오른쪽 화면 자막
아이폰

사람들이 화면 왼쪽에서 오른쪽으로 이동 중
트램펄린에서 뛰듯이 점프해서 이동 중

또 다른 사람들이 차례로 왼쪽에서 들어오고 점프해서 오른쪽으로 나감

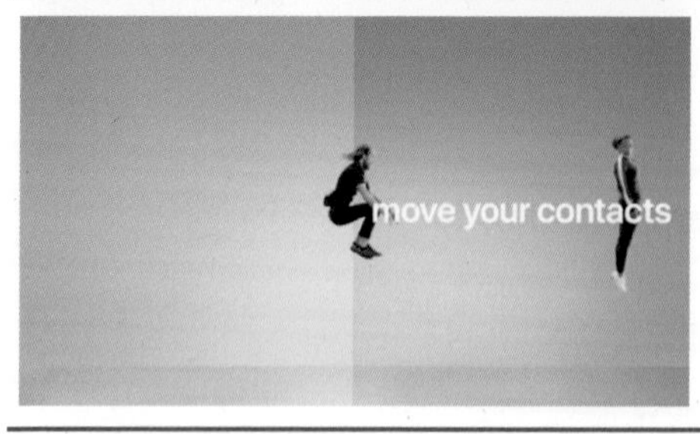

오른쪽 화면 자막
연락처를 옮기세요

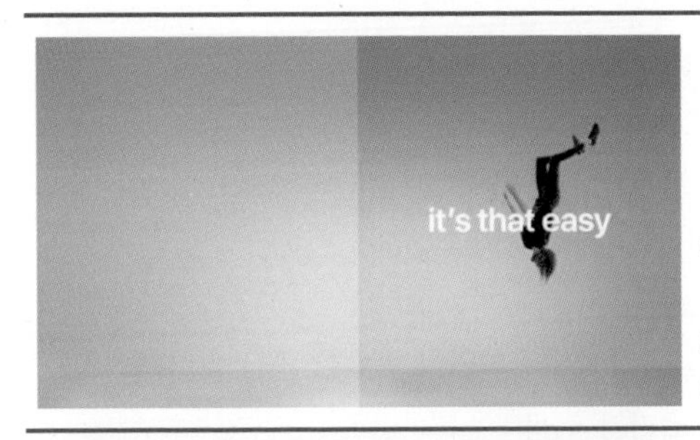

마지막 사람이 뒤로 점프하는 중

오른쪽 화면 자막
이렇게 쉬워요

로고와 웹사이트 주소

https://youtu.be/OtYK50mqpC0

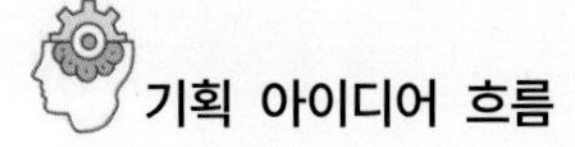

기획 아이디어 흐름

* **제품:** 애플(Apple) 아이폰(iPhone)(스마트폰)
* **제품 특징 및 장점**

: 빠름, 버벅거리지 않음, 음악을 옮기기 쉬움, 보안이 철저함, 사생활 보호 기능 있음, 사진 옮기기 쉬움, 연락처 옮기기 쉬움

* **특징 드러내는 방법**

1. 기존 스마트폰과 비교하여 새로운 아이폰의 특징이 얼마나 우수한지 보여줌
2. 한꺼번에 모든 특징을 보여주지 않고 한 개씩 시리즈로 엮어서 보여줌
3. 한 개씩 집중해서 보여주면 시청자가 특징을 이해하고 기억하기 쉬움

* **특징 시각화**

1. 화면 분할 사용
2. 왼쪽에는 시청자가 사용하는 폰(your phone)을 오른쪽에는 아이폰(iPhone)의 특징을 보여줌

   예) 왼쪽에서는 동작이 느렸는데 오른쪽으로 옮기니까 빨라짐

   왼쪽에서는 버벅거리다가 오른쪽으로 오면 부드럽게 움직임

* **시각 요소 구체화**

1. 화면 왼쪽은 활력 없음을 나타내기 위해 회색으로 표현
2. 화면 오른쪽은 애플을 연상할 수 있는 세련되고 밝은 색감 사용
3. 여러 콘텐츠가 시리즈로 연결되도록 같은 분위기(Tone)를 유지

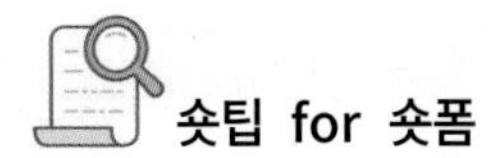

숏팁 for 숏폼

(전후 비교, 여러 대상을 한꺼번에 보여줄 때 등) 다양한 상황을 한 화면에 담고 싶으면, 과하지 않은 범위에서 화면 분할을 시도해보세요.
(참고 사항: 4분할 이상은 복잡해 보일 수 있으니 시안을 만들어 적절하게 보이는지 먼저 판단해 주세요.)

10초 이하

25. 비주얼 하나로 화면 채우기 | 하인즈 케첩 (1편)

남들과 다른 자신만의 뛰어난 강점이 있다면 그것 하나만으로도 충분히 자신을 내세울 수 있습니다. 다재다능함도 중요하지만 한 가지를 집중적으로 파고들면 누구도 가질 수 없는 강한 무기를 갖게 됩니다.

반대로 만능 엔터테이너, 만능 소스 등 '만능'을 수식어로 내세워 골고루 잘할 수 있음을 알리기도 합니다. 만능은 실제로 여러 기능이 모두 뛰어나기도 하고, 때로는 두루두루 대중적으로 사용되는 것을 의미하기도 하죠.

이렇게 '전문성'과 '대중성'은 각각 장점이 있지만, '전통성(오래된 역사)'과 연결하여 이야기할 때는 둘 중, '전문성'이 더 어울리고 깊이 있어 보이며 신뢰도 생깁니다.

하인즈(HEINZ)는 1869년 설립되고 1876년부터 케첩 판매를 시작한 그 분야의 세계적인 선두 브랜드입니다. 그동안 광고에서 1등이라 자신하며 다른 케첩과 비교할 수 없는 진하고 걸쭉한 질감을 지속적으로 어필해왔습니다.

• • 하인즈의 역사를 알려주는 제품

1869년, 피클, 소스 제품으로 회사 시작	1876년, 집중적으로 케첩 판매 시작

https://www.heinz.com/Heinz-Timeline 

이번에도 그 콘셉트를 유지했는데 표현 방법은 새롭게 바꿨습니다. 걸쭉함을 느낄 수 있도록 케첩으로 화면을 빨갛게 꽉 채웁니다. 그리고 음식으로 케첩을 닦아내는데, 이 행동을 통해 시청자가 실제 '진하기'를 느낄 수 있게 하는 겁니다. 전통성 있는 제품이기 때문에 부가적인 내용 없이 심플하게 걸쭉함 하나만으로도 과감한 표현이 가능하죠. 한 가지만 집중적으로 드러내 전문성을 돋보이게 한 좋은 예입니다.

No. 83 '하인즈' 케첩 광고

• 광고내용 • 화면 전체에 케첩이 묻어 있습니다. 너깃같이 케첩과 함께 먹으면 맛있는 음식으로 화면 위의 케첩을 닦아냅니다.

5초

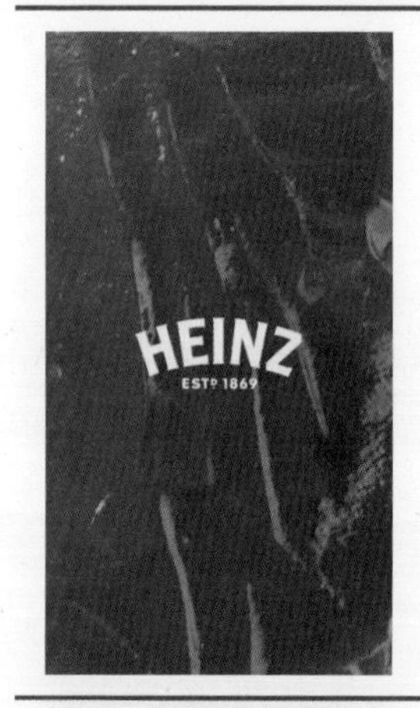

케첩으로 가득 찬 화면

자막
하인즈
1869년 설립

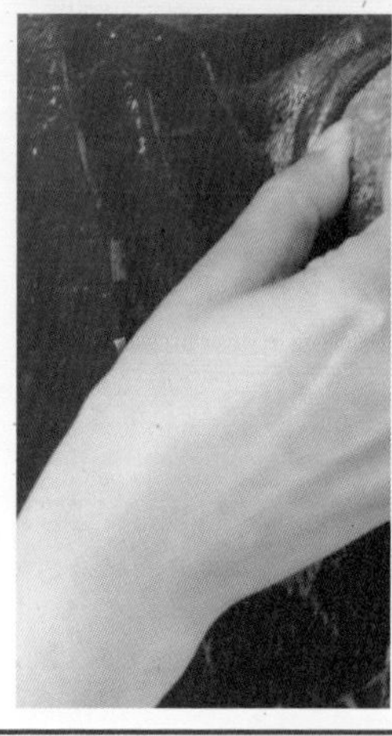

손 등장
(케첩 찍어 먹는) 음식을 손에 쥐고 있음

음식으로 케첩을 닦아내기 시작

닦아낼수록 가려진 부분들이 드러남

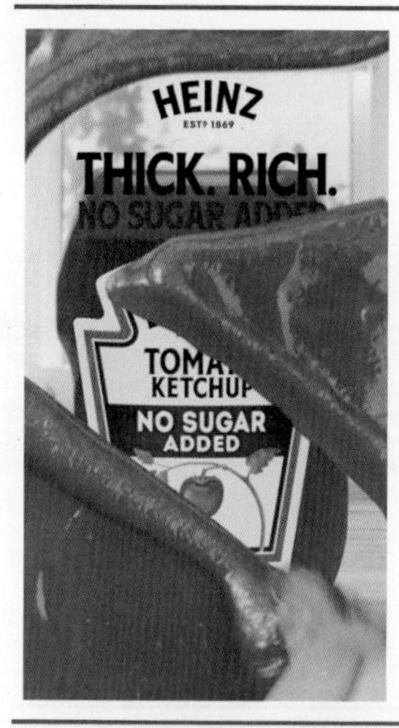

화면 뒤에 있는 케첩 패키지가 보이기 시작

화면을 채웠던 케첩이 사라지는 중

케첩이 거의 다 사라짐

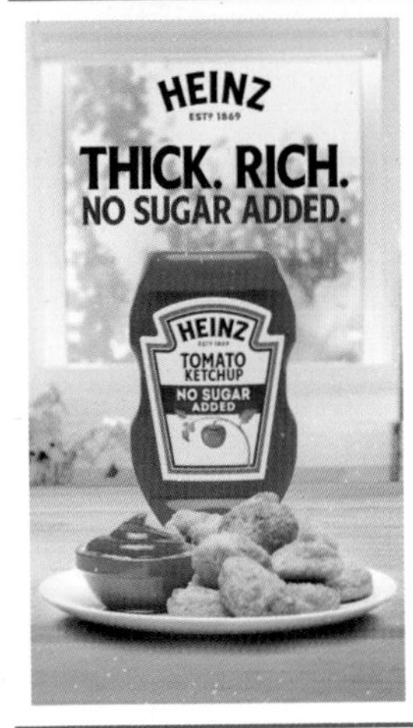

케첩 패키지가 보임
그 앞엔 음식이 놓여있음

로과와 자막
하인즈
걸쭉하고 진해요
설탕은 안 넣었어요

https://pin.it/4Ue4kVR

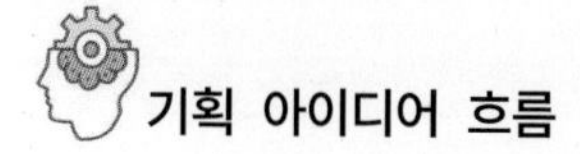

기획 아이디어 흐름

* **브랜드:** 하인즈(HEINZ)(제품: 케첩)

* **브랜드 특징**

1. 세계적으로 유명한 케첩 중 하나
2. 1869년 설립. 오랜 역사를 지님
3. 걸쭉한 질감과 진한 맛(묽지 않음)

* **기존 커뮤니케이션 방법**

: 다른 케첩 브랜드와는 비교되는 특유의 걸쭉한 질감을 지속해서 어필해옴

* **커뮤니케이션 목적**

1. 인지도 높은 전통 있는 브랜드이기 때문에 새롭게 브랜드를 알리는 것보다 기존 명성 유지가 중요
2. '걸쭉한 질감'을 강조한 커뮤니케이션 유지
3. 내용은 유지하지만, 표현 방법은 새롭게

* **새로운 표현 방법 도입**

1. 걸쭉함을 표현할 수 있게 케첩을 화면으로 꽉 채운 후 음식으로 닦아냄
2. 닦아내는 행동을 통해 시청자는 실제 케첩의 '진하기'를 느낄 수 있음

* **표현 방법 강화**

1. 케첩으로 채운 빨간 화면을 첫 장면으로 사용하여 강한 인상을 전달
2. 닦아내는 행동을 할 때 케첩과 잘 어울리는 음식을 사용해서 닦음 (질감 전달과 함께 먹음직스러움도 함께 어필)

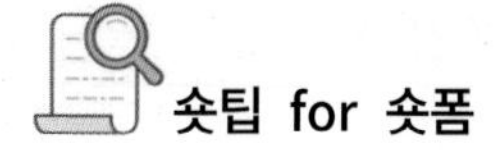

숏팁 for 숏폼

콘텐츠 장점이 뚜렷할수록 그 하나로도 비주얼 표현이 가능합니다. 화면 전체를 사용하는 과감한 표현도 시도할 수 있습니다.

26. 비유적 표현으로 감각 전달하기 | 이클립스 껌 (3편)

슬픔, 기쁨, 충격, 황홀, 불쾌, 산뜻. 감정을 나타내는 용어입니다. 같은 단어라도 사람에 따라 다르게 느껴질 것이고, 그 강도도 다를 겁니다. 만약 내가 느끼는 특별한 감정을 상대방에게 말로 설명하면 그대로 전달될까요? 설명을 길고 자세하게 해도 상대방이 나와 똑같은 감정을 갖긴 어려울 겁니다.

청량감과 상쾌함을 주는 껌 브랜드 이클립스(eclipse)를 소개합니다. '청량감'은 맑고 시원한 느낌을 뜻하는 감정 표현 언어입니다. 이 감정을 어떻게 표현해야 내가 느끼는 것과 비슷하게 상대방에게 전달할 수 있을까요?

이클립스는 설명적인 방법은 피하고 오히려 말없이 이미지로 전달하는 시각적 비유 방법을 택했습니다. 추위를 느낄 정도로 청량감이 강하다는 표현을 위해 얼음(또는 눈)을 보여줍니다. 얼음이 형성되는 과정, 눈사태와 눈보라가 일어나는 장면, 빙판 등을 화면에 담습니다. 설명 없이 장면만으로도 시청자는 아주 강한 느낌을 전달받습니다. 상징적인 비주얼이 감각적으로 제품의 특징을 대신 나타내고 있는 겁니다. 이런 이미지로 감정을 느끼게 한 후, 마지막에는 제품과 자막을 보여줍니다. 자막에는 감정을 한층 더 증폭시키기 위해 '모든 걸 차갑게(동상만 안 걸리게)'라고 적혀있습니다.

No. 84 '이클립스' 껌 광고(결빙 편)

• 광고내용 • 얼음이 형성되는 과정을 보여주며 아주 차가운 느낌을 전달합니다.

6초

얼음이 형성되는 과정

계속 어는 중

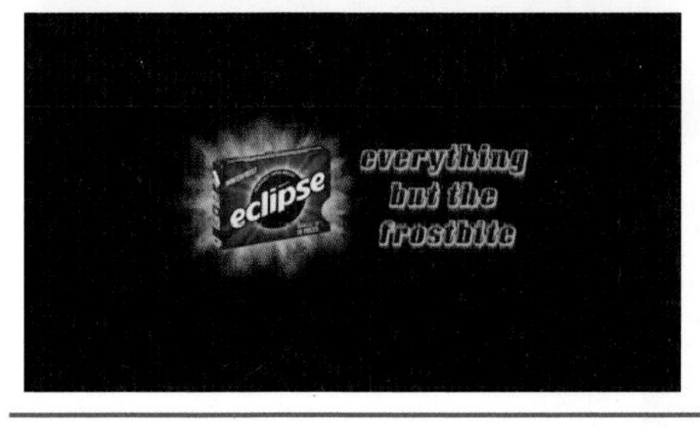

자막
모든 걸 차갑게 (동상만 안 걸리게)

https://d3nuqriibqh3vw.cloudfront.net/eclipse_3_stringy.mp4?ImQdxqn9tOp3MQASLVhj0RoAa7OWg6JR

No. 85 '이클립스' 껌 광고(눈사태 편)

• 광고내용 • 눈사태를 보여주며 강한 추위를 느낄 수 있게 합니다.

6초

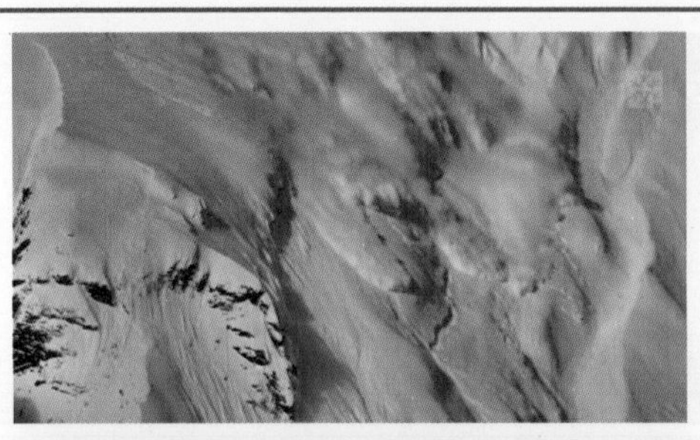
산에 쌓인 눈이 내려오고 있음

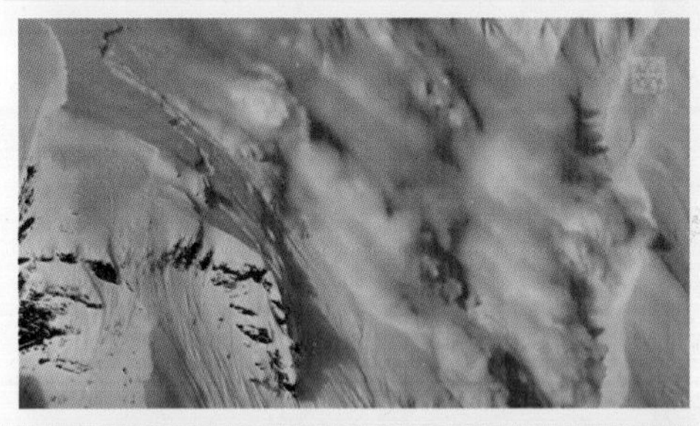
눈보라도 생김

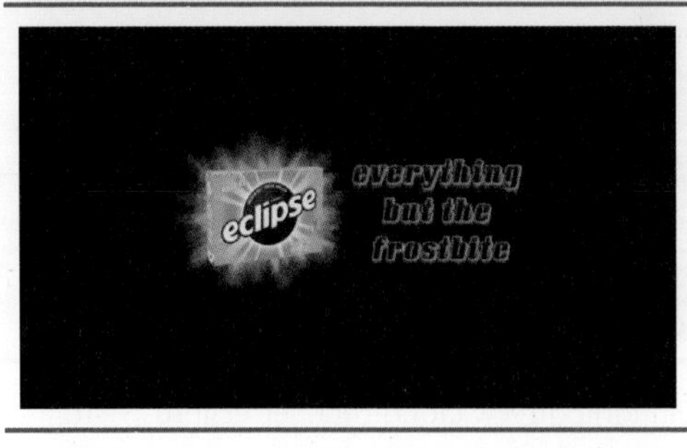

자막
모든 걸 차갑게 (동상만 안 걸리게)

https://d3nuqriibqh3vw.cloudfront.net/eclipse_4_avalanche.mp4?oVfX865sk.sYwHviOo9t4aqK2vmyJcCS

No. 86 '이클립스' 껌 광고(빙판 편)

• 광고내용 • 빙판을 보여주며 차가운 느낌을 전달합니다.

6초

빙판을 이동하며 보여줌

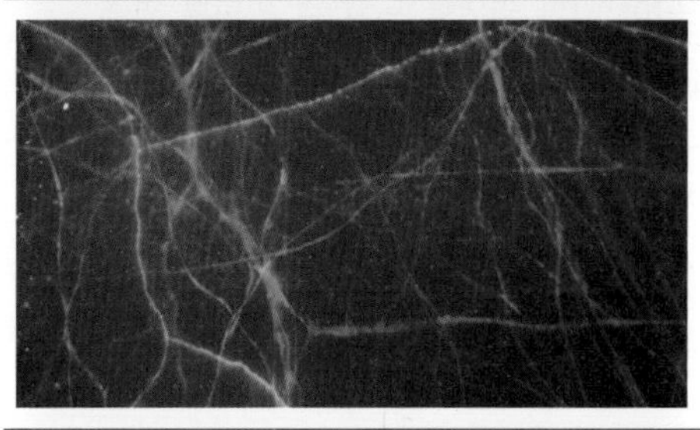

얼어있는 모습이 보임

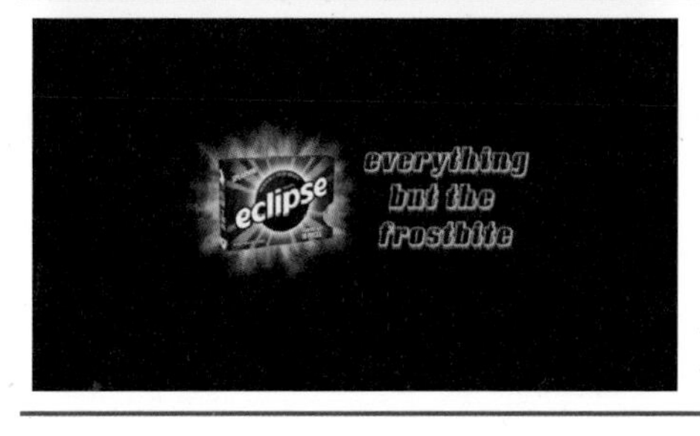

자막
모든 걸 차갑게(동상만 안 걸리게)

https://d3nuqriibqh3vw.cloudfront.net/eclipse_5_lake.mp4?XaHiq9tQYxkJmhEbQkj5WG1GyfTaPyUg

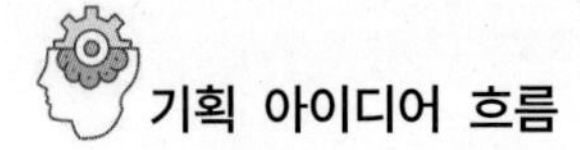

기획 아이디어 흐름

* **브랜드:** 이클립스(eclipse)(제품: 껌)

* **제품 특징**

: 강한 청량감과 상쾌한 느낌을 전달

* **특징을 키워드로 함축**

: '강한 추위'(추위를 느낄 정도의 강한 청량감)

* **키워드를 강조한 비주얼**

: '강한 추위'를 상징하는 얼음(또는 눈)을 비유적으로 사용

* **비주얼 강조**

1. 제품이 마치 얼음(또는 눈)과 같다는 느낌이 들도록 표현
2. 얼음(또는 눈)을 화면에 꽉 차게 담아 강한 추위를 느낄 수 있도록 연출
3. 내레이션이나 자막 없이 주요 비주얼에 집중

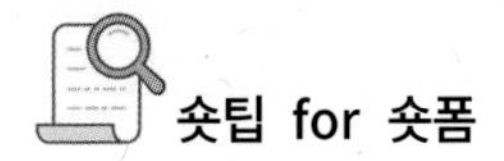

숏팁 for 숏폼

메시지 특성상 논리적인 이해보다 감각으로 느끼는 것이 빠르다고 생각한다면, 비유적 표현으로 메시지를 센스 있게 전달해보세요.

27. 세로 화면 활용하기 | 스페셜 K 시리얼 (1편)

동영상 촬영은 최종 출력 화면 사이즈와 비율을 고려하여 진행합니다. 그동안은 4:3, 16:9 등 가로가 더 긴 직사각형 형태가 보통이었는데, 스마트폰 촬영이 많아진 이후부터는 세로화면, 정사각형 등 다양해졌죠. 매체도 스크린이나 TV가 아닌, 건물 측면, 엘리베이터 안 등 장소에 맞는 여러 형태가 생겼습니다. 예전에는 매체 비율이 크게 다르지 않아 제약이 덜 했는데 지금은 각 매체 사이즈에 맞게 동영상을 만들어야 합니다.

PC보다 모바일 기기를 손쉽게 사용하는 사람이 많아졌고, 모바일에서는 가로 동영상을 보려면 기계를 90도로 기울이는 번거로움이 있어 세로 형태가 더 선호되기도 합니다. 개인 SNS에서 찍어서 바로 올릴 수 있는 플랫폼도 생기면서 세로화면 촬영분을 자주 볼 수 있게 되었죠. 하지만 단순히 요즘 유행이니까, 스마트폰으로 찍으면 세로가 더 편하니까 정도의 이유로 세로로 촬영하는 것보다 장점을 알고 촬영하면 활용도가 더 넓어지지 않을까요?

스페셜 K(Special K) 시리얼 광고에서는 세로화면의 용도를 업그레이드 하였습니다. 세계적으로 유명한 켈로그(Kellogg's)의 제품인 스페셜 K는 건강한 식품으로 자리매김하였고, 저지방 다이어트용으로 어필해왔습니다.

이번에도 기존 콘셉트를 유지하고 추가로 시리얼뿐 아니라 같이 들어있는 딸기도 신선함을 이야기합니다. 이를 효율적으로 표현하기 위해 세로화면을 사용했습니다.

화면을 상하로 분리하여 화면 위에는 딸기가 씻기는 장면을, 화면 아래에는 시리얼이 볼에 담기는 장면을 동시에 담습니다. 그리고 갓 씻은 딸기가 시리얼에 바로 담기는 것처럼 딸기가 화면 아래로 떨어지고 시리얼 볼에 담깁니다. 두 가지 분리된 공간과 독립된 상황을 마치 연결된 것처럼 하나로 합쳤습니다. 가로화면에서는 표현하기 어려운 내용을 세로화면을 사용해 효율적으로 전달한 겁니다.

 켈로그의 스페셜 K	켈로그의 대표상품 토니 더 타이거(Tony the Tiger) 캐릭터로 유명

https://www.specialk.com 

https://www.frostedflakes.com 

No. 87 시리얼 '스페셜 K' 광고

• 광고내용 • 시리얼 위에 갓 씻은 신선한 딸기가 토핑으로 얹힙니다.

4초

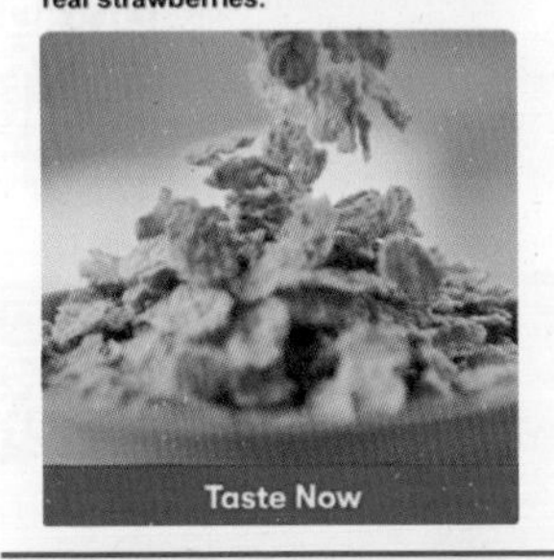

화면이 위, 아래로 분리됨

위 자막
진짜 딸기의 맛은 속일 수 없어요

아래 자막
지금 맛보세요

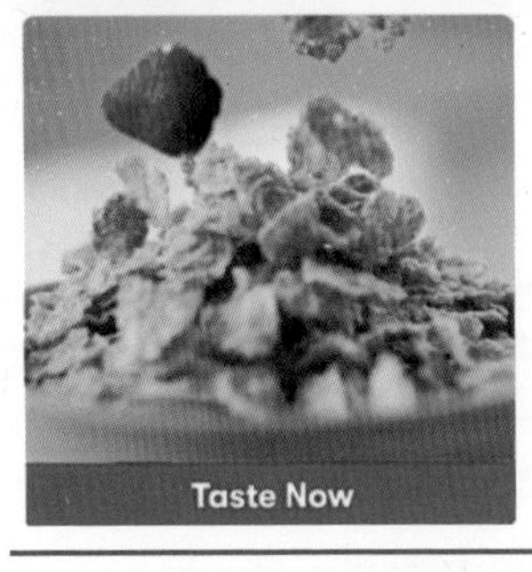

슬로 모션
물로 갓 씻은 딸기가 위 화면에서 아래 화면으로 천천히 떨어짐

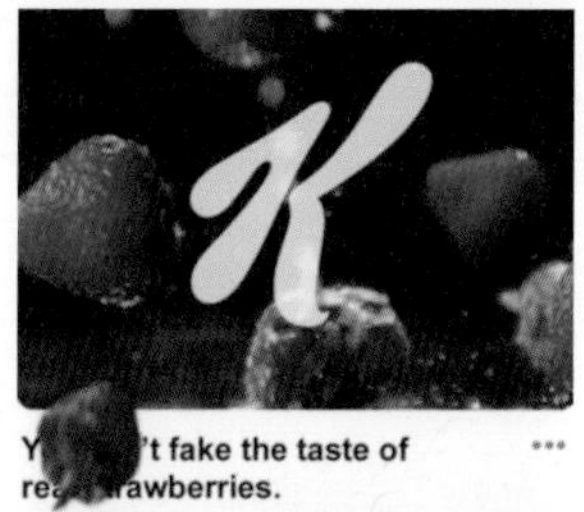

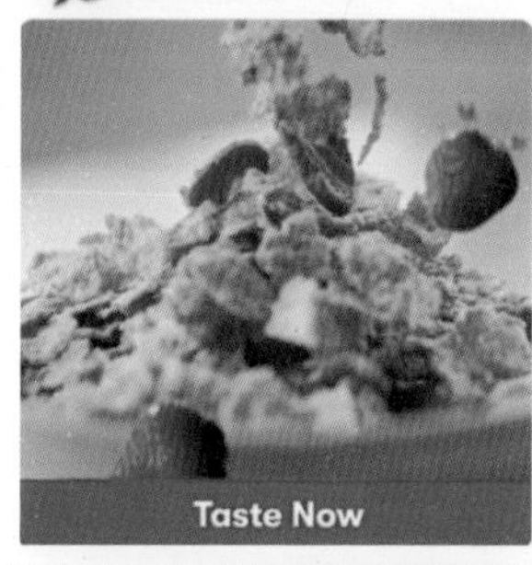

딸기가 시리얼 안으로 들어가는 중
(갓 씻은 딸기가 시리얼로 바로 들어가듯이 스페셜 K는 신선한 딸기를 사용한다는 의미)

많은 양의 딸기가 떨어짐

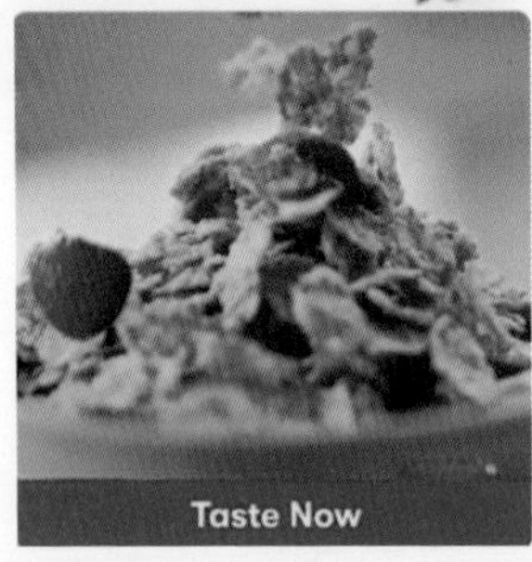

딸기는 계속 떨어지고 동영상은 끝남

https://pin.it/4ShOXFR

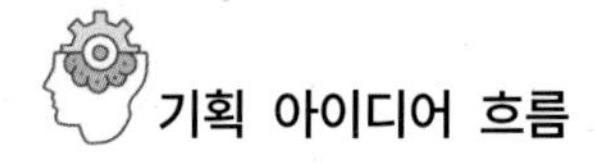

기획 아이디어 흐름

* **제품:** 스페셜 K(Special K)(시리얼)
* **제품 특징**
  1. 시리얼로 유명한 브랜드 켈로그(Kellogg's)의 제품
  2. 켈로그는 여러 종류의 제품(다양한 맛과 모양의 시리얼, 영양바 등)을 보유하고 있음
  3. 그중 스페셜 K는 저지방 시리얼로 유명(다이어트용 식품으로 어필)
* **기존 커뮤니케이션 방향**
  1. '신선한 재료' 사용 강조
  2. '건강한 식품'으로 자리매김
* **전달할 메시지**

  : '신선한 재료'와 '건강한 식품' 이미지 그대로 유지
* **메시지 강조**

  : 시리얼뿐 아니라 같이 들어있는 딸기(과일)도 신선함을 강조
* **메시지 시각화**
  1. 딸기를 신선한 상태에서 바로 먹는 것 같은 느낌이 들도록 연출

     예) 갓 씻은 딸기가 시리얼에 바로 들어가는 장면
  2. 한 화면에 '딸기 씻기'와 '시리얼에 딸기 넣기' 두 장면을 동시에 담음
  3. 두 장면이 바로 이어지도록 장면을 세로로 배열

     예) 위 화면에서는 '딸기 씻기' 장면을 아래 화면에서는 '시리얼에 딸기 넣기' 장면을 배치
* **장면에 흥미 추가**
  1. 신선함과 깨끗함을 강조하기 위해 슬로 모션 사용

     예) 딸기에 묻어 있는 물방울이 아주 천천히 튀겨 깨끗한 느낌을 강조
  2. 광고를 하나의 SNS 게시물처럼 보이도록 이미지와 자막을 연출함

     예) 딸기 이미지의 상단이 조금 잘려 있음. 스크롤을 살짝 내린 상태처럼 보임
     자막은 온라인 게시물에서 사용하는 텍스트 스타일
     자막 오른쪽에 기능을 나타내는 메뉴 아이콘 삽입

숏팁 for 숏폼

위에서 아래로 떨어지거나 아래에서 위로 올리는 등의 움직임을 표현하기 위해 화면의 세로 확장이 필요하다면 적극적으로 활용해보세요. 비주얼에 신선한 효과를 줄 수 있고 메시지를 강조할 수 있습니다.

28. 이미지 한 컷만 사용하기 | 텐더스템 채소 (1편)

초보 제작자를 대상으로 강의하다 보면 초보이기 때문에 제작에서 기본적으로 놓치는 부분을 발견하게 됩니다. 첫 번째는 '동영상 촬영이 아닌 스틸(Still)컷 촬영분은 동영상 소스(Source)가 아니다'입니다. 구체적으로 이야기하면, 동영상으로 찍은 촬영분만 편집에 사용해야 하는 줄 알고 있습니다. 스틸컷은 그냥 사진이라 생각하고 자신의 동영상 콘텐츠 소스로 적극 활용하지 않습니다. 두 번째는 '장면이 여러 개여야 한다'로, 편집에서 여러 개의 촬영분(Clip)을 사용해야 하는 줄 압니다. 원본 소스 동영상 한 개로 콘텐츠를 만들면 실력이 없어 미완성된 결과물을 만들었다고 생각합니다.

안타까운 마음에 스틸컷의 조합으로 만든 콘텐츠와 하나의 짧은 촬영분만으로 완성된 자료들을 소개합니다. 동영상은 하나의 스틸컷들이 모여 움직인다는 것은 알지만, 막상 자신이 제작하게 될 때는 이 부분을 잘 고려하지 않게 됩니다. 아직 다양한 경험이 부족해 그런 것인데 훌륭한 자료들을 지속적으로 접하면 초보자도 스틸컷이나 하나의 동영상 클립으로도 전달력 높은 콘텐츠를 만들 수 있습니다.

이러한 맥락과 함께하는 좋은 참고 자료를 소개합니다. 냉동 채소 브랜드 텐더스탬(Tenderstem)에서 동영상 클립 하나만으로 광고를 만들었습니다. 동영상이긴 하지만, 캡처하여 지면 광고로 사용해도 될 만큼 이미지 한 컷의 전달력이 높은 콘텐츠입니다.

신선함을 그대로 유지한 냉동 채소임을 나타내기 위해 채소가 살아있는 것처럼 움직이게 합니다. 동영상에서 보여주는 건 채소의 움직임이 전부이고 장면 하나만 사용했습니다. 하지만 제작은 보이는 것만큼 간단하지는 않죠. 하나의 동영상 안에 세부적인(Detail) 요소들이 합쳐져 완성도 높은 콘텐츠가 된 것인데, 이 부분을 알아야 제작 시 활용할 수 있을 겁니다.

그 세부 요소 첫 번째는 배경입니다. '냉동'을 표현하려고 '눈'이라는 소재를 배경으로 사용했습니다. 굳이 언어로(자막이나 내레이션으로) 나타내지 않아도 상징적인 이미지로 심플하게 한 화면으로 정리됩니다(냉동 상태를 알려줍니다).

두 번째는 흥미입니다. 채소가 움직이는 장면을 단순한 형태가 아닌 많이 알려진 비주얼인 '스노우 엔젤(Snow angel)' 장면으로 연출하였습니다. 영화 <러브 스토리(Love Story)>에 등장하여 대중에게 많이 알려진 장면이죠. 눈 위에 누워 팔, 다리를 움직이면 마치 천사 같은 형태가 만들어진다고 하여 붙여진 이름인데, 영화에서 주인공이 눈 위에서 누워 스노우 엔젤을 만들죠. 많은 사람이 기억하고 있고 패러디 등 여러 콘텐츠에 등장하는 장면이기도 합니다. 이런 유명한 이미지를 채소가 따라 하여 시각적인 흥미를 주는 겁니다.

이러한 구체적인 아이디어와 연출이 없으면, 앞에서 언급한 대로 하나의 동영상으로 콘텐츠를 만들 수는 있지만 완성도가 떨어질 겁니다. 텐더스탬 광고는 자연스럽게 요소들을 하나의 장면에 녹여 메시지를 함축적으로 빠르게 전달한 좋은 예이니 잘 참고하길 바랍니다.

No. 88 '텐더스탬' 냉동 채소 광고

• 광고내용 • 채소가 눈 위에 누워 신나게 놀고 있습니다.

6초

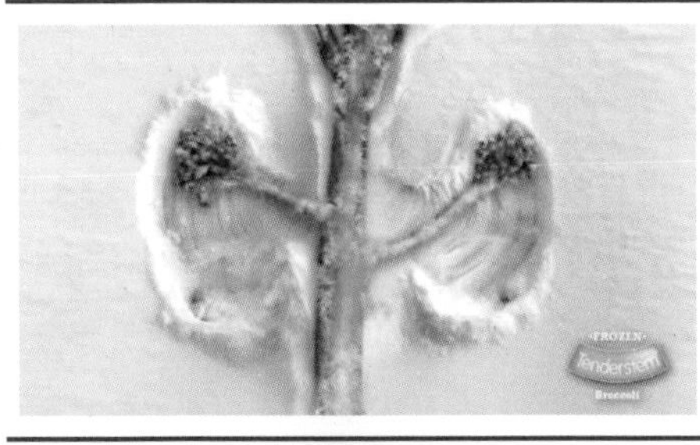	눈 위에서 채소가 움직이고 있음 사람 팔처럼 보이는 채소 (줄기 양옆) 가지가 움직임 **효과음** '삭삭' 눈 위에서 움직일 때 나는 소리
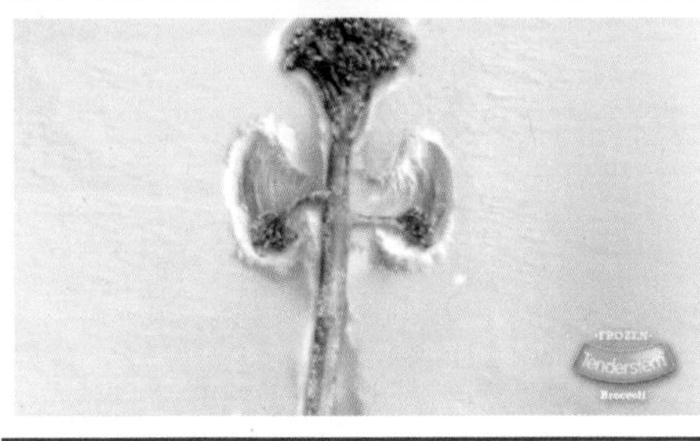	카메라가 채소에서 멀어지는 중 양옆 가지는 계속 움직임 가운데 줄기도 사람 다리처럼 움직임
	카메라가 더 멀어지고 전체 채소의 형태가 보임 가지와 줄기는 소리를 내며 계속 움직임
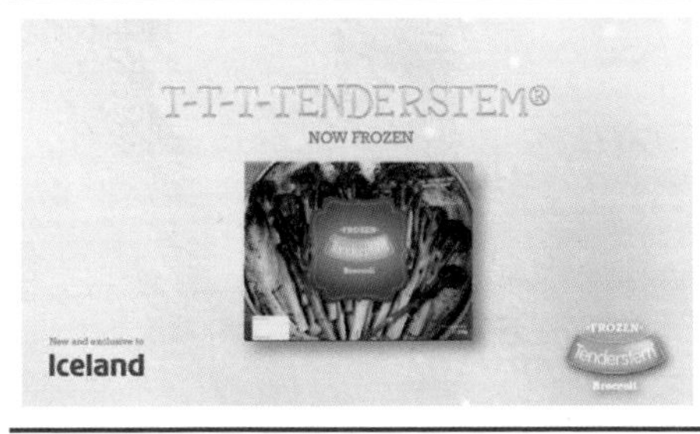	**로고 및 자막** 냉동으로도 나왔어요

https://youtu.be/MxaeVbfmTaU

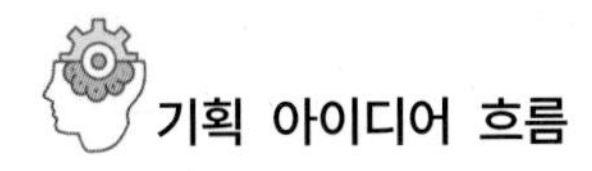

기획 아이디어 흐름

* **브랜드:** 텐더스탬(Tenderstem) (채소)
* **브랜드 특징:** 신선함을 강조
* **신제품 출시:** 신선함을 그대로 유지한 냉동 채소
* **메시지 전달 방법**

1. '냉동' 상태를 나타내기 위해 '눈' 소재를 사용
2. '신선함'을 나타내기 위해 채소에 '생동감' 부여

* **메시지 시각화**

: 채소가 마치 살아있는 것처럼 눈 위에서 움직임

* **흥미 요소 추가**

1. 많이 알려진 장면인 스노우 엔젤(Snow angel)을 이용
   (스노우 엔젤: 눈 위에 누워 팔과 다리를 움직여 천사 형태의 모양을 만듦)
   영화 <러브 스토리(Love Story)> (아서 힐러, 1970)에 등장하여 대중에게 많이 알려진 이미지임
2. 눈 위에서 움직이는 소리를 넣어 동작을 실감 나게 만듦

숏팁 for 숏폼

이미지 하나로 메시지를 소화하는 것은 아이디어 단계에서 생각보다 많은 고민과 노력이 필요합니다. 충분한 연습도 있어야 만족스러운 결과물을 얻을 수 있습니다. 하지만 숏폼에서 기발한 한 컷은 러닝 타임을 단축할 수 있고, 제작 시 비용과 시간을 절감할 수 있는 등 다양한 장점을 갖고 있으니 꾸준히 연습하여 도전해보길 바랍니다.

29. 키워드로 함축하기 | 코시네로 식용유 (3편)

처음 만난 사람 이름을 한 번만 듣고 기억하기는 어렵습니다. 집중하여 기억하려고 노력하지 않은 이상 몇 번 만나야 자연스럽게 그 사람 이름을 부를 수 있게 되죠. 광고에서도 이러한 반복효과를 중요하게 생각합니다. 특히 신생 브랜드일수록 광고에 브랜드명이나 키워드를 한 번이 아닌 여러 번 언급하여 시청자가 기억할 수 있게 하는데, 이때 주의할 점은 주입식처럼 느끼지 않게 자연스럽게 표현해야 합니다.

코시네로(Cocinero) 식용유는 반복요소를 스토리에 녹여 시청자가 재미있게 느끼고, 후에 잘 떠오를 수 있게 했습니다. 전달할 메시지는 '빠르게 요리할 수 있다'이고, 스토리는 주인공이 요리 주문을 하는데 코시네로 식용유로 빨리 요리할 수 있어 주문하는 중에 완성된다는 내용입니다.

반복요소는 '이미지'와 '사운드' 두 가지를 모두 활용합니다. 우선 기름이 필요한 요리 중 튀기는 소리처럼 들리는 알파벳 'S'가 들어간 종류를 선택합니다.

'S' TEAK (스테이크)
'S' HRIMP (새우)
FI 'S' H (생선)

키워드인 'S'를 시각적으로 반복하기 위해 요리명을 자막으로 쓸 때, 'S'를 많이 넣어, SSSSSSSSTEAK, SSSSSSSSHRIMPS, FISSSSSSSSH 형태로 적습니다. 그리고 청각적으로 반복하기 위해 요리명을 언급할 때 'S'를 길게 읽고, 이때 기름 튀기는 것처럼 들리게 튀김 소리 효과음을 추가합니다. 스토리 속에 반복요소를 재치있게 녹인 거죠. 결과적으로 코시네로는 '빠르게 요리할 수 있다'를 두 가지 표현 요소(이미지와 사운드)를 반복하여 함축적으로 전달했고, 오래 기억할 수 있도록 인상적인 콘텐츠를 만들었습니다.

No. 89 '코시네로' 식용유 광고(스테이크 편)

• 광고내용 • 스테이크를 맛있게 먹으려면 적당한 기름으로 알맞게 요리해야 합니다.

9초

(움직이지 않는 스틸 사진 한 장)
스테이크 굽는 사진 위에 알파벳 'S'가 여러 개 적힘
마지막 알파벳 'S' 뒤에는 스테이크(STEAK)가 쓰여있음
화면 오른쪽에는 코시네로 식용유가 있음

여자가 말함

대사
여보 내가 스스스스스스스스스스스스스스스스스스스스스스스스스스테이크 좋아하는 거 알지?

('스'를 길게 말할 때 기름으로 요리하는 소리와 비슷하게 들리도록 효과음 첨가)

(대사에서 '스'를 말하는 동안 요리가 빠르게 완성됨)

그릇이 테이블 위에 놓이는 효과음이 들린 후 여자가 다시 말함

대사
요리 고마워!

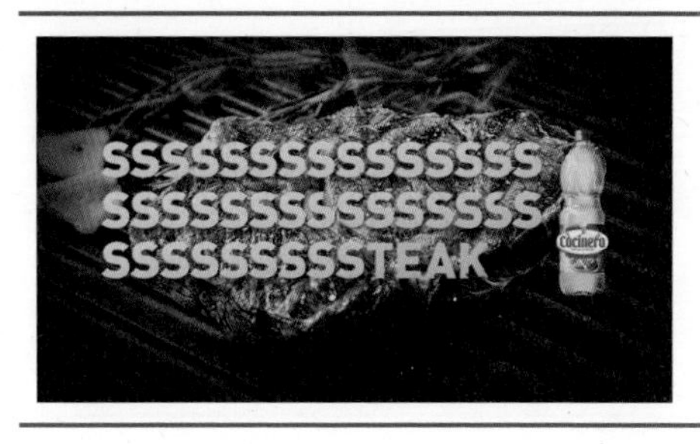

내레이션
코시네로 식용유로 아주 빠르게 요리할 수 있습니다

https://vimeo.com/397492685

No. 90 '코시네로' 식용유 광고(새우 편)

• 광고내용 • 새우 요리에도 기름이 필요합니다.

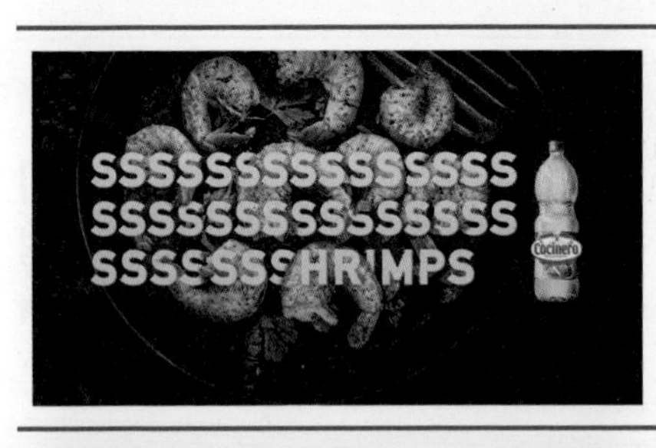

(움직이지 않는 스틸 사진 한 장)
새우 요리 사진 위에 알파벳 'S'가 여러 개 적힘
마지막 알파벳 'S' 뒤에는 새우(SHRIMPS)가 쓰여 있음
화면 오른쪽에는 코시네로 식용유가 있음

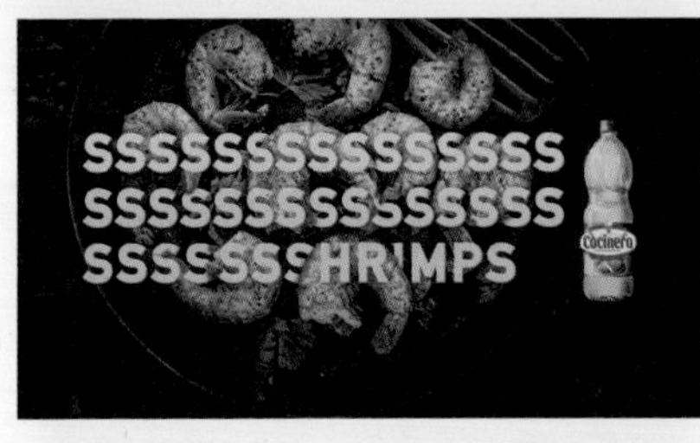

남자가 말함

대사
음… 슈슈슈슈슈슈슈슈슈슈슈슈슈슈슈슈슈슈슈슈슈슈슈슈슈슈슈슈슈슈슈슈림프(새우) 요리 먹을까?

('슈'를 길게 말할 때 기름으로 요리하는 소리와 비슷하게 들리도록 효과음 첨가)

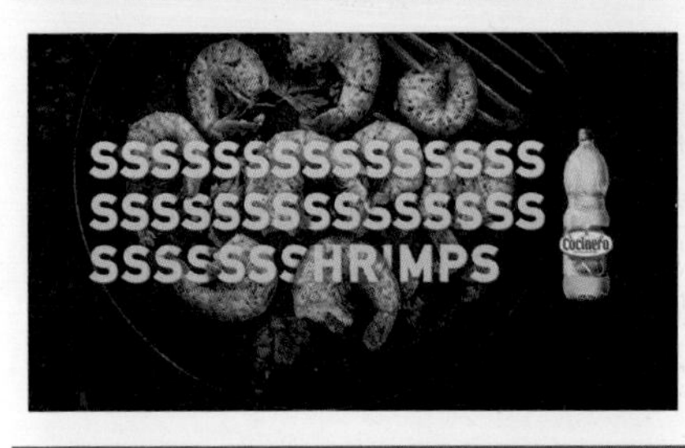

(대사에서 '슈'를 말하는 동안 요리가 빠르게 완성됨)

그릇이 테이블 위에 놓이는 효과음이 들린 후 남자가 다시 말함

대사
맛있겠다!

내레이션
코시네로 식용유로 아주 빠르게 요리할 수 있습니다

https://vimeo.com/397493949

No. 91 '코시네로' 식용유 광고(생선 편)

• 광고내용 • 생선을 살짝 튀겨 먹을 때도 기름이 필요합니다.

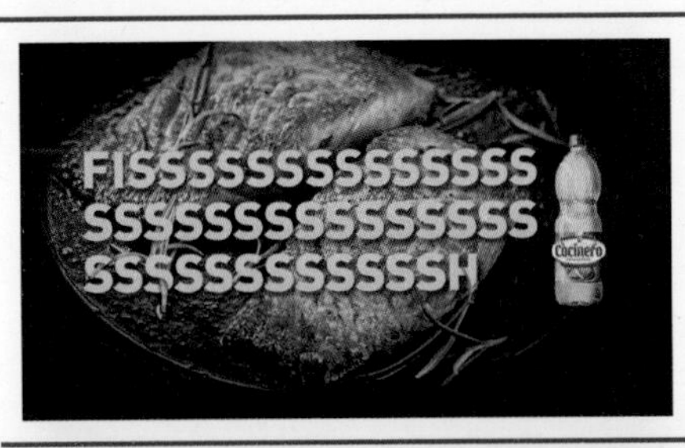

(움직이지 않는 스틸 사진 한 장)
처음 글자는 'FI'이고 그 뒤로 여러 개의 'S'가 적혀있음
마지막 알파벳 'S' 뒤에 'H'가 있음
전체 글씨는 생선(FISH)임
화면 오른쪽에는 코시네로 식용유가 있음

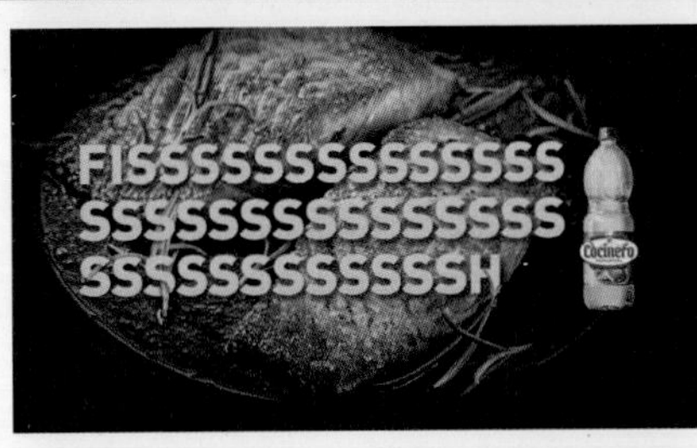

여자가 말함

대사
엄마~ 나 피쉬쉬쉬쉬쉬쉬쉬쉬쉬쉬쉬쉬쉬쉬쉬쉬쉬쉬쉬쉬쉬(생선) 요리해 줄 수 있어요?

('쉬'를 길게 말할 때 기름으로 요리하는 소리와 비슷하게 들리도록 효과음 첨가)

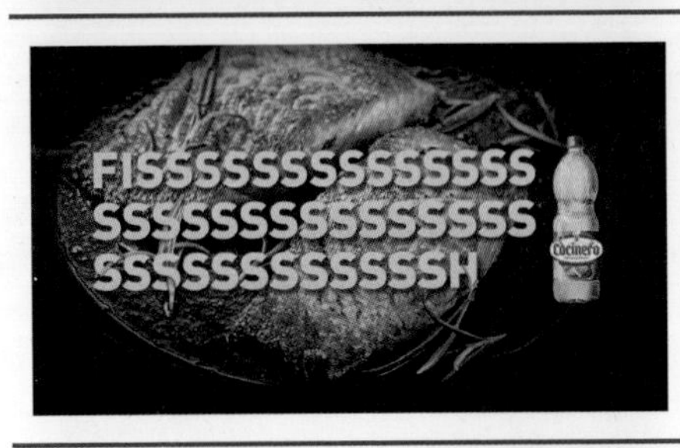

(대사에서 '쉬'를 말하는 동안 요리가 빠르게 완성됨)

그릇이 테이블 위에 놓이는 효과음이 들린 후 여자가 다시 말함

대사
맛있어요!

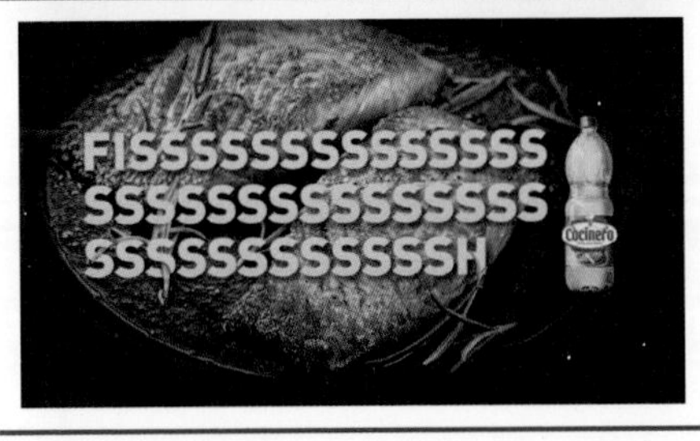

내레이션
코시네로 식용유로 아주 빠르게 요리할 수 있습니다

https://vimeo.com/397494268

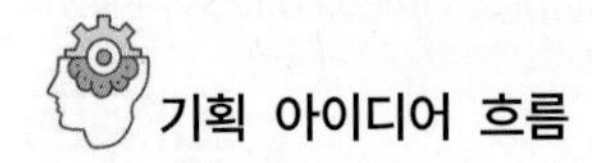

기획 아이디어 흐름

* **제품:** 식용유(브랜드: 코시네로(Cocinero))
* **제품 특징:** 빠르게 요리할 수 있는 식용유(Super fast frying)
* **특징 전달 방법**

: '코시네로' 식용유를 사용하면 요리 시간이 빨라져 주문 후 기다리는 시간이 짧아짐

주문 시작	→	'코시네로' 식용유로 요리 중 (짧은 시간)	→	요리 완성

* **방법 구체화**

1. 요리 시간이 짧아 말하는 중에 요리가 완성된다는 콘셉트
2. 제품의 연관성을 위해 기름튀기는 요리 종류를 선택
3. 기름튀기는 소리처럼 들릴 수 있는 알파벳 'S'가 들어간 요리로 선정 (키워드 'S' 추출)

예) 'S' TEAK(스테이크)

'S' HRIMP(새우)

FI 'S' H(생선)

* **키워드 시각화**

1. 튀기는 소리를 강조하기 위해 알파벳 'S'를 두드러지게 표현('S'로 화면을 채움)
2. 요리(스테이크, 새우, 생선)별 상황만 바꿔 스토리 진행

요리를 주문하는 대사	→	기름 요리 효과음	→	완성된 요리를 의미하는 대사
스테이크 먹을래 새우 요리 먹을래 생선요리 먹을래	→	SSSSSSSSSSSSS	→	요리 고마워 맛있겠다 맛있어요

3. 키워드와 효과음을 돋보이게 하려고 이미지는 움직이지 않는 스틸 사진 사용

* **키워드 표현의 장점**

: 제품 특징인 '빠르게 요리할 수 있는 식용유'를 함축적으로 전달할 수 있음

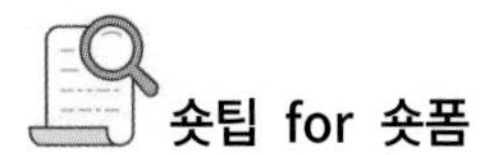

숏팁 for 숏폼

내용을 함축하여 하나의 키워드로 정리할 수 있다면, 시청자가 메시지를 빠르게 이해하는 데 유리합니다.

상호작용형

30. 상황을 공감하게 만들기 | 독일 말더듬이 협회 캠페인 (2편)

주변에서 누군가 자신의 경험담을 이야기할 때 그 사람의 생각과 느낌을 온전하게 이해할 수 있었나요? 머리로는 이해해도 감정적으로는 그 사람만큼 다 느끼지 못할 겁니다. 예를 들어, 나는 아직 학생인데 친구가 취업해서 직장의 힘든 일을 이야기하면 그 사람 입장으로 생각해도 당사자만큼은 못 느낄 겁니다. 하지만 내가 일을 시작하여 갑자기 어려움이 닥치면 예전에 친구가 했던 말이 떠오르며 '그때 말한 게 이런 게 아닐까?'하고 생각이 들겠죠.

이런 예들은 살면서 참 많이 있습니다. 어릴 땐 몰랐지만 성인이 되고 나니 부모님이 예전에 나한테 왜 그러셨는지 알게 되었다는 등의 뒤늦은 깨달음에 대한 이야기를 종종 듣습니다. 타인의 생각을 말로 듣는 것보다 비슷한 상황을 직접 겪으면 공감할 수 있는 영역이 넓어지는 겁니다.

독일 말더듬이 협회(German Stuttering Association)에서는 사람들이 말더듬이의 '끊김 현상'을 이해해주길 바랐습니다. 말하는 중간 중간 공백이 있을 때 다그치거나 무시하지 않고 조금만 기다려주길 바라는 겁니다. 작은 요청인데 이마저도 사람들이 잘 이해해 주지 않자, 조금 독특한 방법으로 자신들의 메시지를 전달했습니다.

말더듬이 상황을 말로 설명하는 것보다 실제 사람들이 겪어 봤을 만한 상황으로 대신 이야기합니다. 그 상황은 동영상 재생이 중간 중간 끊기는 버퍼링 현상입니다. 사람들은 재미있거나 다음 장면이 궁금하면 버퍼링이 일어나도 자발적으로 기다립니다. 이런 공감을 통해 '동영상은 기다려주면서 왜 사람은 기다리지 않냐'는 문제의식을 느끼게 하는 겁니다. 이제 말더듬이의 상황이 어떤 것인지 조금 더 공감할 수 있게 해주었습니다.

No. 92 '독일 말더듬이 협회' 광고(고양이 편)

• 광고내용 • 고양이가 눈 쌓인 자동차 지붕 위에서 옆 건물로 이동하기 위해 점프할 자세를 취합니다. 뛰려고 하는데 눈에 미끄러져 중심을 잃는 중 동영상이 갑자기 멈춥니다. 화면 중간에 버퍼링 표시가 돌아가다 다시 플레이됩니다. 한 번 더 미끄러지고 버퍼링이 표시가 또 나오고, 마지막에는 점프하는 중간에 화면이 멈추고 자막이 등장합니다. 자막 내용은 '동영상이 중간에 끊기는 건 참으면서 말더듬는 사람은 왜 못 참냐'라는 것입니다.

27초

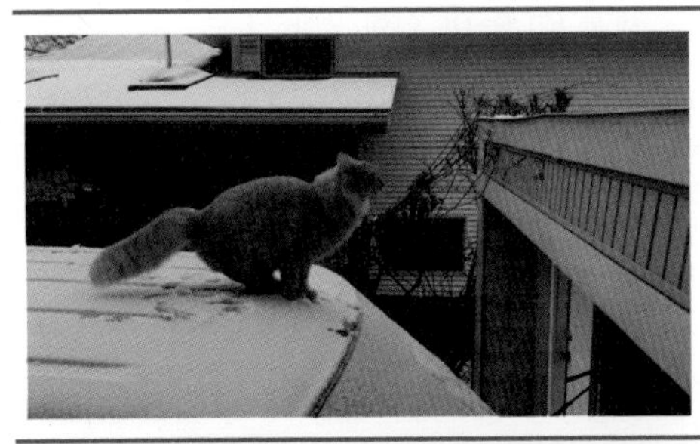
눈 쌓인 자동차 지붕 위
고양이가 점프하기 위해 준비 중

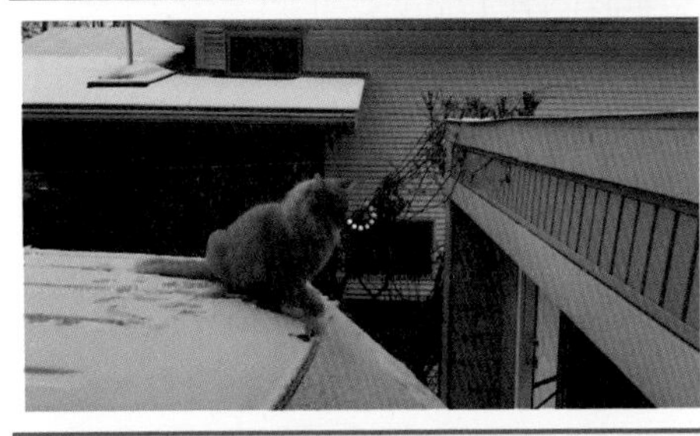
뛰려는데 눈 때문에 미끄러지는 중
미끄러지는 중에 동영상이 멈추고 화면(가운데)에 버퍼링 표시가 돌아감

다시 뛰려고 준비 중

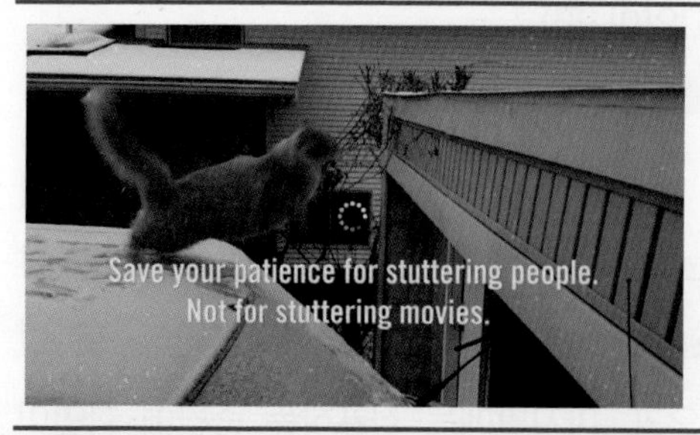

점프하여 뛰어오르는 순간 동영상이 멈추고 버퍼링 표시가 또 돌아감
버퍼링은 계속 돌아가고 있고 그 밑에 자막이 뜸

자막
동영상 끊기는 것만 기다리지 말고, 말 더듬는 사람을 위해 기다려주세요

로고와 자막
독일 말더듬이 협회
말더듬이 & 자립 연방 협회
세계 말더듬이 협회 멤버

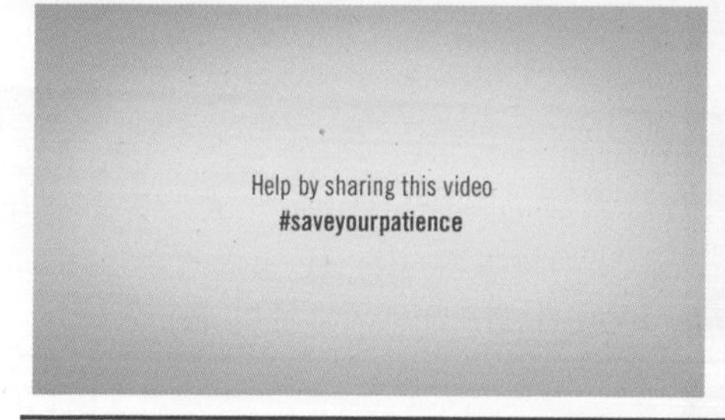

자막
동영상을 공유해주세요
#당신의기다림이필요합니다

https://www.youtube.com/watch?v=0P6IhVTwtO4

No. 93 '독일 말더듬이 협회' 광고(얼룩말 편)

• 광고내용 • 들판에 얼룩말 떼가 보인 후 맹수 한 마리가 등장합니다. 얼룩말 떼가 다급하게 뛰기 시작하자 동영상이 끊기고 버퍼링 표시가 돌아갑니다. 다시 플레이되고 얼룩말 떼와 맹수가 뛰는 장면을 번갈아 보여줍니다. 화면이 끊기고 재생되고를 반복하다가 마지막에 맹수가 얼룩말 바로 뒤에 따라붙었을 때 화면이 또 멈추고 자막이 등장합니다. 자막 내용은 '동영상이 중간에 끊기는 건 참으면서 말더듬는 사람은 왜 못 참냐'라는 것입니다.

28초

들판에 얼룩말 떼가 등장

뒤이어 맹수가 등장

얼룩말 떼가 빠르게 뛰기 시작하자 동영상이 멈추고, 화면(가운데)에 버퍼링 표시가 돌아감

맹수가 매우 빠른 속도로 달림

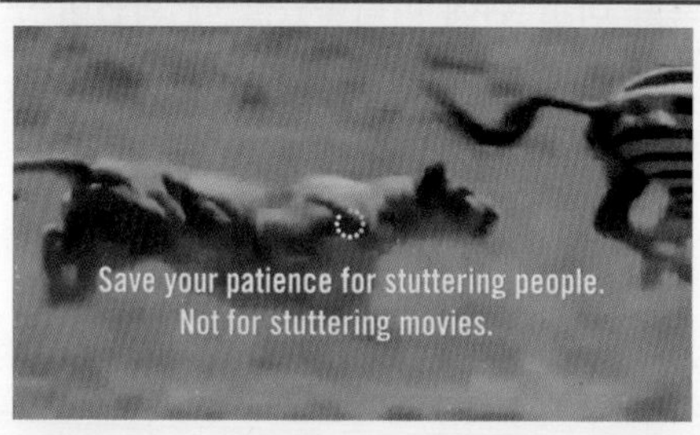

맹수가 얼룩말 바로 뒤까지 달려갔을 때 동영상이 멈추고 버퍼링 표시가 또 돌아감
버퍼링은 계속 돌아가고 있고 그 밑에 자막이 뜸

자막
동영상 끊기는 것만 기다리지 말고, 말 더듬는 사람을 위해 기다려주세요

로고와 자막
독일 말더듬이 협회
말더듬이 & 자립 연방 협회
세계 말더듬이 협회 멤버

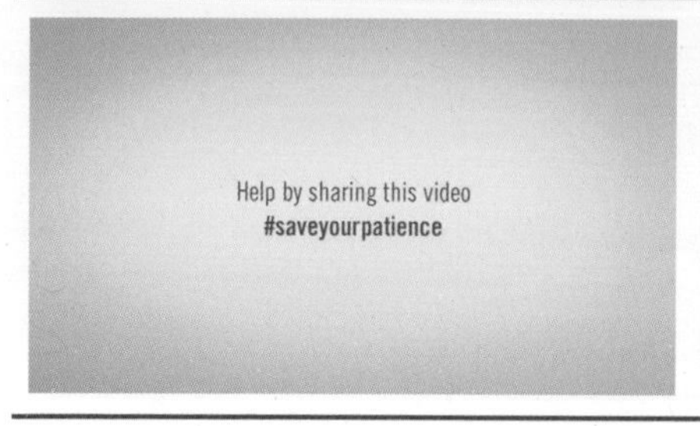

자막
동영상을 공유해주세요
#당신의기다림이필요합니다

https://www.youtube.com/watch?v=9OYoJSSJ0v8

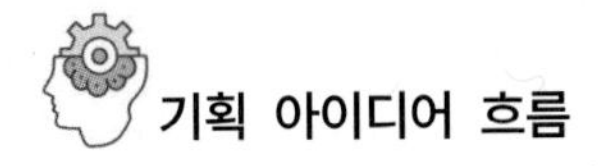

기획 아이디어 흐름

* **브랜드:** 독일 말더듬이 협회(German Stuttering Association)
* **전달하고 싶은 메시지 및 특징**
: 말더듬이 상황(말하는 중간 끊김)을 이해하고 사람들이 좀 더 기다리기를 바람
* **비교할 수 있는 상황**
: 중간 중간 끊김이 발생하는 상황
예) 동영상의 버퍼링
* **동영상 버퍼링의 특징**
: 동영상이 재미있거나 다음 장면이 궁금하면 사람들은 자발적으로 기다림
* **메시지 시각화**
: 말더듬이의 상황을 동영상 버퍼링 상황에 빗대어 비교
자연스럽게 시청자의 생각이 변할 수 있도록 조심스럽게 메시지 전달하기

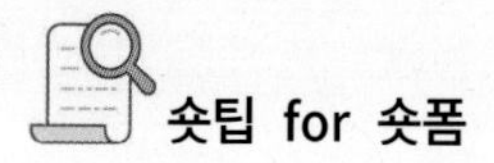

마음을 움직이는 메시지를 전달하고 싶다면 (시청자를 수동적으로 만드는) 딱딱한 전달 방법은 피하는 것이 좋습니다. 공감도를 높일 수 있는 상황을 예로 들어 시청자가 자연스럽게 이해하고 스스로 움직일 수 있도록 만들어보세요.

31. 시선을 한군데 고정하기 | A1 Guard 보이스 피싱 예방 앱 (3편)

보이스 피싱 초기 시절에는 수법을 몰라 당했지만 이제는 여러 미디어에서 피하는 방법까지 알려줘 피해가 조금은 나아졌습니다. 하지만 수법은 날로 발전하고 있고 여전히 많은 사람이 억울하게 돈을 잃고 있습니다. 사람은 불안하거나 경계태세를 취할 때보다 안전 하거나 무방비 상태일 때 사기에 더 노출되기 쉽습니다. '나는 보이스 피싱 안 당할 수 있어'라고 자부하는 사람도 자신이 아는 사람이나 믿을 만한 사람이 전화하면 속을 수도 있습니다.

이러한 관점에서 제작한 보이스 피싱 관련 광고를 살펴보겠습니다. (불가리아 총무성이 지원한) 보이스 피싱 예방용 무료 앱 광고입니다. 전화 사기는 여러 가지 방법으로 발생하고, 믿을 수 있는 사람이 접근해도 방심하면 안 된다는 내용입니다.

처음에는 의사, 딸, 경찰 등 신뢰가 가는 사람이 등장하여 거짓말을 시작합니다. 시간이 지나면서 점차 범죄에 가담한 여러 사람의 모습으로 바뀝니다. 지직거리는 효과와 함께 의사가 평범한 남자가 되고, 그 남자가 또 다른 남자로 변합니다. 한 가지 내용을 어려 명이 번갈아가며 이야기합니다. 친척이 코로나 바이러스에 감염되어 전문 병동으로 옮겨야 하는데 지금 바로 결제하지 않으면 위험하다는 내용입니다.

또 다른 버전은 딸이 엄마한테 전화해서 운전하다가 사람을 쳤는데 경찰이 대신 수습하고 있으니 돈을 경찰에게 보내라는 내용입니다. 말하는 중간 딸의 얼굴이 다른 여자들의 얼굴로 변합니다. 얼굴이 바뀌는 것은 보이스 피싱에서는 누가 전화해도 안심하지 말라(속지 말라)는 의미입니다.

인물 변화가 핵심인 이 광고에서 시청자의 초점이 인물에 집중되도록, 즉 시선이 다른 곳에 분산되지 않게 시각 요소를 단순화했습니다. 배경이나 소품을 최대한 튀지 않게 한 거죠. 의상도 의사, 경찰 등 직업 파악 정도 수준의 옷을 사용했지 화려한 색감이나 이목을 끄는 디자인은 피했습니다. 인물은 살리고 주변은 죽이는 시각 연출의 강약 조절이 돋보입니다. 그렇다고 무지 배경처럼 아무것도 없는 배경이 아닙니다. 범죄와 관련된 거짓말, 사기, 공포 등의 느낌을 살리기 위해 조명을 알맞은 곳에 배치하여 밝기 조절로 배경의 공간감을 주고, 인물의 미세한 표정도 살려주었습니다.

No. 94 보이스 피싱 예방 앱 'A1 가드' 광고(의사 편)

• 광고내용 • 보이스 피싱 범죄자가 의사로 둔갑하여 (전화 받는 사람을) 속이려 듭니다.

31초

의사가 수술 모자를 벗고 앞으로 걸어옴
전화 거는 소리가 들림
말하기 시작함

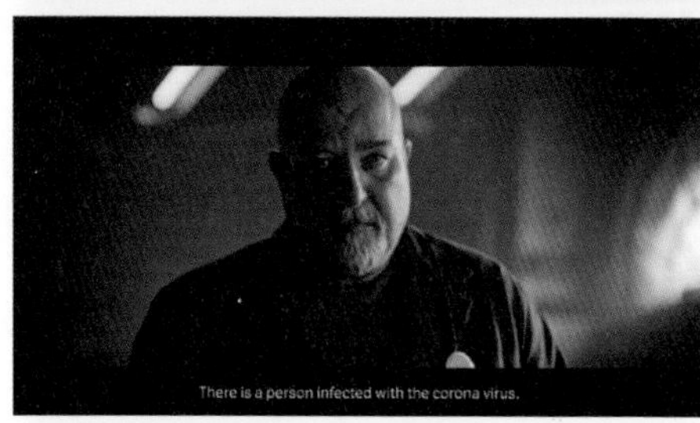

목소리가 직접 들리지 않고, 전화 통화 속 목소리로 들림

전화 통화 목소리
친척이 코로나 바이러스 감염됐어요. 전문 병동으로 옮기려면 지금 바로 결제하셔야 합니다

입 모양 클로즈업

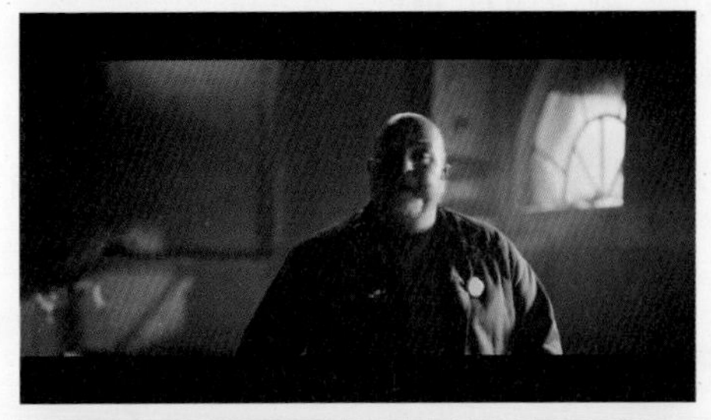

얼굴이(화면이 오류 난 것처럼) 뭉개지면서 다른 사람 얼굴로 바뀌기 시작

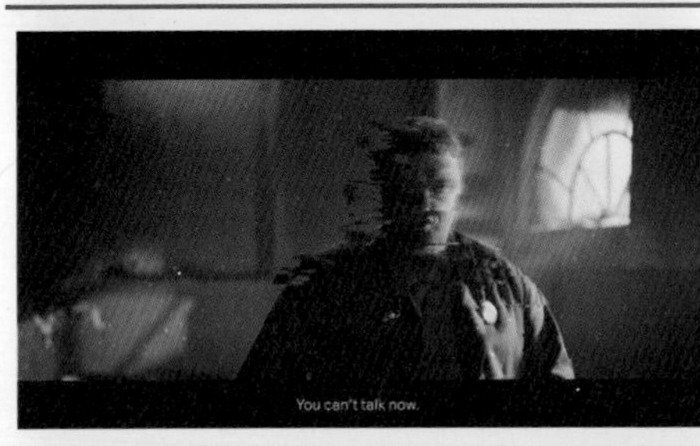

다른 사람 얼굴로 바뀌는 중

전화 통화 목소리
그 부분은 나중에 말씀하세요. 지금 상황이 급해요. 바로 결제하셔야 합니다

얼굴이 또 뭉개짐

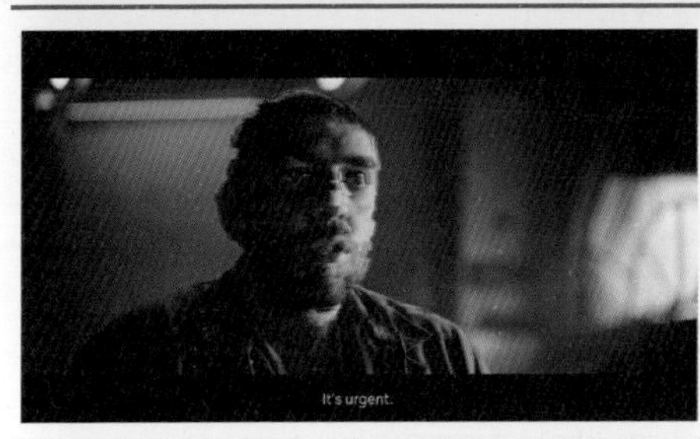

다른 사람으로 바뀜

전체 모습이 뭉개짐

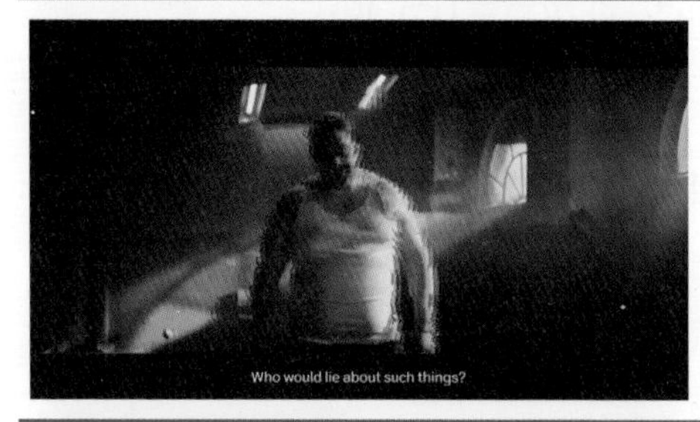

또 다른 사람으로 바뀜

전화 통화 목소리
지금 사실 그대로 말씀드리는 겁니다. 누가 이런 거로 거짓말하겠습니까?

내레이션
전화 사기에는 많은 얼굴이 숨어 있습니다
조심하세요

로고와 내레이션
무료 앱 'A1 가드'로 보호할 수 있습니다
이 캠페인은 불가리아 총무성 지원으로 A1이 만들었습니다

https://vimeo.com/400552554

No. 95 보이스 피싱 예방 앱 'A1 가드' 광고(교통사고 편)

• 광고내용 • 보이스 피싱 범죄자는 당신의 딸이라 사칭하며 거짓말할 수 있습니다.

35초

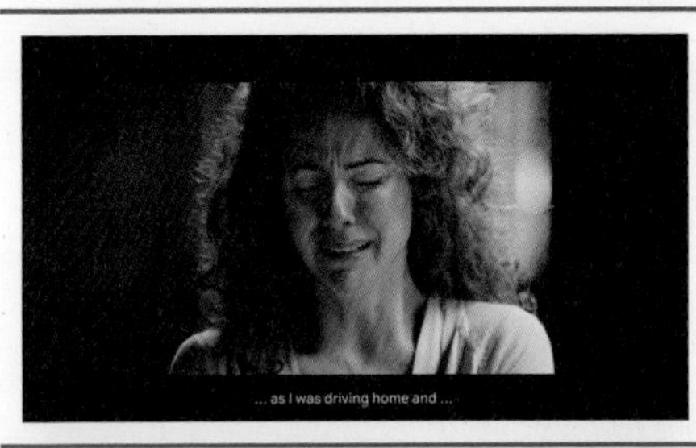

여자가 고통스러운 표정을 짓고 있음
전화 거는 소리가 들림
말하기 시작함

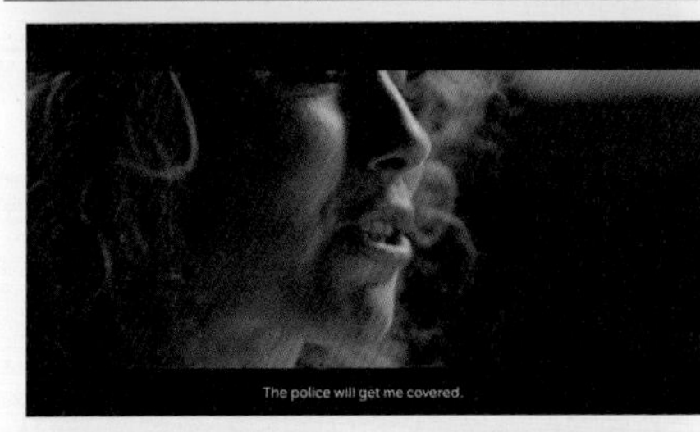

목소리가 직접 들리지 않고, 전화 통화 속 목소리로 들림

전화 통화 목소리
엄마! 집에 가려고 운전하다가 어떤 여자를 쳤어요

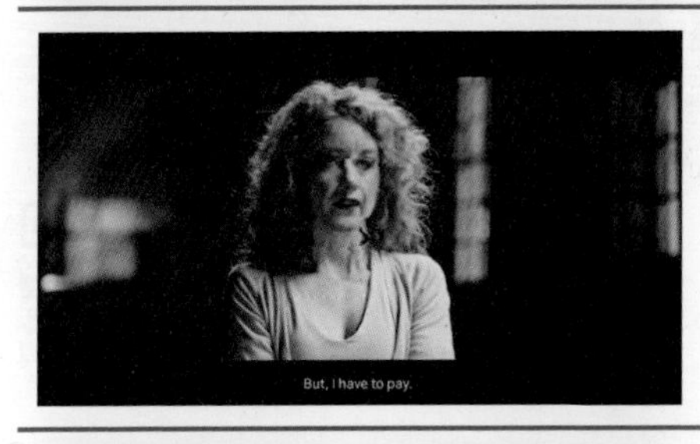

여자의 얼굴이(화면이 잘못된 것처럼) 뭉개지면서 다른 사람 얼굴로 바뀌기 시작

다른 사람으로 바뀜

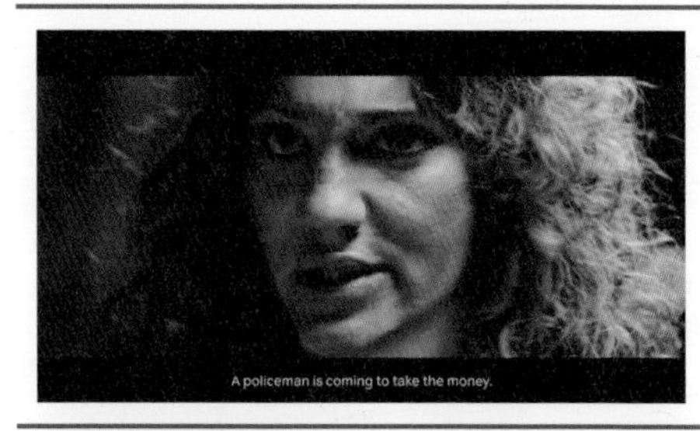

전화 통화 목소리
너무 순식간에 일어났어요. 경찰이 저 대신 처리해준다고 그래서 돈을 줘야 해요

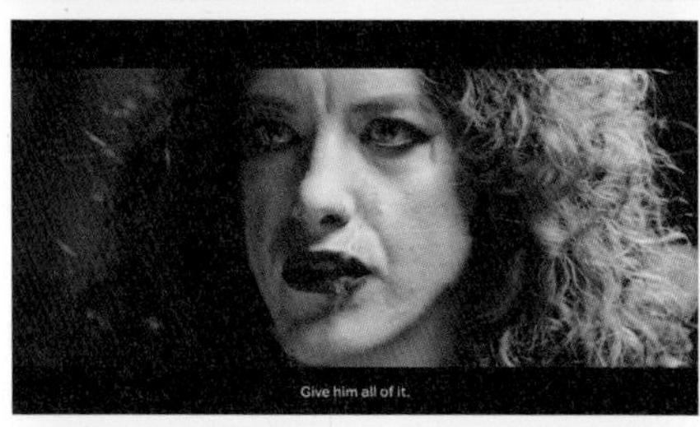

얼굴이 또 바뀜

전화 통화 목소리
경찰한테 돈을 다 줘야 해요

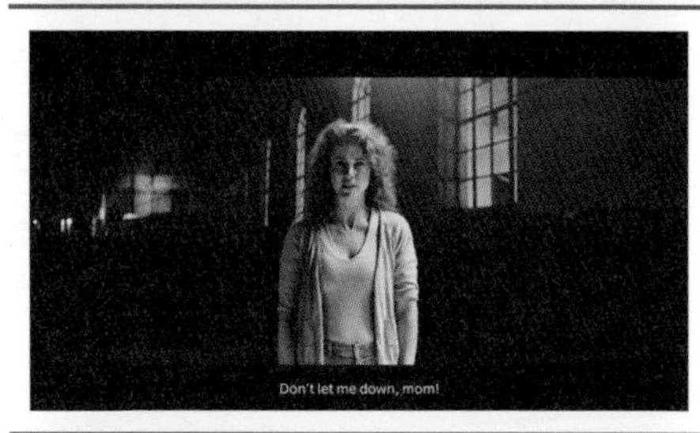

얼굴 다시 바뀜

전화 통화 목소리
엄마? 저 좀 살려주세요. 듣고 있어요?

모습 전체가 뭉개짐

뭉개지면서 또 다른 여자가 등장

내레이션
전화 사기에는 많은 얼굴이 숨어 있습니다
조심하세요

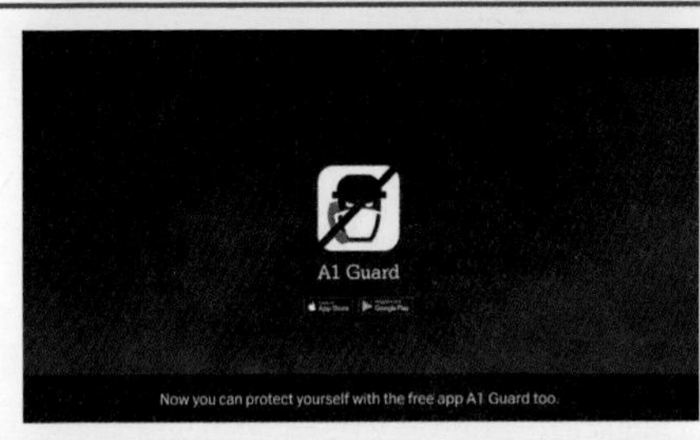

로고와 내레이션
무료 앱 'A1 가드'로 보호할 수 있습니다
이 캠페인은 불가리아 총무성 지원으로 A1이 만들었습니다

https://vimeo.com/400553504

No. 96 보이스 피싱 예방 앱 ‘A1 가드’ 광고(경찰 편)

• 광고내용 • 보이스 피싱 범죄자가 경찰인 척 접근하여 전화 받는 사람을 속입니다.

34초

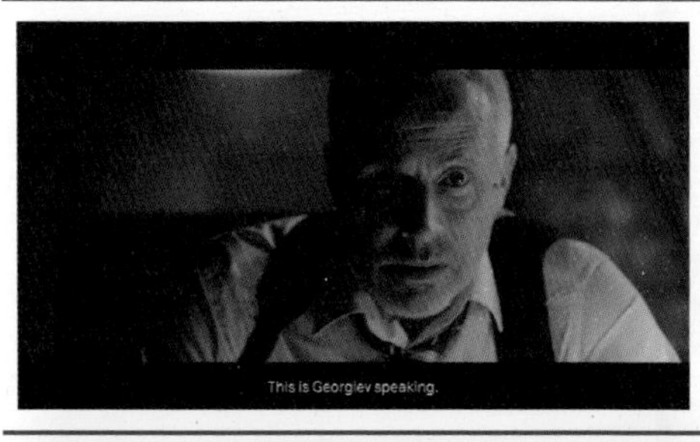

담배 연기가 피어오르고 경찰이 심각한 표정을 짓고 있음
전화 거는 소리가 들림
말하기 시작함

목소리가 직접 들리지 않고, 전화 통화 속 목소리로 들림

전화 통화 목소리
경찰입니다. 지금 하는 통화는 기밀 사항입니다. 당신에게 전화 사기단이 몇 분 후에 전화할 거예요

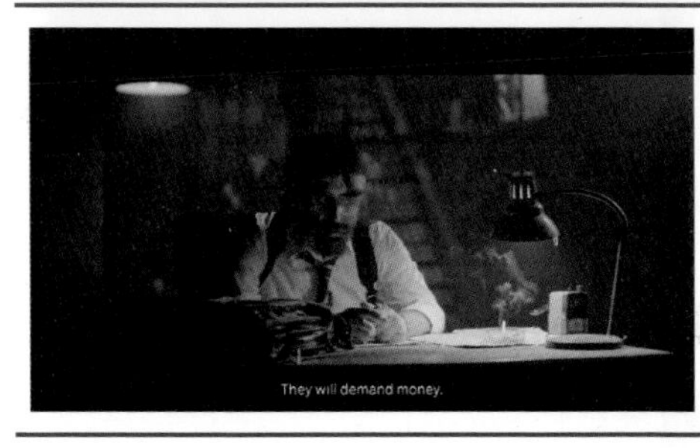

얼굴이(화면이 잘못된 것처럼) 뭉개지면서 다른 사람 얼굴로 바뀌기 시작

전화 통화 목소리
돈을 요구하면 그 돈을 주세요. 우리가 추적할 겁니다. 추적 후 그 돈을 다시 회수해서 돌려드리겠습니다

다른 사람 얼굴로 바뀜

또 다른 사람으로 바뀜

얼굴이 뭉개지기 시작

다른 사람으로 변하는 중

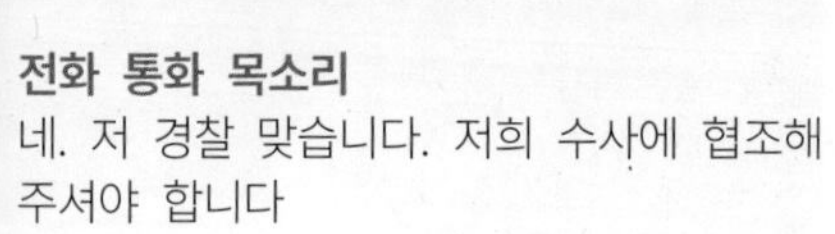

전화 통화 목소리
네. 저 경찰 맞습니다. 저희 수사에 협조해 주셔야 합니다

다른 사람으로 바뀜

모습 전체가 뭉개짐

다른 사람으로 변함

내레이션
전화 사기에는 많은 얼굴이 숨어 있습니다
조심하세요

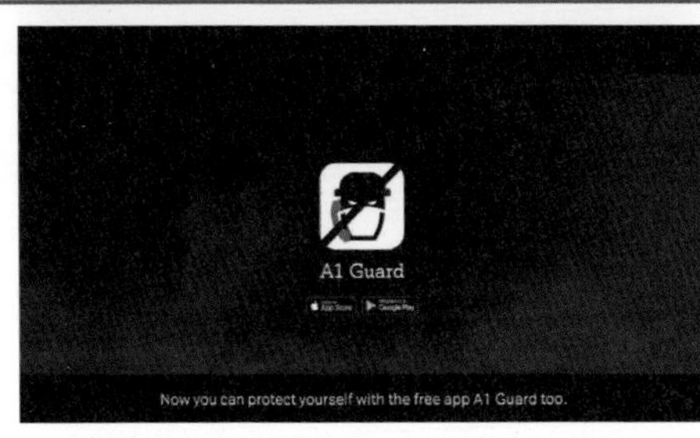

로고와 내레이션
무료 앱 'A1 가드'로 보호할 수 있습니다
이 캠페인은 불가리아 총무성 지원으로 A1이 만들었습니다

https://vimeo.com/400551282

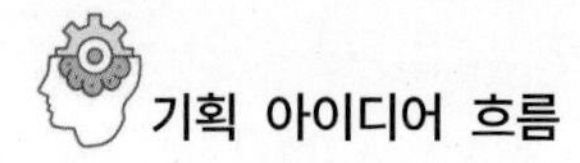

기획 아이디어 흐름

* **캠페인(제품):** 보이스 피싱 예방 앱 'A1 가드'(A1 Guard)

* **캠페인 관련 사전 정보:** 불가리아 총무성 지원으로 제작된 무료 앱

* **캠페인 전달 메시지 및 특징**

1. 전화사기는 여러 가지 방법으로 발생함
2. 안심할 수 있는 사람이 접근해도 방심하면 안 됨

* **메시지 시각화**

1. 여러 방법으로 속인다는 내용을 여러 사람이 거짓말(대사)한다는 것으로 시각화
2. 여러 사람을 표현하기 위해 하나의 범죄 사건에 다양한 얼굴을 등장시킴
3. 범죄자가 거짓말(대사)을 하는 중 얼굴이 여러 번 바뀜
4. 처음에는 안심할 수 있는 사람으로 등장
   예) 의사, 딸, 경찰
5. 점차 범죄에 가담한 여러 사람의 모습으로 바뀜

* **메시지 강조**

: 여러 방법으로 범죄를 일으키는 얼굴을 강조하기 위해 다른 시각 요소를 단순화

1. 배경
   배경을 어둡고 심플하게 표현
2. 의상
   화려한 색은 피함
   전반적으로 어두운 내용이기도 하지만 인물 변화에 시선을 집중시키기 위해 의상은 최대한 단순하게 함(의사, 경찰 등 직업 파악 정도 수준의 의상)

숏팁 for 숏폼

대사의 내용에 시청자를 주목하게 하려면, 시선이 (대사를 전달하는) 인물에 고정될 수 있도록 시각적 연출에 주의해주세요. 인물과 대화를 주고받는 느낌이 들게 시선을 분산시키는 화려한 색감, 소품 등은 가능하면 피하는 것이 좋습니다.

32. 간접 체감으로 심각성 알리기 | 코로나 예방 마스크 쓰기 캠페인 (3편)

'다이어트는 내일부터', '오늘도 눈으로 운동했어요(앉아서 운동 관련 동영상만 보고 운동은 안 했을 때 하는 말)'. 인터넷에서 유행하는 재미있는 표현들입니다. 아는 것과 실천하는 것은 다르지요. '올해는 금연해야지' 같은 새해 다짐도 거의 작심삼일로 끝납니다. 이렇게 본인이 알면서도 행동으로 옮기기 어려운데 타인을 설득해서 움직이게 하려면 어떻게 해야 할까요?

공익 광고를 보면 금연, 음주운전 방지 등 좋은 취지의 건강한 내용이 많습니다. 안전 관련 내용도 자주 등장하는데, 대부분 흥미보다는 교육적인 내용이 많죠. 신중한 이야기이고, 진실과 신뢰가 바탕이 되어야 하는 공익 광고 특성상 가볍게 접근하기가 어렵습니다.

코로나 바이러스 이후로 전 세계적으로 마스크 쓰기 캠페인을 펼쳐졌지만 불편하다고 잘 쓰지 않는 사람이 많았습니다. 우리나라는 수칙을 잘 지키는 것으로 알려졌는데 그렇지 않은 나라도 있었죠. 사실 쓰고 싶어도 피부에 심한 트러블이 생기고, 기관지에 문제가 생기는 등 여러 가지 신체적 이유로 못 쓰는 사람도 있습니다. 하지만 각 나라에서는 그렇지 않은 사람들이 마스크를 쓰고 예방에 적극적이길 바랐습니다.

이러한 상황에 도움이 되고자 남아프리카 광고대행사에서 자체적으로 '코로나 예방 마스크 쓰기' 광고를 만들었습니다. 한시가 급할 때라 사람들이 심각성을 빨리 알고 행동에 옮겨야 했습니다. 그동안의 공익 광고처럼 접근하면 효과가 크지 않다는 것을 알고 있었죠.

광고대행사 자체적으로 만들었다는 이야기는 누군가(광고주 등)가 의뢰한 것이 아니란 뜻이고, 이런 경우 제약이 줄어들어 창의성이 뛰어난 광고인들이 어느 때보다도 자유롭게 아이디어를 표현할 수 있습니다. 마스크 쓰기가 얼마나 중요한지, 쓰지 않으면 얼마나 위험한지 등 시청자가 간접적으로 체감할 수 있는 콘셉트를 구성했습니다. 이번 광고의 포인트는 보고 바로 행동으로 이어져야 합니다. 그만큼 심각성을 피부로 와닿게 표현해야 한다는 뜻입니다.

마스크 미착용은 ATM 버튼을 혀로 누르는 것과 같고, 엘리베이터 버튼을 혀로 누르는 것과 같고, 에스컬레이터 손잡이를 혀로 핥는 것과 같다고 표현합니다. 상상만 해도 더러움은 말할 것도 없고 혐오스럽기까지 합니다. 이렇게 심각성을 느껴 실제 행동 변화가 일어나도록 강력하게 전달한 겁니다.

No. 97 '코로나 예방 마스크 쓰기' 광고(ATM 편)

• 광고내용 • 마스크 미착용은 ATM 버튼을 혀로 누르는 것과 같습니다.

32초

ATM에 카드를 넣음

버튼을 손으로 누르지 않고 혀로 누르기 시작

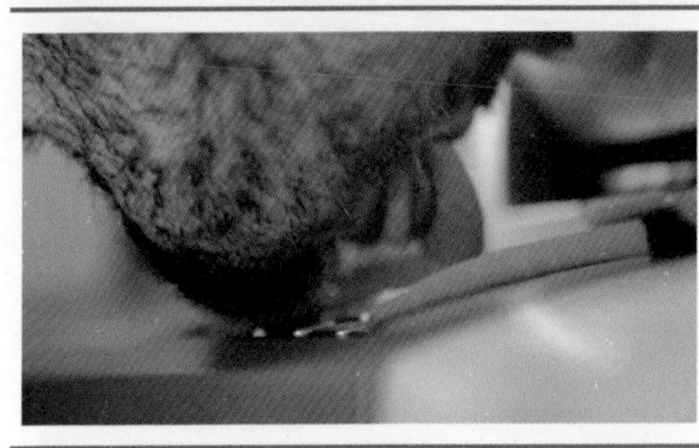
혀로 누르는 모습 클로즈업

혀로 계속 누르는 중

카드와 현금을 ATM에서 뽑음

ATM을 떠남

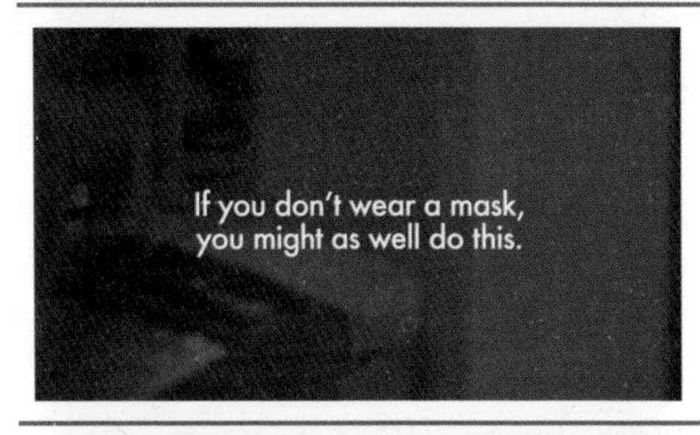

자막
마스크 미착용은 ATM 버튼을 혀로 누르는 것이나 마찬가지입니다

자막
#코로나바보 되지 마세요

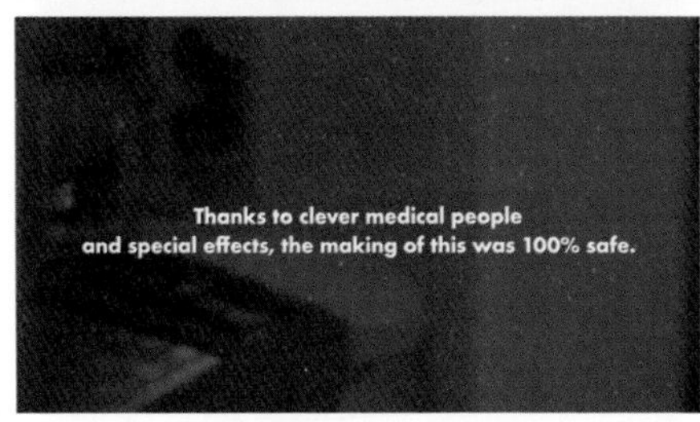

자막
의료진의 도움과 특수효과로 100% 안전하게 촬영되었습니다

https://vimeo.com/450020552

No. 98 '코로나 예방 마스크 쓰기' 광고(엘리베이터 편)

• 광고내용 • 마스크 미착용은 엘리베이터 버튼을 혀로 누르는 것과 같습니다.

26초

엘리베이터 문이 열림

남자가 안으로 들어옴

문이 닫히기 시작함

남자가 혀로 버튼을 누르는데 잘 안 눌림

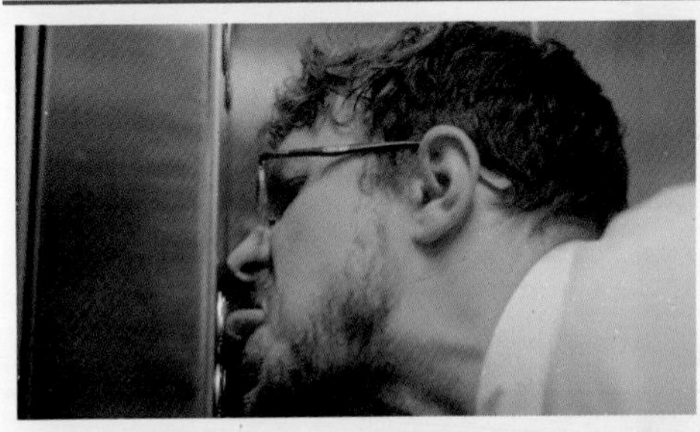

몇 번 시도 끝에 버튼이 눌림

남자가 허리를 펴고 섬

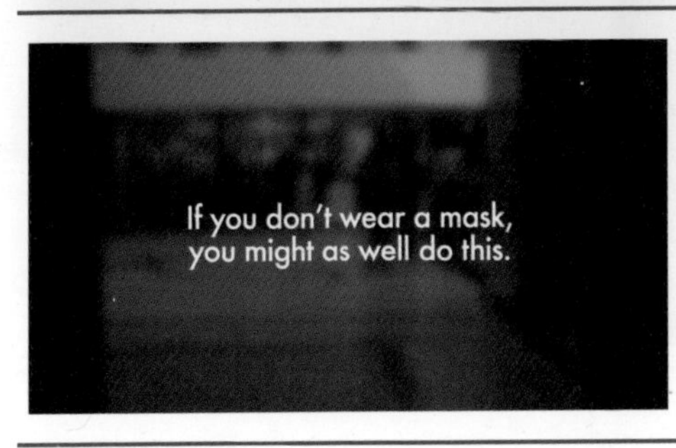

자막
마스크 미착용은 엘리베이터 버튼을 혀로 누르는 것이나 마찬가지입니다

자막
#코로나바보 되지 마세요

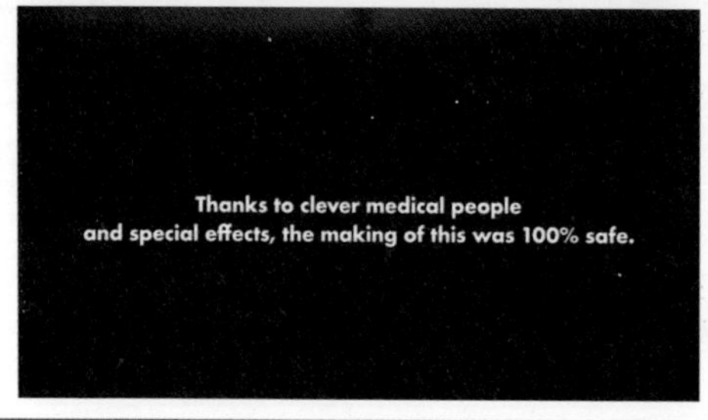

자막
의료진의 도움과 특수효과로 100% 안전하게 촬영되었습니다

https://vimeo.com/450020798

No. 99 '코로나 예방 마스크 쓰기' 광고(에스컬레이터 편)

• 광고내용 • 마스크 미착용은 에스컬레이터 손잡이를 혀로 닦는 것과 같습니다.

25초

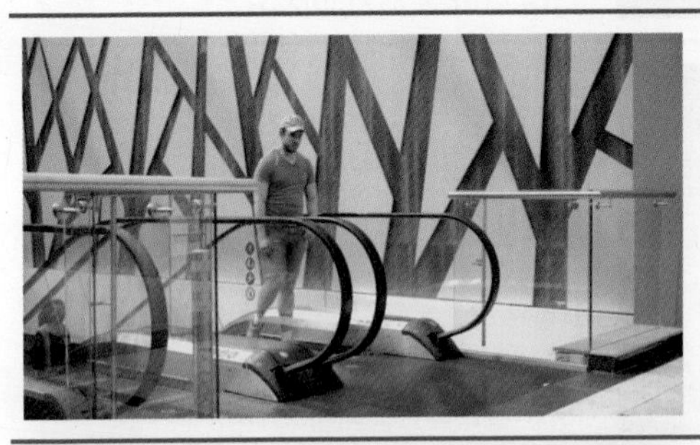
남자가 에스컬레이터를 타고 올라오는 중

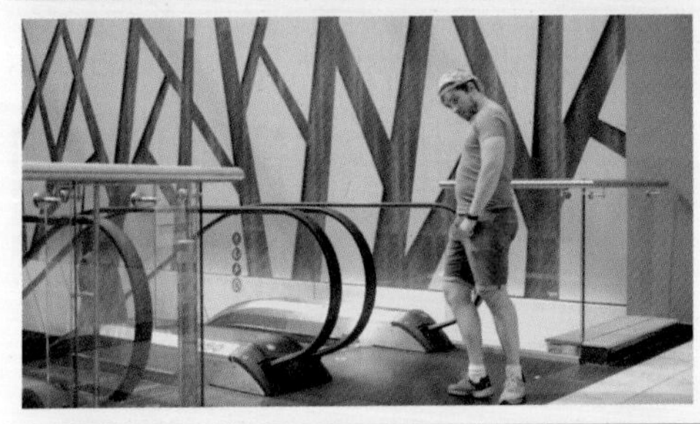
올라온 후 모자를 돌려쓰고 손잡이 쪽으로 걸어감

손잡이를 핥기 시작함

손잡이 핥는 중

중간에 혀에 붙은 이물질을 떼어냄

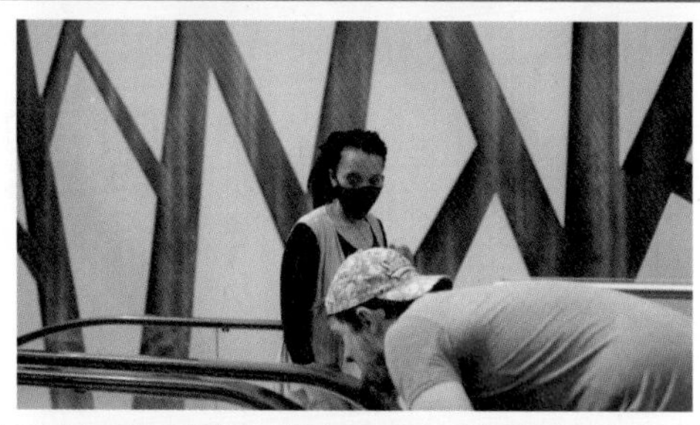

마스크를 착용한 사람이 손잡이를 핥는 남자를 이상한 눈빛으로 보고 있음

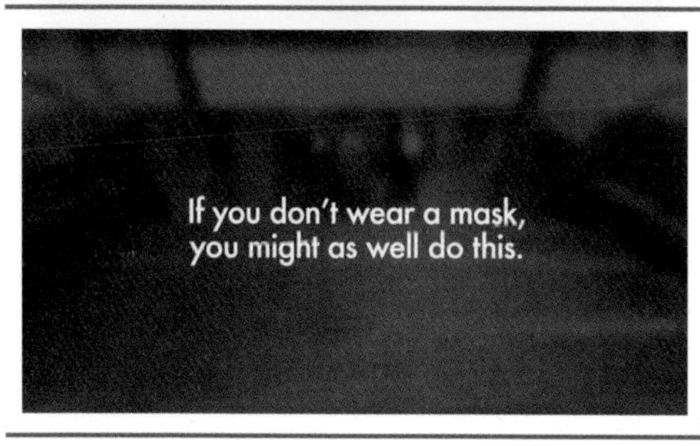

자막
마스크 미착용은 에스컬레이터 손잡이를 혀로 핥는 것이나 마찬가지입니다

자막
#코로나바보 되지 마세요

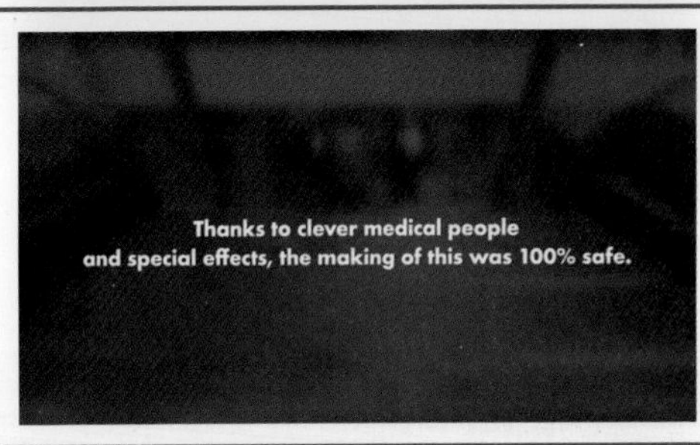

자막
의료진의 도움과 특수효과로 100% 안전하게 촬영되었습니다

https://vimeo.com/450020686

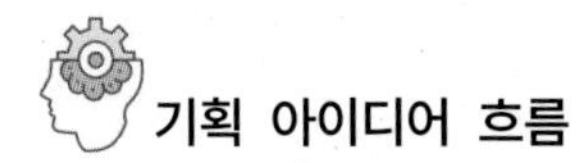

* **캠페인:** 코로나 예방 마스크 쓰기
* **캠페인 관련 사전 정보 및 특징**

1. 광고대행사에서 자체적으로 만든 공익성 광고
2. 광고대행사는 크리에이티브(창의성)를 중요하게 여김
3. 광고주가 의뢰한 제작이 아니므로 제약 없이 자유롭게 창의력을 발휘할 수 있음

* **캠페인 메시지**

: 코로나 감염 예방을 위한 마스크 쓰기

* **메시지 구체화**

1. 마스크 쓰기의 중요성을 알림
2. (마스크 착용한 모습 보여주기 등) 보편적인 방법보다 창의적인 접근으로 메시지 전달

* **메시지 시각화**

1. 마스크 미착용이 어떠한 영향력을 주는지 간접적으로 체감하게 하기
   예) 마스크 미착용은 ATM 버튼을 혀로 누르는 것과 같음
   마스크 미착용은 엘리베이터 버튼을 혀로 누르는 것과 같음
   마스크 미착용은 에스컬레이터 손잡이를 혀로 핥는 것과 같음
2. 시청자가 심각성을 느껴 실제 행동이 변화할 수 있도록 메시지를 강력하게 전달

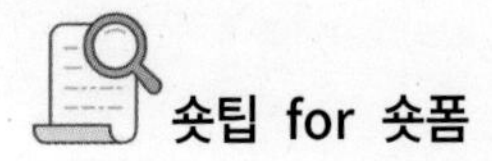

숏팁 for 숏폼

사태의 심각성을 알리고 싶지만 직접 체험이 위험하다면, 간접 체감할 수 있는 상황으로 바꿔 전달하세요.

33. 비주얼 충격요법 사용하기 | 호주 설탕 음료 캠페인 (1편)

꾸준히 설득해도 변하는 게 없다면 그 다음 방법은 뭘까요? 공감할 수 있게 자세하게 설명하고, 경험에 빗대어 느껴보게 하고, 간접적으로 체험까지 시켰는데 변화가 없다면요?

어릴 때 불량식품 한 번쯤 먹어본 기억이 있을 겁니다. 어른들이 먹지 말라고 타일러도 그땐 정말 맛있었죠. 영양가 없고 몸에 해롭다면 먹지 말아야 하는데, 달고 자극적인 맛에 끌렸던 것 같습니다. 이젠 그때 먹는 불량식품은 안 먹지만 여전히 달고 톡 쏘는 맛에 즐기는 것이 있습니다. 설탕이 들어간 탄산음료입니다. 건강에 좋지 않다는 것은 뉴스나 여러 자료에서 접해 알고 있지만 끊을 수 없는 맛입니다.

호주에서는 국민의 설탕 음료 섭취를 줄이고자 노력했지만 여전히 즐겨 마시고 있고 비만율도 줄어들지 않자 '설탕 음료 다시 생각해보기' 캠페인을 진행했습니다. 심각성을 크게 알려야 하는데 그동안의 타이르는 방법은 더는 효과가 없다고 생각하였습니다. 이번에는 설탕 음료보다 더 강한 자극을 주기 위해 비주얼 충격요법을 사용하여 광고를 만들었습니다.

첫 장면은 콜라 광고 촬영 준비 모습입니다. 콜라가 차갑고 먹음직스럽게 보이도록 푸드 스타일리스트(Food stylist)가 병 표면 위에 물방울을 만들고 있습니다. 4K 화질의 슬로 모션 촬영이 가능한 카메라도 보입니다. 촬영이 시작되고 맛있어 보이는 콜라의 장면들이 나열됩니다. 콜라를 따르는 장면도 있는데, 병에서 콜라가 흐르다가 갑자기 하수구에서 오물이 나오는 장면으로 바뀝니다. 앞 장면의 콜라의 움직임과 뒤 장면의 오물의 움직임이 매칭됩니다.

행동의 변화를 줄 만큼 자극적인 장면이고, 그동안의 친절하게 설득하는 것과는 거리가 먼 방법입니다. 여러 가지 시도 끝에 결국 강한 힘을 사용하였습니다. 하지만 충격요법도 단점이 있습니다. 자극이 일시적으로 효과는 있지만 자주 사용하면 시들해지죠. 강한 처방 후에는 효과가 지속될 수 있도록 또다시 꾸준한 관리를 해야 합니다.

No. 100 호주 '설탕 음료 다시 생각해보기' 광고

• 광고내용 • 시원하고 먹음직스럽게 보이는 콜라 광고입니다. 콜라병에 맺힌 물방울과 뚜껑을 열 때 나오는 김은 청량감을 더해줍니다. 당장이라도 마시고 싶게 하는 콜라는 갑자기 하수구의 오물로 변합니다. 콜라 안에 들어있는 설탕이 몸에 얼마나 안 좋은지 오물로 비유하여 나타낸 겁니다.

30초

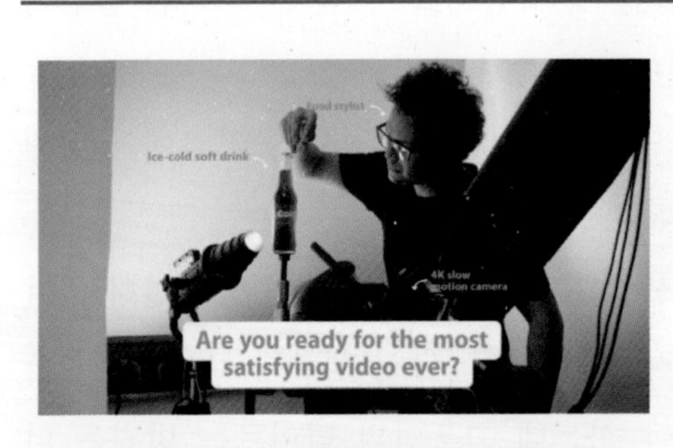

콜라 광고 촬영 준비 중
푸드 스타일리스트가 병 표면에 물방울을 만들고 있음(콜라를 차갑고 먹음직스럽게 보이도록)
옆에는 4K 화질의 슬로 모션 가능 카메라가 대기 중

자막
보면 기분 좋아질(만족시킬) 동영상을 준비했습니다. 보실 준비되었나요?

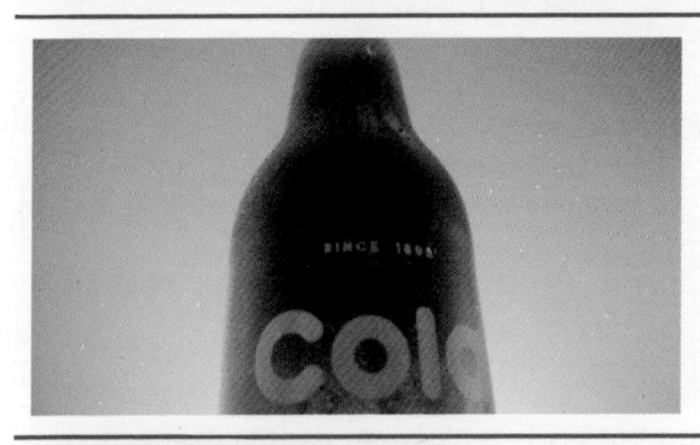

(광고 시작)
차가운 콜라병을 천천히 보여줌

병 표면의 물방울을 자세하게 보여줌

병뚜껑을 열자 김이 올라옴

병에 있는 콜라를 따르기 시작

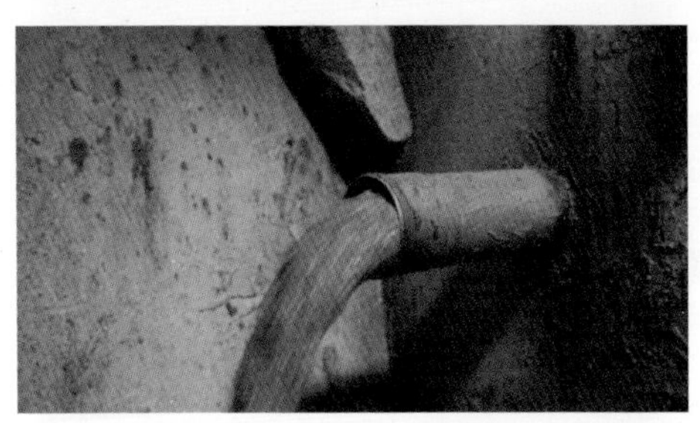

(광고 종료)
콜라를 따르기 시작하자마자 다음 장면으로 바뀜
하수구에서 오물이 나오는 장면임

앞 장면의 콜라병과 다음 장면의 하수구통 위치가 같음
통속에서 물질이 흘러나오는 동작이 비슷함

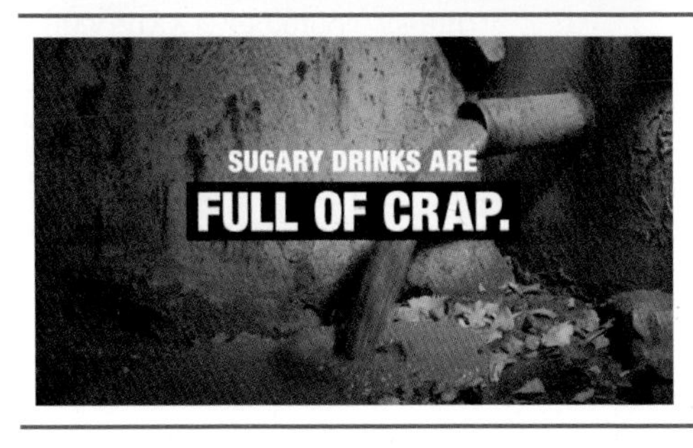

자막
설탕이 들어간 음료는 오물 덩어리와 같습니다

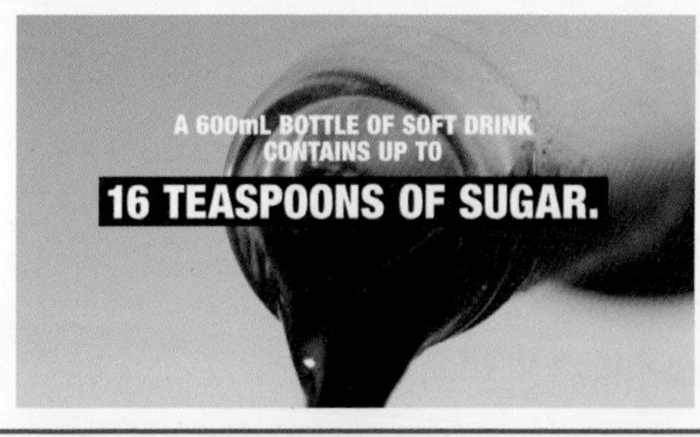

자막
청량음료 600mL 한 병에는 최대 16티스푼 설탕이 들어있습니다

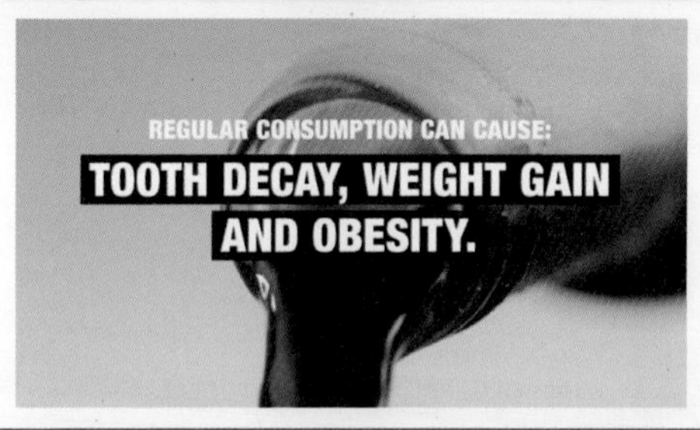

자막
주기적으로 마시면 충치, 비만, 당뇨의 위험이 있습니다

자막과 로고
마케팅 수법에 속지 마세요
'설탕 음료 다시 생각해보기' 웹사이트에서 진짜 정보를 찾아보세요

https://youtu.be/ZTXXIPJVMqQ

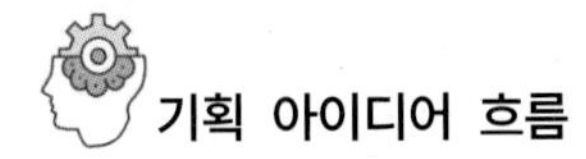

기획 아이디어 흐름

* **캠페인**

: 호주에서 진행한 ‘설탕 음료 다시 생각해보기’

* **캠페인 목적**

: 건강을 위협하는 설탕 음료에 대해 다시 생각하도록 만들기

* **캠페인 탄생 배경 및 특징**

1. 설탕 음료가 건강에 좋지 않은 것은 대부분 알고 있지만, 실제 섭취량은 줄어들지 않음
2. 그만큼 심각성을 인지하지 않는다는 의미
3. 실천으로 이어질 수 있는 인식 재고 필요

* **메시지 구체화 및 시각화**

1. 단순 정보 전달 형태에서 나아가 강한 메시지 전달 방법 필요
2. 충격적인 비주얼로 심각성을 알림

   예) 설탕이 많이 들어간 음료를 오물로 바꿔 표현

* **시각화 강조**

1. 충격적인 비주얼(결론)은 처음부터 공개하지 않음
2. 초반에는 마음 편히 볼 수 있는 장면을 의도적으로 연출
3. 긴장감 없는 상태에 있을 때 갑자기 충격적인 비주얼을 등장시킴

   예) 콜라가 오물로 바뀜
4. 심각성을 전하는 메시지를 추가로 전달(자막 사용)

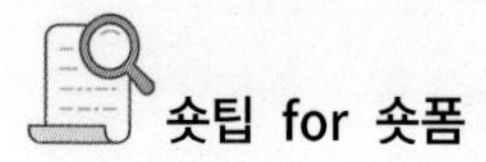

숏팁 for 숏폼

시청자에게 경각심을 알릴 때는 여러 번의 조심스러운 접근보다 한 번의 강한 접근이 효과적이기도 합니다.

34. 효과음으로 전달력 추가하기 | gte금융 (3편)

기부는 자발적으로 하는 행동입니다. 이런 뜻 깊은 행동에 불편함이나 제약이 있으면 안 되겠죠. 기부는 액수도 중요합니다. 하지만 큰 액수로 기부한 사람이 그만큼 계속하기는 어렵죠. 상대적으로 소규모 금액이라도 많은 사람이 꾸준하게 기부하여 후원이 끊이지 않는 점도 중요할 것 같습니다.

이런 중요성을 알고 여러 사람이 손쉽게 기부하도록 도와주는 창의적인 콘텐츠가 있습니다. 2014년 칸 국제광고제(Cannes Lions) 수장작인 'The Social Swipe(사회적인 카드 결제)'입니다. 지나가는 사람이 쉽게 기부할 수 있도록 옥외 광고판 안에 카드 결제 시스템을 넣었습니다. 광고판에는 'Feed them!(먹을 것을 주세요!)'이 적혀있고 빵 사진도 있습니다. 기부자가 카드를 사용하여 빵을 칼로 자르듯이 그으면 조각이 생겨 나눠 줄 수 있게 됩니다.

• • 카드 결제 기부 아이디어 'The Social Swipe'(Feed them!)

https://youtu.be/s8ltRVCpf7M

또 다른 광고판에는 'Free them!(자유를 주세요!)'이 적혀있고 밧줄이 묶인 손목 이미지가 있습니다. 기부자가 카드를 사용하여 밧줄 사이를 그으면 끊어집니다. 자신의 기부가 어떤 영향을 줄 수 있는지 구체적으로 느낄 수 있게 한 기발한 콘텐츠였습니다.

• • 카드 결제 기부 아이디어 'The Social Swipe'(Free them!)

https://youtu.be/s8ltRVCpf7M

이번에는 gte금융에서 카드 결제 시 바로 '자동 기부'할 수 있는 시스템을 만들었습니다. 결제는 물건을 살 때 반드시 해야 하는 행동입니다. 기부를 위해 따로 시간 내어 지불하지 않아도 한 번의 결제로 두 가지 모두를 할 수 있는 겁니다. '기부는 누구나 쉽게 할 수 있다'라는 아이디어에서 시작한 방법입니다.

이를 널리 알리기 위해 광고를 만들었고, 광고에서는 결제가 기부로 연결됨을 표현하려고 카드를 단말기에 읽히면 기부하는 단체의 특징적인 소리(효과음)가 들립니다. 안내견 단체에 기부할 때는 강아지 소리가, 아동 청소년 단체에 할 때는 운동 경기 호각 소리가, 심장 협회에 할 때는 심장 뛰는 소리가 들립니다. 이는 '결제=기부'라는 1차 적인 의미도 있고, 구체적으로 어디에 기부되는지 알려주어 시청자가 카드 사용에 신뢰를 갖게 한 것입니다. 적절한 타이밍의 효과음 하나로 메시지를 함축적으로 녹여 전반적인 전달력을 한층 더 업그레이드했습니다.

No. 101 'gte금융' 카드 광고(안내견 단체 편)

• 광고내용 • (마트 계산대) 손님이 결제하려고 카드를 단말기에 읽힙니다. 카드가 지나가자 "멍", "멍" 소리가 나고, 다음 장면에 안내견이 등장합니다. 좀 전 결제를 통해 자동으로 안내견 단체에 기부한 겁니다.

15초

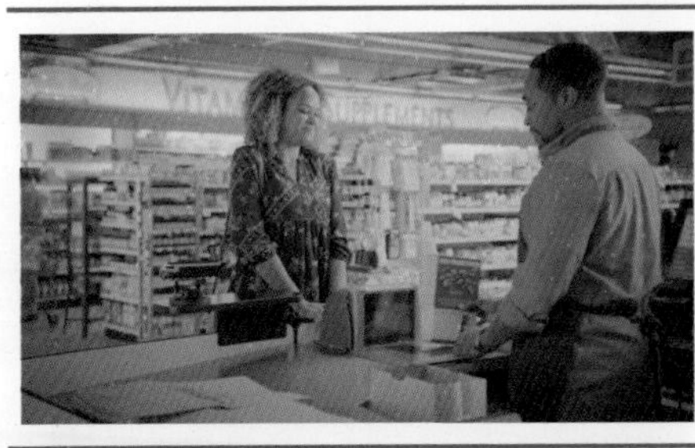

계산대에서 손님과 점원이 계산 중

내레이션
gte금융 카드를 사용하면, 결제할 때마다 자동 기부할 수 있습니다

손님이 카드를 단말기에 읽히는 중

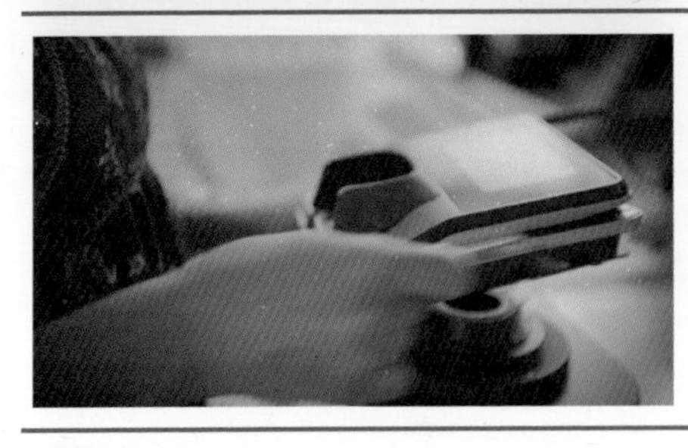

카드가 단말기를 지나갈 때 효과음이 들림

효과음
멍, 멍
(강아지 짖는 소리)

	안내견이 등장하고 손님과 악수함 **내레이션** 당신의 결제로 지역 자선 단체를 도울 수 있습니다 방금, 안내견 단체를 도왔습니다
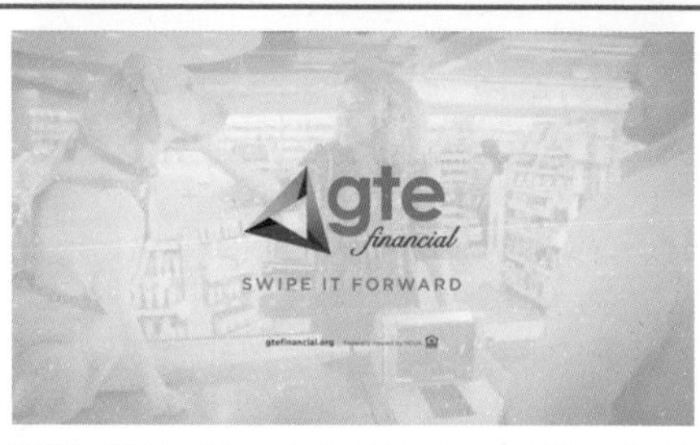 	**로고와 자막** gte금융 (미래를 향해) 한 걸음 나아간(앞선) 결제를 하세요

https://www.youtube.com/watch?v=nF4wIxX8Mvw

No. 102 'gte금융' 카드 광고(아동 청소년 단체 편)

• 광고내용 • (마트 계산대) 손님이 결제하려고 카드를 단말기에 읽힙니다. 카드가 지나가자 "삐이익" 호각 소리가 나고, 다음 장면에 유니폼을 입은 소녀가 등장합니다. 좀 전 결제를 통해 자동으로 아동 청소년 단체에 기부한 겁니다.

15초

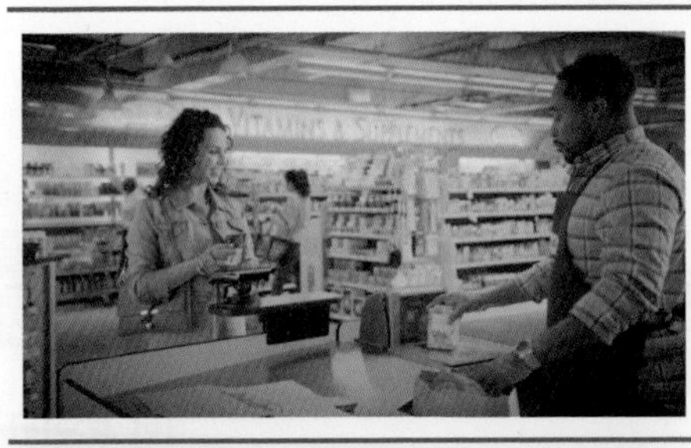

계산대에서 손님과 점원이 계산 중

내레이션
gte금융 카드를 사용하면, 결제할 때마다 자동 기부할 수 있습니다

손님이 카드를 단말기에 읽히는 중

카드가 단말기를 지나갈 때 효과음이 들림

효과음
삐이익
(운동 경기의 시작을 알리는 호각 소리)

유니폼을 입은 소녀가 등장함
소녀와 손님이 함께 주먹을 마주치는 제스처(Fist bump)를 함

내레이션
당신의 결제로 지역 자선 단체를 도울 수 있습니다
방금, 아동 청소년 단체를 도왔습니다

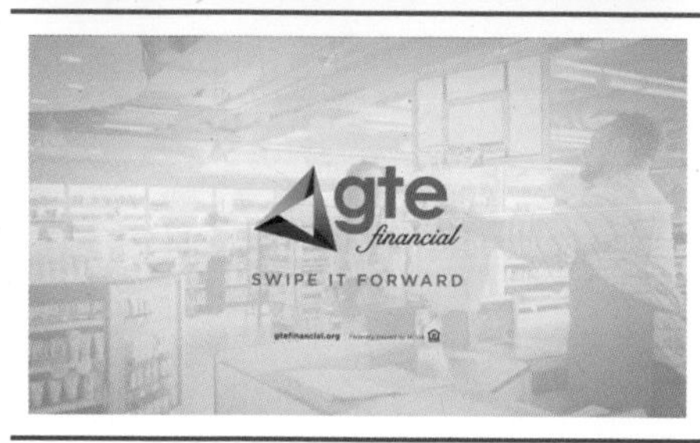

로고와 자막
gte금융
(미래를 향해) 한 걸음 나아간(앞선) 결제를 하세요

https://www.youtube.com/watch?v=xck_vXpAfAc

No. 103 'gte금융' 카드 광고(심장 협회 편)

• 광고내용 • (마트 계산대) 손님이 결제하려고 카드를 단말기에 읽힙니다. 카드가 지나가자 "두근", "두근" 소리가 나고, 다음 장면에 청진기를 착용한 의사가 등장합니다. 좀 전 결제를 통해 자동으로 심장 협회에 기부한 겁니다.

15초

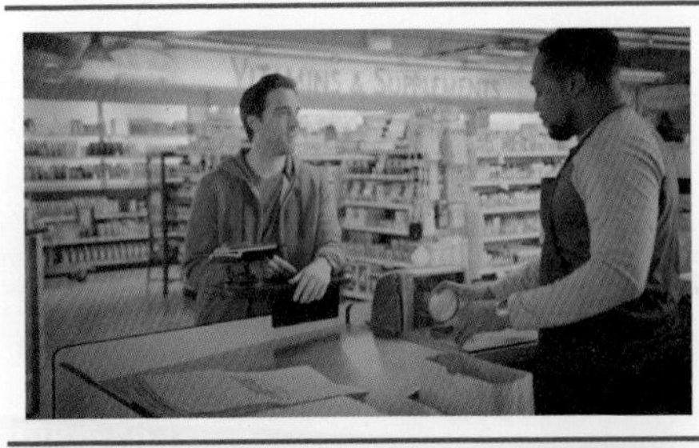

계산대에서 손님과 점원이 계산 중

내레이션
gte금융 카드를 사용하면, 결제할 때마다 자동 기부할 수 있습니다

손님이 카드를 단말기에 읽히는 중

카드가 단말기를 지나갈 때 효과음이 들림

효과음
두근, 두근
(심장 뛰는 소리)

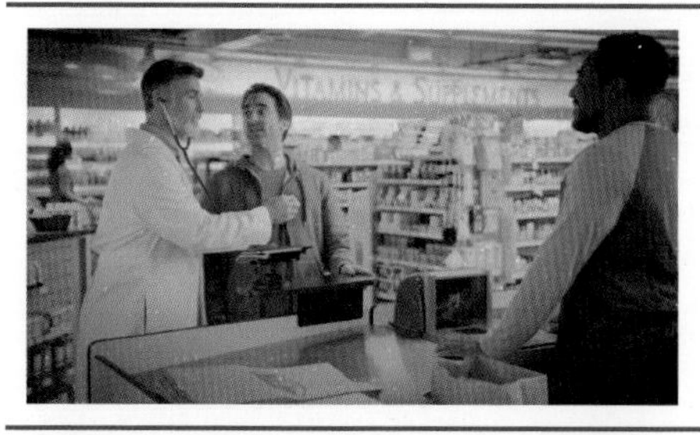

청진기를 착용한 의사가 등장하고 손님의 심장을 체크함

내레이션
당신의 결제로 지역 자선 단체를 도울 수 있습니다
방금, 심장 협회를 도왔습니다

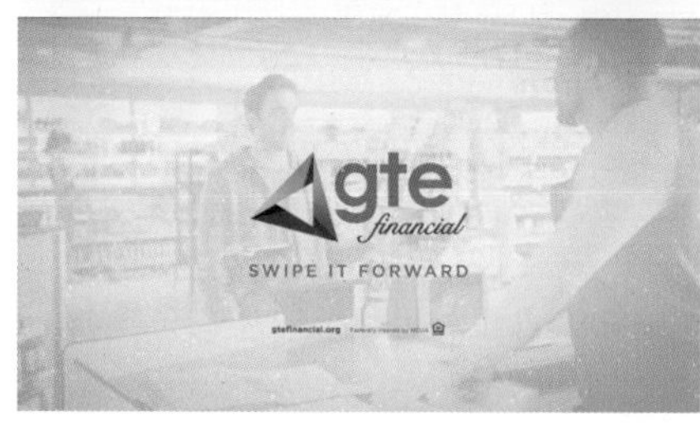

로고와 자막
gte금융
(미래를 향해) 한 걸음 나아간(앞선) 결제를 하세요

https://d3nuqriibqh3vw.cloudfront.net/gte22256ch_doctor_eng_olv_clr.mp4?Tq9ahN3Fy0B4ALw8HeW2RYptxrZwEe7B

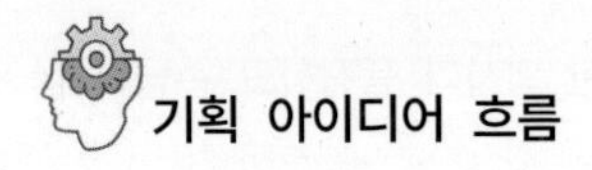

기획 아이디어 흐름

* **브랜드:** gte금융
* **제품:** 카드
* **알릴 내용(제품 특징)**
  : 당사 카드를 사용하면 도움이 필요한 지역 자선 단체에 자동 기부됨
* **추가적인 내용**
  : 기부는 어려운 게 아님. 쉽게 누구나 할 수 있음
* **메시지 전달 방법 1단계: 시각화**
  1. 카드 결제 시 바로 기부되는 장면(특별하지 않고 보편적인 계산 상황)
     예) 마트 계산대
  2. 시청자 공감도를 높이기 위해 구체적으로 어디에 기부되는지 보여줌
     예) 안내견 단체
         아동 청소년 단체
         심장 협회
* **메시지 전달 방법 2단계: 청각화**
  : 카드 사용과 기부 단체를 바로 연결하는 방법으로 결제 시(카드를 단말기에 읽힐 때) 효과음이 나게 함
  예) 안내견 단체: 강아지 짖는 소리
      아동 청소년 단체: 운동 경기의 시작을 알리는 호각 소리
      심장 협회: 심장 뛰는 소리

숏팁 for 숏폼

동영상은 이미지와 사운드의 조합으로 의미를 전달합니다. 기본적인 내용이지만 초보 제작자는 (이미지는 중요하게 생각하면서) 사운드의 구체적인 역할을 가끔 잊을 때가 있습니다. 과도하지 않게 사용하는 사운드(배경음, 효과음)는 제작물을 업그레이드시켜주니 타이밍을 잘 잡아 적절하게 사용해보세요.

35. 적절한 편집 타이밍 잡기 | 포드 자동차 졸음운전 방지 캠페인 (5편)

세계 수면의 날(World Sleep Day)은 수면의 중요성과 관련 질환 등을 연구하는 세계 수면 의학회에서 정한 날입니다. 잠이 보약이라는 말이 있듯이 충분한 숙면은 몸과 마음을 건강하게 합니다. 그렇지 않을 경우 집중력이 저하되고 나도 모르는 사이에 좁니다. 쏟아지는 졸음은 강한 정신력으로도 이겨내기 어렵다는 것을 경험해 봤을 겁니다. 저는 학생 때 수업시간에 억지로 졸음을 참아내고 있는데 어느 순간 눈떠보니 선생님이 앞에 계시거나 진도가 훌쩍 지나버리면 전날 충분히 못 잔 게 후회되기도 했습니다.

수면 부족에서 아이디어를 얻은 자동차 회사 포드(Ford)는 세계 수면의 날을 맞아 졸음이 어떤 결과를 초래하는지 보여줍니다. 자동차 회사인 만큼 운전과 관련된 졸음운전 방지에 대한 캠페인을 진행했고, 이를 알리기 위해 동영상을 만들었습니다. 졸음은 순간이라는 콘셉트로 짧더라도 '순간'이 얼마나 중요한지 예를 통해 전달합니다.

흥미로운 동영상을 보여주다가, 갑자기 화면을 끊고 몇 초 동안 검은 화면만 보여줍니다. 중간 내용이 생략되어 이해의 맥락이 깨지죠. 다시 동영상은 재생되지만 결과만 보이고 그 중간에 어떤 일이 일어났는지 모릅니다. 운전 중 깜빡 조는 것 같은 '순간 놓침'의 중요성을 알게 해주는 거고 '이미 일어난 사고는 후회해도 되돌릴 수 없다'라는 걸 다시 한 번 깨닫게 해줍니다.

No. 104 '포드' 자동차 졸음운전 방지 광고(축구 편)

• 광고내용 • 축구 경기 중 골이 들어가기 바로 직전 화면이 끊깁니다. 중간에 어떤 일이 일어났는지 모른 채 나중에 관중이 환호하는 모습만 보게 됩니다.

17초

	(축구 경기) 선수가 달려와 공을 차기 바로 직전임
	컷(Cut) 편집 검은 화면 (2초) 축구공을 찼는지, 안 찼는지, 어떻게 찼는지, 공을 넣었는지, 어떤 일이 일어났는지 알 수 없음

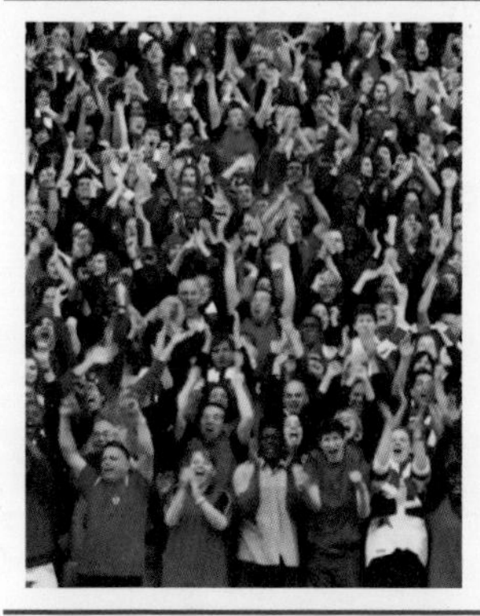

관중석에서 사람들이 환호하며 기뻐하고 있음

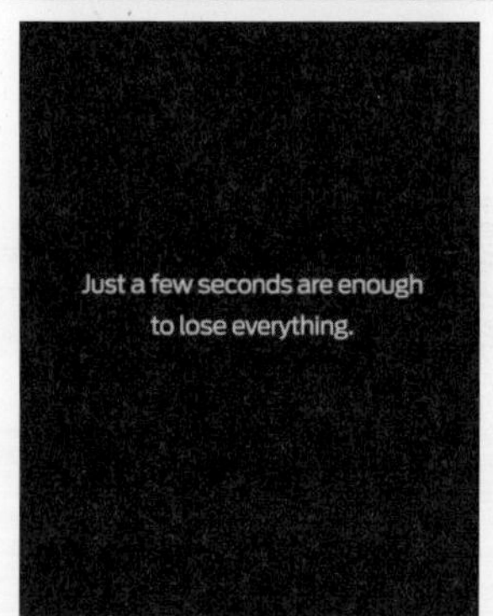

자막
모든 것을 잃는 데에는
불과 몇 초 밖에 안 걸립니다

자막
#졸음운전하지마세요
#세계수면의날

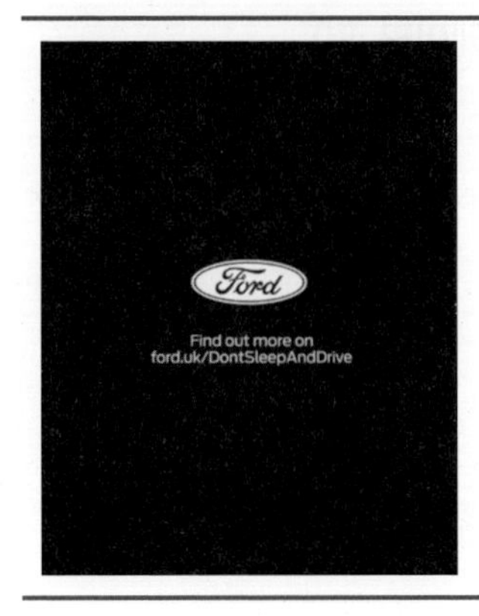

로고와 웹사이트 주소
포드

https://video.repubblica.it/motori/non–metterti–alla–guida–se–hai–sonno–la–campagna–della–ford/329596/330197?video

No. 105 '포드' 자동차 졸음운전 방지 광고(생일 케이크 편)

• 광고내용 • (생일 파티 케이크) 촛불을 끄기 전 동영상이 끊깁니다. 몇 초 후 주인공의 웃는 모습이 보입니다.

16초

케이크 촛불을 끄기 바로 직전임

컷(Cut) 편집
검은 화면 (2초)

불을 누가 껐는지, 어떻게 껐는지, 주변 사람들은 무엇을 했는지 알 수 없음

불이 꺼진 상태

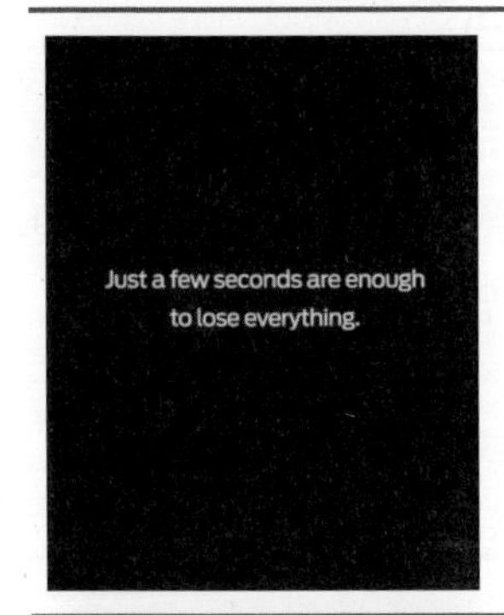

자막
모든 것을 잃는 데에는
불과 몇 초 밖에 안 걸립니다

자막
#졸음운전하지마세요
#세계수면의날

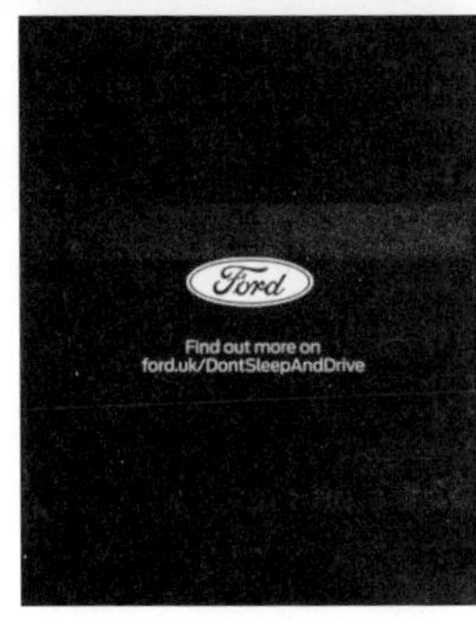

로고와 웹사이트 주소
포드

https://youtu.be/ScBFoeWoOac

No. 106 '포드' 자동차 졸음운전 방지 광고(다이빙 편)

• 광고내용 • 다이빙 선수가 입수하려고 하는데 갑자기 동영상이 끊깁니다. 중간 과정은 생략되고 선수가 물속에 들어가 있는 장면만 보입니다.

16초

다이빙 입수 바로 직전임

컷(Cut) 편집
검은 화면 (2초)

어떤 기술을 보여주며 입수했는지, 실수하지는 않았는지 알 수 없음

선수가 물속에 있음

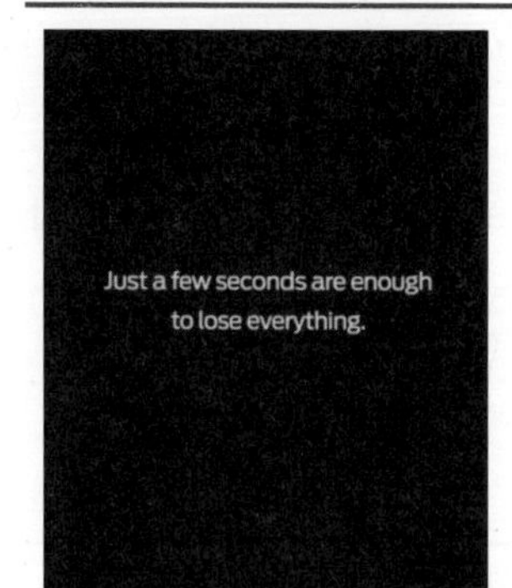

자막
모든 것을 잃는 데에는
불과 몇 초 밖에 안 걸립니다

자막
#졸음운전하지마세요
#세계수면의날

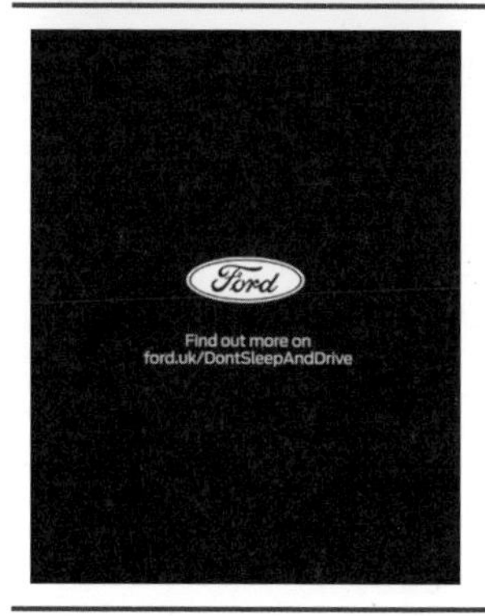

로고와 웹사이트 주소
포드

https://vimeo.com/566244294

No. 107 '포드' 자동차 졸음운전 방지 광고(동물 편)

• 광고내용 • 맹수가 빠른 속도로 먹이 사냥을 하고 있습니다. 사냥감을 거의 따라 잡았을 때 화면이 끊깁니다. 몇 초 후 여유롭게 걸어가는 맹수의 모습이 보입니다.

 17초

빠른 속도로 맹수가 사냥감을 쫓고 있음
잡히기 바로 직전임

컷(Cut) 편집
검은 화면 (2초)

잡혔는지, 안 잡혔는지, 갑자기 다른 맹수가 나타나 사냥감을 빼앗아 갔는지 알 수 없음

맹수가 천천히 걸어가는 중

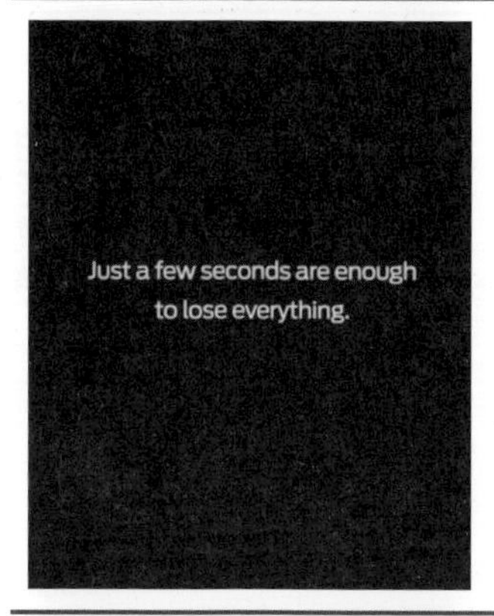

자막
모든 것을 잃는 데에는
불과 몇 초 밖에 안 걸립니다

자막
#졸음운전하지마세요
#세계수면의날

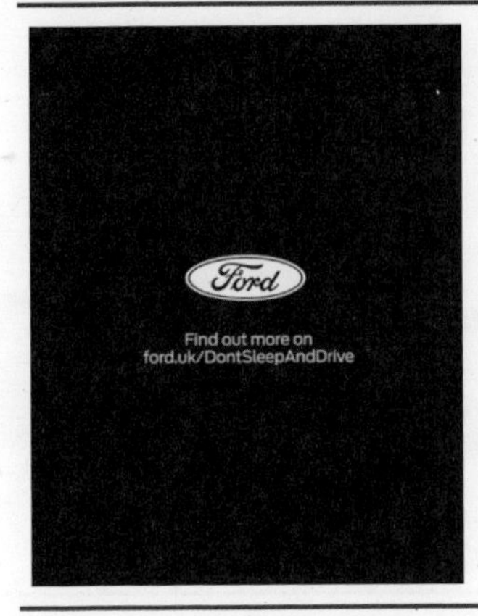

로고와 웹사이트 주소
포드

https://vimeo.com/566244189

No. 108 ‘포드’ 자동차 졸음운전 방지 광고(알껍데기 편)

• 광고내용 • 알의 부화 장면입니다. 껍데기에 금이 가며 깨지려고 하는 중간에 동영상이 끊깁니다. 몇 초 후 알이 다시 등장했는데 아무것도 없는 빈껍데기입니다.

18초

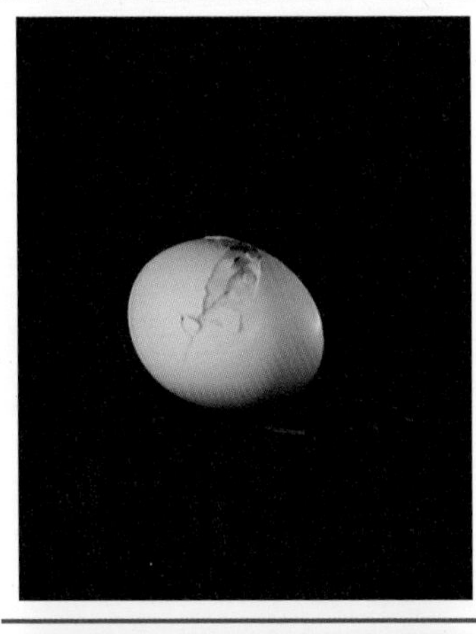

알껍데기에 금이 가며 깨지는 중
알 속에서 무언가가 껍데기를 툭툭 치고 있음

컷(Cut) 편집
검은 화면(2초)

껍데기가 깨졌는지, 계속 금만 가고 있는지, 알 속에서 뭐가 나왔는지 알 수 없음

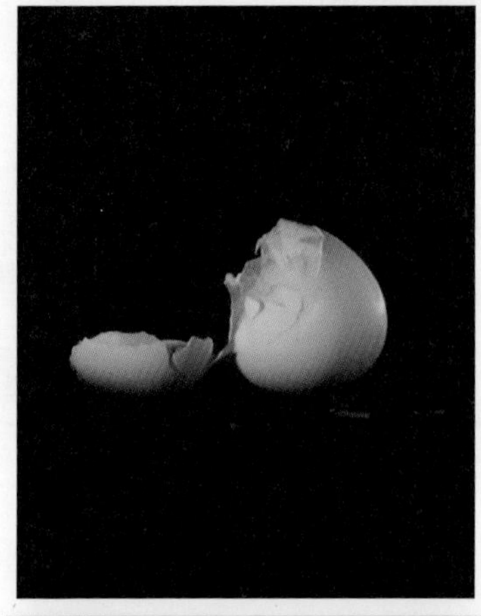

알껍데기가 깨지고 알 속에는 아무것도 없는 상태임

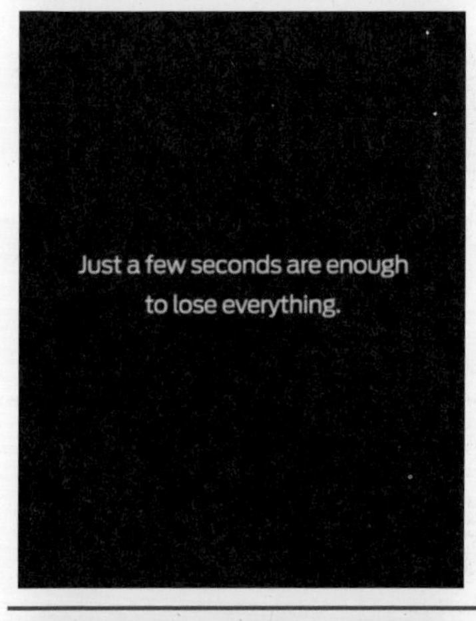

자막
모든 것을 잃는 데에는
불과 몇 초 밖에 안 걸립니다

자막
#졸음운전하지마세요
#세계수면의날

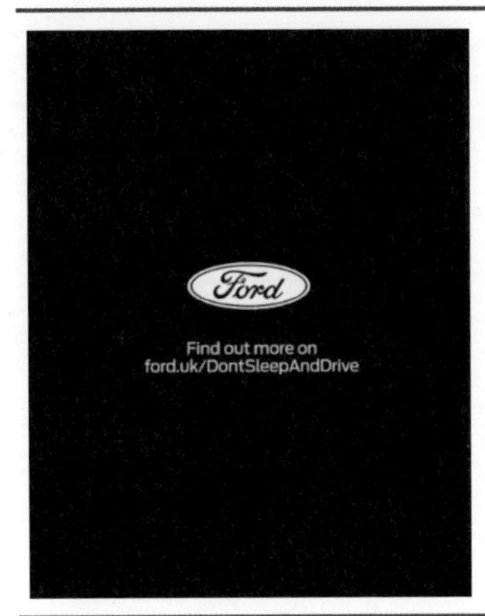

로고와 웹사이트 주소
포드

https://vimeo.com/566244116

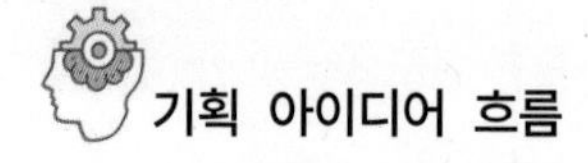

기획 아이디어 흐름

* **캠페인 브랜드:** 포드(Ford)(자동차)
* **캠페인 목적:** 졸음운전 방지
* **캠페인 배경 지식 및 특징**

1. 세계 수면의 날(World Sleep Day)을 맞아 운전 중 수면 문제(졸음운전)를 제기
2. 운전과 직접 관련된 자동차 회사인 포드가 캠페인 진행

* **캠페인 콘셉트**

1. 운전 중 졸음은 순간임
2. 순간이 생명을 좌우함
3. 나의 생명뿐 아니라 타인의 생명도 달려있음

* **콘셉트 구체화**

: 아주 짧더라도 '순간'이 얼마나 중요한지를 상황(예시)을 통해 보여줌

* **메시지 구체화**

1. 어떤 상황의 시작 장면에서 갑자기 중간이 생략되고 결과만 보여줌
2. 몇 초이지만 중간 과정이 생략되면 이해의 맥락이 깨짐
3. 사람 생명을 좌우하는 상황은 아니더라도 순간 놓침의 중요성을 알게 하는 예를 보여줌

* **메시지 전달 구조**

상황이 펼쳐지다가 결정적인 순간에 영상이 끊김	→	아무것도 없는 검은색 화면 (중요한 장면 삭제)	→	결과만 보여줌

* **메시지 시각화**

: '메시지 전달 구조'를 여러 상황에 접목

축구 경기 골이 들어가기 직전 끊김				관중의 환호
생일 파티 케이크 촛불 끄려는데 끊김	→	아무것도 없는 검은색 화면	→	주인공의 웃음
다이빙 입수 바로 직전 끊김				선수가 물속에 있음

맹수의 빠른 사냥 사냥감을 거의 따라잡았을 때 끊김				맹수가 천천히 걸음
알의 부화 껍데기가 깨지는 중에 끊김				속이 비어있는 알껍데기

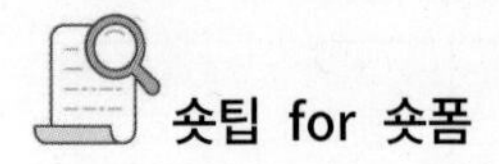

숏팁 for 숏폼

같은 동영상이라도 편집 타이밍을 어느 지점에서 잡느냐에 따라 의미가 바뀌거나 새롭게 추가될 수 있습니다. 이 부분을 필요할 때 적절하게 사용하면 메시지를 효과적으로 전달할 수 있습니다.

(주의 사항: 편집은 의미를 만들어 낼 수도 있습니다. 시청자를 속이는 편집이 되지 않도록 유의하세요.)

36. 꾸밈없는 표현으로 부담 없이 접근하기 | 베네통 패션 (5편)

남들이 일반적이라고 믿는 방식이나 생각을 과감하게 깨뜨리는 것을 파격이라고 합니다. 패션 브랜드 베네통(UNITED COLORS OF BENETTON)은 과거에 독창적이면서 파격적인 광고를 주로 했었습니다. 편견을 깬 것, 일반적으로 생각하지 못한 것, 관념을 바꾼 것, 이슈를 일으킬 만한 비주얼 등으로 시대 흐름에 도전적인 홍보 방법을 사용했습니다.

인종 차별에 대한 부정적인 시각을 갖고, 사람 심장은 색 구분 없이 똑같다는 내용으로 심장을 찍고 그 위에 WHITE(백인), BLACK(흑인), YELLOW(황인)이라는 자막을 넣었습니다. 후에 알려진 바로는 촬영하기 위해 돼지 심장을 사용했다고 합니다. 예쁘고 멋있게 보이려고 노력하는 패션광고에서는 볼 수 없는 비주얼이었습니다. 한번은 탯줄이 달린 갓 태어난 아이의 사진을 보여주고 '삶에 대한 찬미'라는 의미를 부여했습니다. 백인과 흑인 여성 커플

• • 파격적인 '베네통' 광고

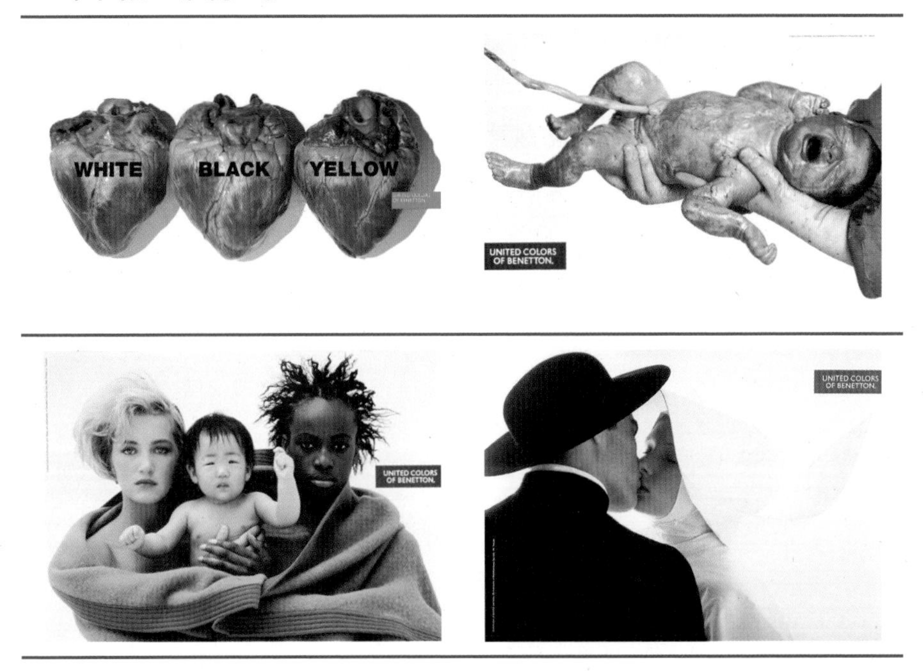

이 아시아계 아이를 입양한 것 같은 사진을 보여준 적도 있습니다. 남자와 여자에게 신부와 수녀를 연상하게 하는 의상을 입혀 보는 사람이 오해를 사게 만든 적도 있습니다. 베네통의 이러한 광고는 논란도 많았고, 긍정과 부정적인 반응 모두 일으켰습니다. 세계적인 이슈가 되었고 특히 젊은 세대에 영향을 주었죠.

이번에도 여전히 파격적인 스타일로 광고를 만들었는데 이번의 방법은 그동안과 다른 스타일입니다. 자신의 독특하고 다소 충격적이었던 홍보 방법을 파격의 대상으로 삼았습니다. 많은 이에게 베네통 광고하면 파격적이라는 생각이 자리잡혔는데, 이를 깨고 지극히 평범한 일상을 보여준 겁니다. (참고로 예전 광고를 촬영한 작가의 사적인 문제도 이슈화되어 기존 방법을 탈피한 이유도 있습니다.)

'사람을 위한 옷'이라는 콘셉트로 사람 냄새가 나는 자연스러운 상황을 묘사합니다. 물건을 잃어버려 한동안 찾았는데 알고 보니 자기 몸에 그 물건이 있었다든지, 아이가 혼자서 식사하다 트림을 한다든지, 빵 위의 크림이 바닥에 통째로 떨어지자 다시 주워 빵 위에 올려 먹는다든지 등의 일상입니다. 남들이 하면 보통의 광고가 되었겠지만 베네통이 했기 때문에 이 또한 독특한 표현이 되었습니다. 이러한 평범한 느낌을 더 살리려고 화려한 꾸밈을 피하고, 말끔한 색감으로 전체적으로 안정감 있게 표현했습니다.

No. 109 패션 브랜드 '베네통' 광고(잃어버림 편)

• 광고내용 • 잃어버린 물건을 찾기 위해 주변을 구석구석 뒤지는 경우가 있는데, 도대체 어디에 있는지 잘 안 보입니다. 찾는 것을 포기할 때쯤 자신의 몸에서 물건이 나오죠. 한 번쯤 경험해 봤을 겁니다.

15초

	소파 뒤로 무언가를 찾고 있음 '똑똑똑' 문 두드리는 소리가 들림 **자막** 잃어버림
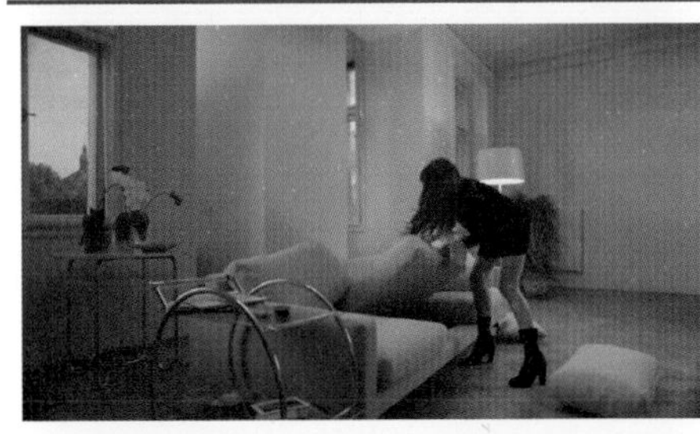	소파 쿠션을 들어 올리며 무언가 계속 찾는 중
	'똑똑똑' 문 두드리는 소리가 또 들림 자신의 귀를 만지고, 귀걸이가 귀에 있었음을 깨달음

문을 향해 걸어감

자막과 로고
사람을 위한 옷

https://youtu.be/NMY5MaN1Kc0?list =PLz_D4kukd7URyJFZtNerPpJyzCfPPUfUv

No. 110 패션 브랜드 '베네통' 광고(가슴앓이 편)

• 광고내용 • 일상은 항상 기쁘지만은 않습니다. 때로는 상처받는 슬픈 날이 있기도 합니다.

15초

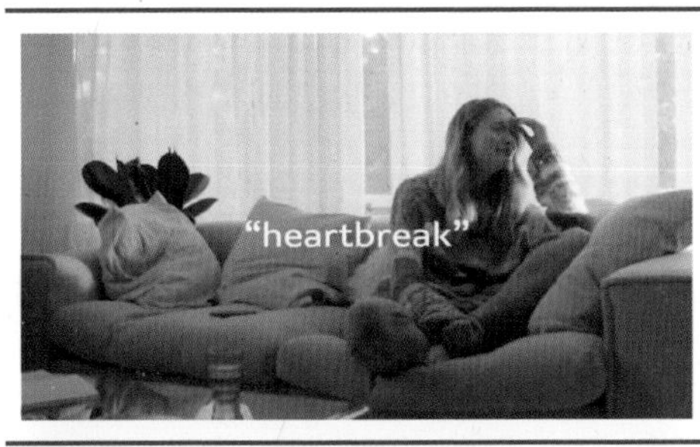

소파에 앉아 흐느끼며 울고 있음

자막
가슴앓이

계속 흐느끼며 숨을 몰아쉼

울면서 손을 얼굴에 가져감

고개를 떨굼

자막과 로고
사람을 위한 옷

https://youtu.be/Yg7F2GYi6Rc?list=PLz_D4kukd7URyJFZtNerPpJyzCfPPUfUv

No. 111 패션 브랜드 '베네통' 광고(점심 편)

• 광고내용 • 식사는 매일 일어나는 일상입니다. 하지만 자라나는 아이의 식사는 하루하루가 다릅니다. 소중한 지금의 순간을 기억하려고 아이의 식사를 기록합니다.

15초

아이가 식사 중

자막
점심

컵으로 마시는 중

트림하는 중

아이가 한 명 더 등장하고 둘이 함께 식사함

자막과 로고
사람을 위한 옷

https://youtu.be/fzUTD9gnekg?list=PLz_D4kukd7URyJFZtNerPpJyzCfPPUfUv

No. 112 패션 브랜드 '베네통' 광고(면접 편)

• 광고내용 • 우리는 좀 더 편한 것을 찾습니다. 남에게 실례되지 않는 범위에서 귀찮은 것은 피합니다.

15초

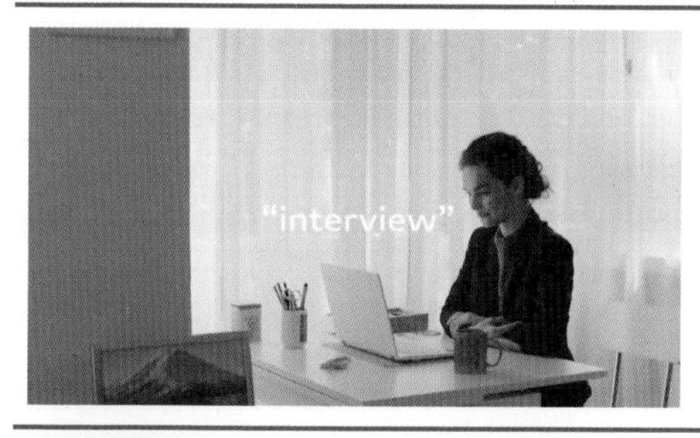	노트북 화면을 바라보며 누군가와 대화 중 **자막** 면접
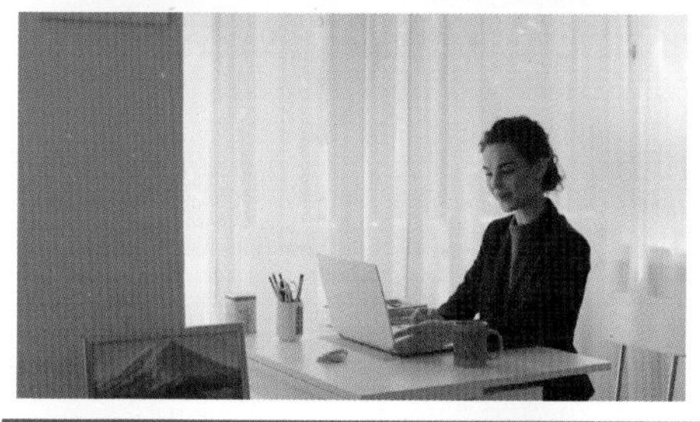	대화 중 살짝 미소를 짓기도 하고 고개도 끄덕임
	대화가 끝나자 노트북을 접고 일어남 하의를 입지 않은 상태임

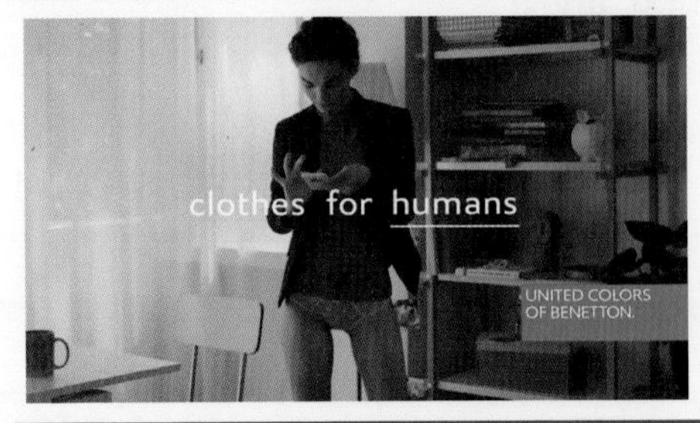

책장 위에 올려놓은 스마트폰을 집어 화면을 보기 시작

자막과 로고
사람을 위한 옷

https://youtu.be/eu9JDrc9588?list=PLz_D4kukd7URyJFZtNerPpJyzCfPPUfUv

No. 113 패션 브랜드 '베네통' 광고(딜레마 편)

• 광고내용 • 살다 보면 사소한 것에 갈등하는 순간이 생깁니다. 때로는 마음이 가는 대로 행동하는 것도 나쁘지 않습니다.

15초

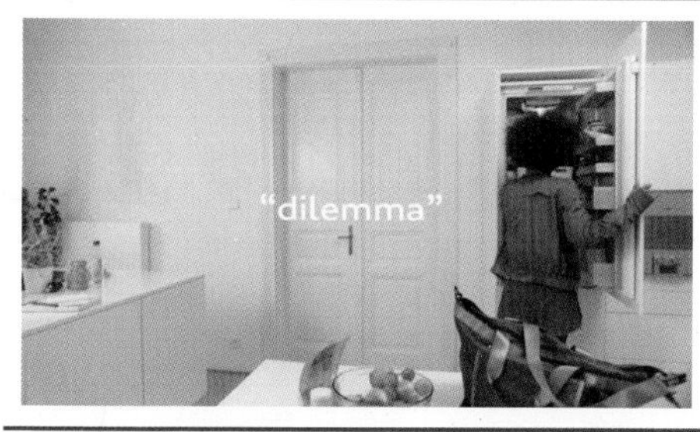

냉장고 문을 열고 빵을 꺼냄

자막
딜레마

빵을 먹기 시작함
빵 위에 크림이 있음

크림이 통째로 바닥에 떨어짐

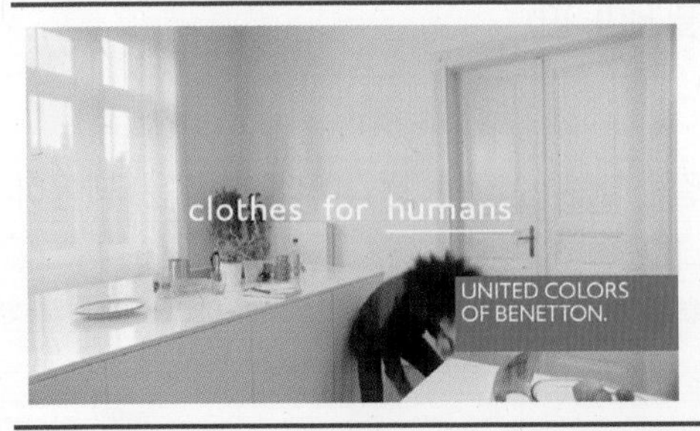

크림을 주워 다시 빵 위에 올림

자막과 로고
사람을 위한 옷

https://youtu.be/pyLqVOKGPCE?list=PLz_D4kukd7URyJFZtNerPpJyzCfPPUfUv

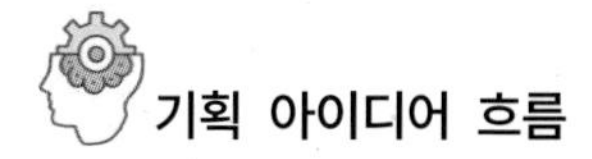

기획 아이디어 흐름

* **브랜드:** 베네통(UNITED COLORS OF BENETTON)(패션 브랜드)
* **브랜드 사전 지식 및 특징**
  1. 그동안 상식과 편견을 깨는 도전적 스타일의 홍보 방법을 사용해옴
  2. 독창적이고 다소 파격적인 광고로 유명
* **브랜드 커뮤니케이션 방향 잡기**
  1. 상식과 편견을 깨는 방법 유지
  2. 하지만 반전은 있음
  3. 이번에 깰 상식은 (브랜드 트레이드마크가 된) 자신의 파격적인 홍보 방법임
  4. (파격적인) 자신의 스타일을 깨는 것이 이번 커뮤니케이션의 방향
* **메시지 시각화**
  1. 독창적이고 파격적인 모습을 깨고 반대로 지극히 평범한 일상을 보여줌
  2. '사람을 위한 옷'이라는 콘셉트로 사람 냄새가 나는 상황을 연출
* **시각화 방법 추가**

: 담백하고 자연스러워 보이는 비주얼에 신경을 씀

예) 인테리어, 촬영 및 편집 색감

* **인테리어**
  1. 벽, 커튼, 가구 등 알록달록하게 튀는 색 없이 전반적으로 깨끗한 톤
  2. 인위적인 연출처럼 보이지 않게 하려고 쿠션, 냅킨, 책 등 주변 소품이 자연스럽게 놓어있음
* **촬영 및 편집 색감**
  1. 화려한 꾸밈은 없지만, 날것(Raw) 느낌이 들지 않게 (정제된 느낌이 들게) 빛과 색을 사용
  2. 말끔한 색감으로 시리즈 동영상 전체를 일정한 톤(Tone)으로 맞춤

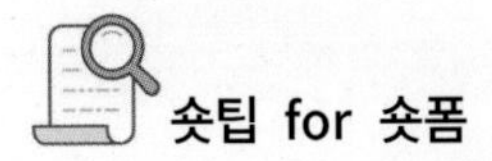

화려한 기술이나 멋스러운 꾸밈보다 담백한 표현이 오히려 전달력이 높을 때가 있습니다. 시청자가 메시지를 편안하게 받아들일 수 있도록 부담 없는 접근을 시도해보세요.

37. 온라인 이슈에 대응하기 | 도브 맨 바디 용품 (5편)

바디 용품 브랜드 도브(Dove)는 '진정한 아름다움(Real Beauty)'이라는 주제로 그동안 편견 깨는 캠페인을 진행해왔습니다. '머리가 회색이어도 괜찮다', '44세도 여전히 매력 있다', '주름은 멋진 것이다', '주근깨는 흠이 아니다' 등 상업적인 미의 기준을 과감하게 깨버렸죠. 인종뿐 아니라 체형의 다양성도 존중하여 모델은 마른 체형만 할 수 있다고 생각하는 고정관념도 벗어났습니다.

• • 도브의 '진정한 아름다움(Real Beauty)' 캠페인

이번에는 남성용 케어(MEN CARE) 제품을 출시했고, 남성에 대한 편견 깨기 캠페인을 진행했습니다. 구체적으로는 '남성 육아 휴직'에 대한 부정적인 의견에 대응하는 겁니다.

'아빠를 위한 육아 휴직은 필요 없다'라는 주제로 온라인에 여러 가지 글이 올라왔습니다. '아빠는 모유 수유를 못 하는데 왜 육아 휴직이 필요하냐', '아빠들은 육아 휴직이 개인 휴가인 줄 안다', '겁 많고 약한 남자들이나 육아 휴직을 한다' 등의 내용입니다. 이에 대응하기 위해 실제 육아 휴직 중인 아빠의 진심 어린 육아 장면을 등장시켰죠. 그동안 쌓아온 브랜드의 고유 이미지와 성격에 시대 흐름을 반영하여 하나의 콘텐츠로 잘 표현하였습니다.

No. 114 '도브' 남성용 제품 광고(분유 편)

• 광고내용 • 아빠는 모유 수유는 못 하지만 젖병으로 먹일 수 있다는 내용입니다. 아빠가 아기를 바라보며 정성스럽게 젖병으로 먹입니다.

9초

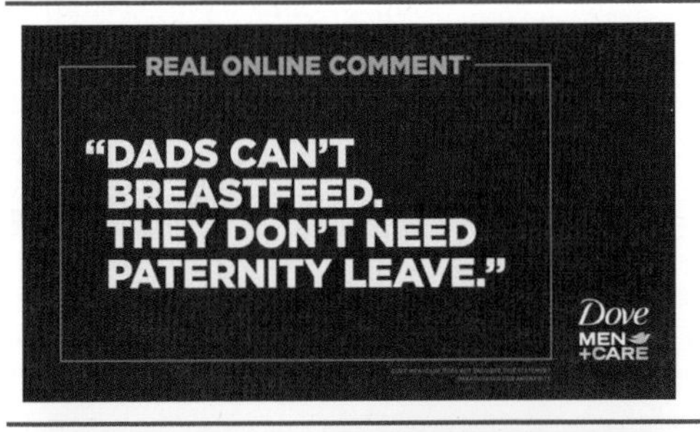	자막 (실제 온라인 글) "아빠들은 모유 수유 못 하잖아요. 육아 휴직이 필요 없죠."
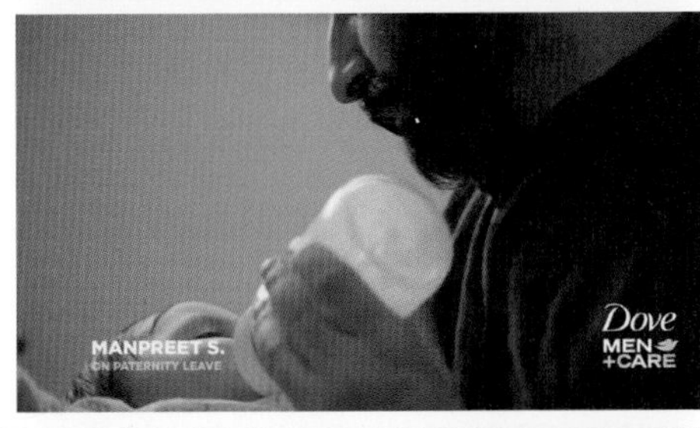	아빠가 아기에게 젖병으로 먹이고 있음
	자막 #시간이필요합니다 대화 방법을 바꾸는 데에는(시간이 필요합니다)

아기가 아빠의 얼굴을 만짐

https://vimeo.com/334186154

No. 115 '도브' 남성용 제품 광고(달래주기 편)

• 광고내용 • 아빠들도 육아 휴직을 진지하게 생각하며, 자신을 위한 개인 휴가가 아닌 육아를 위해 휴가 시간을 사용한다는 것을 보여줍니다. 울면서 칭얼대는 아기를 달래주려고 노력하는 아빠의 모습이 등장합니다.

9초

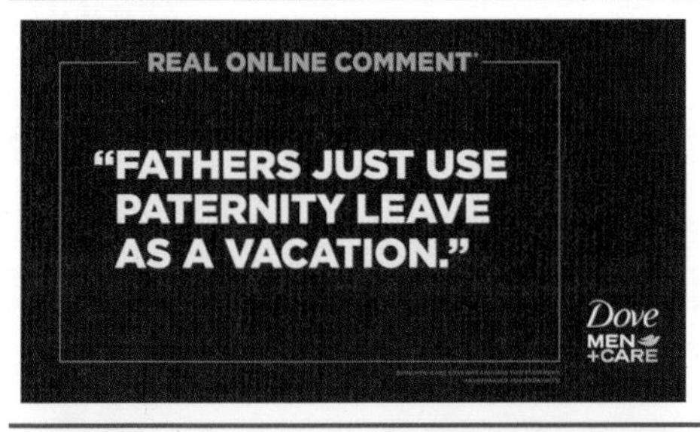

자막
(실제 온라인 글)
"아빠들은 육아 휴직이 (자신을 위한) 개인 휴가인 줄 알아요."

아기가 울면서 칭얼대고 있음
아빠가 아기를 살살 흔들며 달래주고 있음

아기가 갑자기 콧물을 쏟음

자막
#시간이필요합니다
대화 방법을 바꾸는 데에는(시간이 필요합니다)

아빠가 아기를 눕히는 중임

https://vimeo.com/334186132

No. 116 ‘도브’ 남성용 제품 광고(안아주기 편)

• 광고내용 • ‘육아 휴직은 겁 많고 약한 남자들이나 하는 것’이라는 편견을 깹니다. 아기를 돌보면서 운동도 함께 하는 아빠의 모습이 등장합니다.

 9초

자막
(실제 온라인 글)
“육아 휴직은 겁쟁이나 약골들이나 하는 거죠.”

아빠가 아기를 안고 ‘하나’, ‘둘’ 숫자를 세며 아기를 올렸다 내리기를 반복하고 있음
아기를 안아주면서 동시에 팔 운동하는 것임

자막
#시간이필요합니다
대화 방법을 바꾸는 데에는(시간이 필요합니다)

동작을 반복하면서 아기와 계속 눈 맞춤하고 있음

https://vimeo.com/334186117

No. 117 ‘도브’ 남성용 제품 광고(유대감 형성 편)

• 광고내용 • 아빠들은 아기들과 주말에만 있으려 한다는 편견을 깹니다. 유대감 형성을 위해 노력하는 아빠의 모습이 등장합니다.

9초

자막
(실제 온라인 글)
“아빠(용) 육아 휴직이요? 아빠들이 아기와 유대감 형성할 때는 주말뿐이에요.”

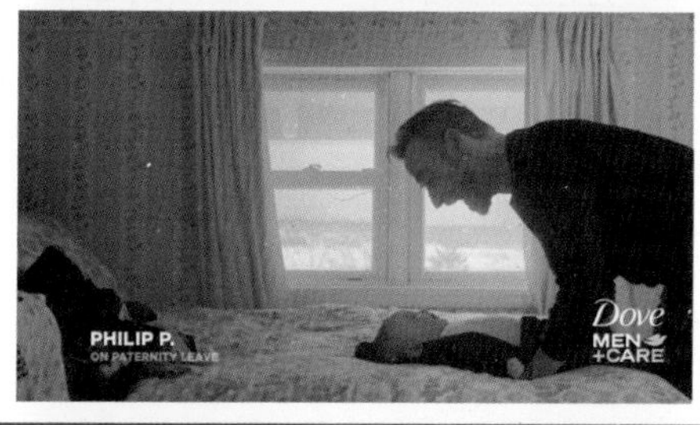

아빠가 아기를 기쁘게 하려고 (아기를 향하여) 몸을 굽혔다 폈다 하면서 유쾌한 소리를 냄
아기는 아빠를 보면서 신나게 웃고 있음

자막
#시간이필요합니다
대화 방법을 바꾸는 데에는(시간이 필요합니다)

아빠와 아기 모두 즐거워하고 있음

https://vimeo.com/334186167

No. 118 '도브' 남성용 제품 광고(동성 결혼 편)

• 광고내용 • 아빠는 한 명뿐이라는 편견을 깨기 위해 동성 가족이 등장합니다. 한 아빠는 일하러 가고, 다른 아빠(육아 휴직 중)는 아기를 돌봅니다.

9초

자막
(실제 온라인 글)
"아빠(용) 육아 휴직이요? 아빠의 역할은 가족 부양을 위해 돈을 벌어오는 거죠."

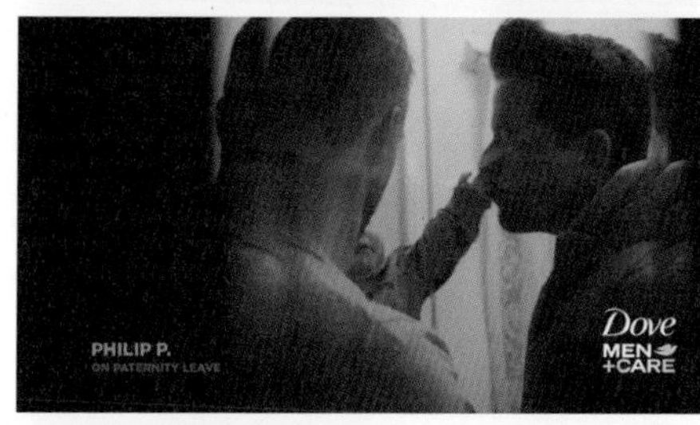

(동성 결혼 가족. 아빠 중 한 명은 일하고, 다른 한 명은 육아 휴직으로 아기와 함께 집에 있는 상황)

문 앞에서 아빠를 배웅하고 있음
다른 아빠는 아기를 안고 있음

자막
#시간이필요합니다
대화 방법을 바꾸는 데에는 (시간이 필요합니다)

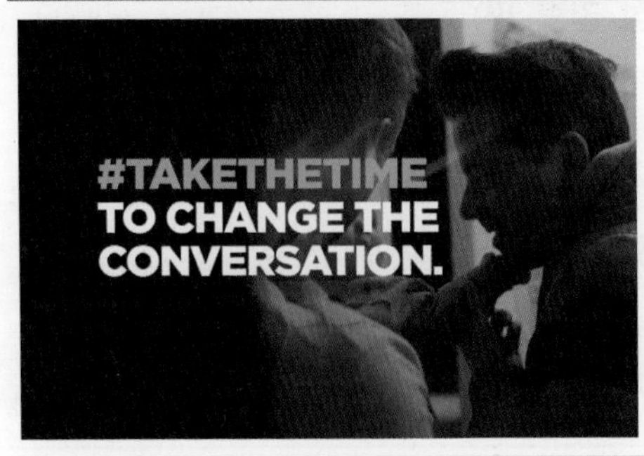

아기가 문밖으로 나가려는 아빠를 만짐

https://vimeo.com/334186173

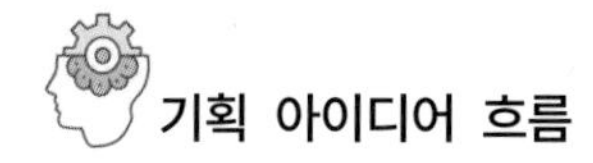

기획 아이디어 흐름

* **브랜드:** 도브(Dove)(바디 용품)
* **브랜드 사전 지식**

: 도브는 '진정한 아름다움(Real Beauty)'이라는 주제로 편견 깨는 캠페인을 진행한 다수의 이력이 있음

예) 내면의 아름다움을 소중하게 여기는 캠페인(화장 지우기)

체형의 다양성을 존중하는 캠페인(다양한 사이즈의 여성들 사진)

노화 현상 중 하나인 새치(Gray hair)가 있어도 괜찮다는 캠페인

* **이번 광고 제품**: 남성용 케어 제품(MEN CARE)
* **제작 목적 및 특징 살리기**

: (편견 깨기 캠페인을 진행한) 브랜드 고유의 성격을 유지하면서 신제품을 어필함

* **신제품 어필 방법**

: 남성에 대한 편견 깨기

* **방법 구체화**

: 사회적으로 이슈화된 '아빠를 위한 육아 휴직은 필요 없다'라는 편견 깨기

* **방법 시각화**

: 온라인에 올라온 편견 섞인 글 vs. 이에 대응하는 아빠의 진심 어린 육아 장면

* **메시지 힘 강화하기**

: 실제 온라인 글을 사용하고, 실제 육아 휴직 중인 아빠가 등장함

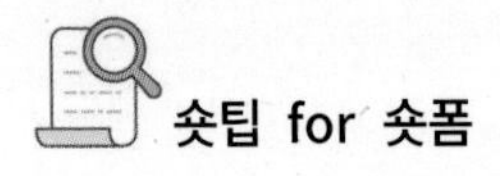

숏팁 for 숏폼

여러 세대와 다양한 영역의 이슈 파악은 콘텐츠의 신선함을 유지하는 데 도움이 됩니다. 새로운 관점이 필요하다면, 아이디어를 확장하고 싶다면, 그동안 놓친 이슈가 없는지 먼저 확인해 보세요. 공식적인 기사뿐 아니라 SNS나 유머 사이트에 올라온 글, 이미지, 댓글 등도 새로운 정보를 얻는 데 유용합니다.

38. 시간을 압축하기 | LA 물 부족 캠페인 (1편)

점점 많은 사람이 환경 보호 운동을 하고 있습니다. 스쿠버 다이빙으로 바다에서 쓰레기를 정기적으로 주워오는 사람부터, 생활 속 작은 실천으로 쓰레기를 줄이는 사람까지 여러 범위에서 다양한 사람이 활동하고 있습니다. 하지만 여전히 당장 불편함이 없어 별 관심 없는 사람도 있죠.

전 세계적으로 물이 언제 고갈될지 모른다는 우려의 목소리가 있고, 그 시기가 예상보다 빠를 거라는 전문가의 심각한 의견도 있습니다. 부족함을 겪지 않은 사람은 실감 나지 않겠지만 물 부족으로 매일 전쟁인 나라들도 있습니다. 물을 멀리서 길어오고, 그마저도 가져올 수 있는 양이 한정되어 있고, 마실 물도 부족해 씻지도 못하는 등 사태가 아주 심각합니다.

미국의 로스앤젤레스(Los Angeles)도 물 부족에 대한 심각성이 날로 커지자 머지않은 미래에 필요한 만큼 물이 없을지도 모른다는 경각심을 갖게 하는 동영상을 만들었습니다. 미리 예방하고 적극적으로 환경 운동하는 사람들은 시청 대상이 아닙니다. 당장 발 등에 불이 떨어지지 않아 '나는 괜찮겠지'하는 심각성을 모르는 사람이 대상입니다.

이런 사람을 설득하려면 말로 설명하는 것보다 상황을 코앞에 닥치게 해야 다급함이 생깁니다. 이러한 이유로 광고에서는 미래로 가는 시간을 아주 빨리 감아 머지않은 미래가 순식간에 다가오는 것처럼 느끼게 합니다. 광고가 2017년도에 만들어졌는데, 2017년부터 2040년까지 흐르는 시간이 점점 빨라집니다. 그리고 이미지 표현도 한몫합니다. 물의 사라짐을 가시적으로 나타내기 위해 다이버를 수영장으로 뛰어들게 한 후 수영장 물을 점점 뺍니다. 후반에는 물이 전혀 없는 수영장 바닥으로 다이버가 추락할 것처럼 보이게 한 후 광고는 끝납니다. 시간을 순식간에 압축하여 시청자에게 어두운 미래를 바로 앞에 가져다 놓았습니다.

No. 119 '로스앤젤레스 물 부족' 광고

• 광고내용 • 장소는 푸른 하늘과 나무가 울창한 야외입니다. 우쿨렐레로 연주한 경쾌한 음악도 들립니다. 다이빙용 수영장이 보이고 '로스앤젤레스 2017'이라는 자막이 화면 가운데에 있습니다. 다이버가 뛰어들자 2017의 숫자가 점점 빠르게 올라가면서 수영장 뒤로 보이는 나무가 말라가고 주변 자연환경이 피폐해집니다. 다이버는 슬로 모션으로 다이빙 진행 과정 중에 있고요. 경쾌했던 배경 음악이 늘어지는 소리로 바뀌며 숫자가 2040이 되었을 때는 수영장에 물이 전혀 없습니다. 다이버가 곧 바닥으로 추락할 것 같은 시점에서 동영상은 끝납니다.

6초

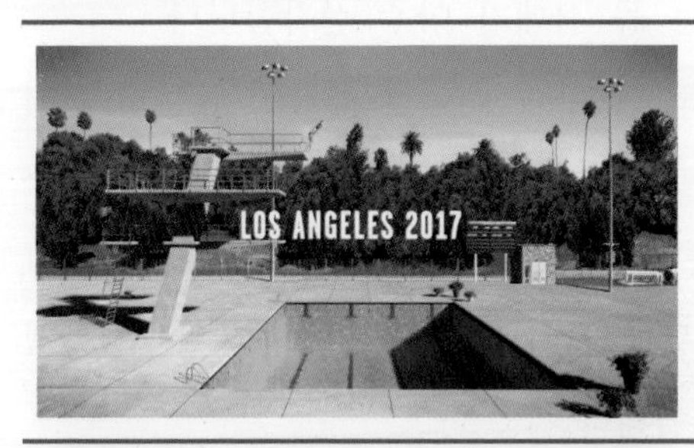

다이버가 수영장으로 뛰어듦

자막
로스앤젤레스 2017

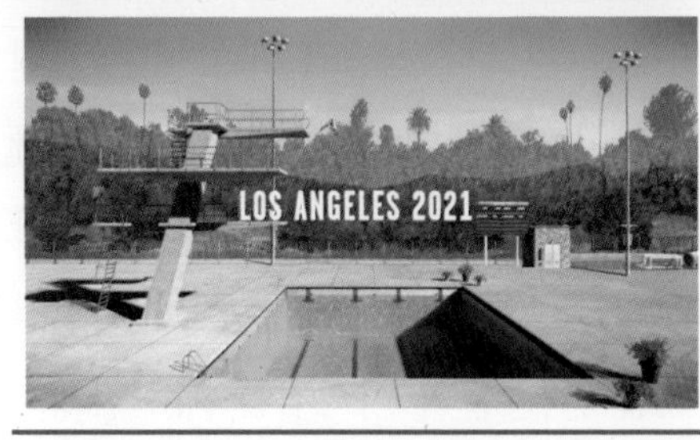

주변 환경이 변하기 시작
수영장 물이 사라지기 시작

자막
로스앤젤레스 2021

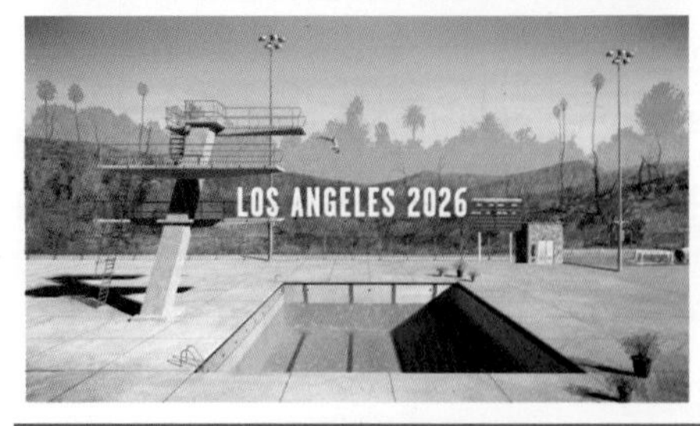

다이버는 다이빙 진행 중(슬로 모션)

자막
로스앤젤레스 2026

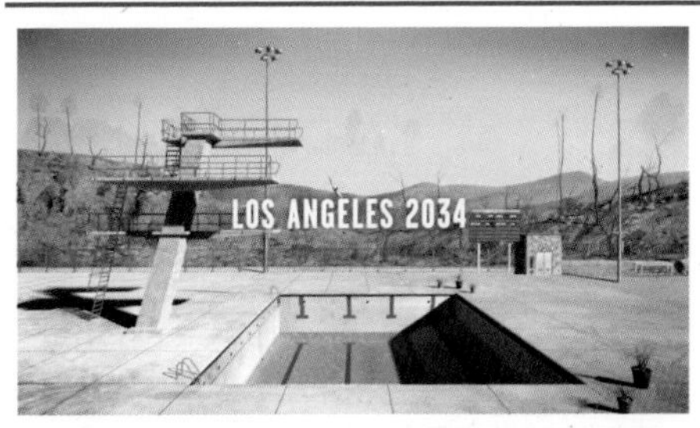

수영장 물이 절반 이상 사라짐
다이버는 다이빙 중간 단계에 있음

자막
로스앤젤레스 2034

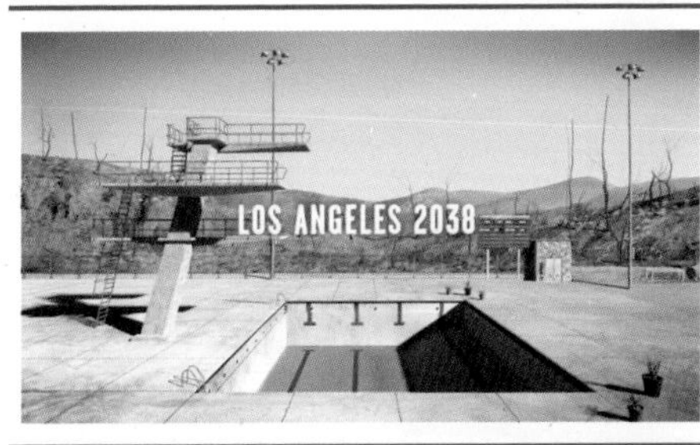

수영장 물이 거의 없음
다이버는 다이빙 마지막 단계로 진입 중

자막
로스앤젤레스 2038

수영장 물은 완전히 사라짐
주변 환경은 피폐해짐
다이버는 수영장 바닥에 곧 추락할 것 같음

자막
로스앤젤레스 2040

https://www.youtube.com/watch?v=47z0EUylaKk

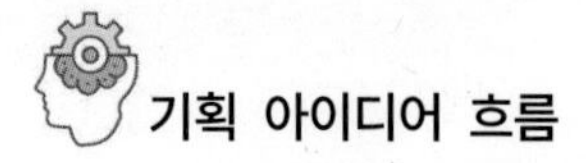

* **캠페인 대상**

: 로스앤젤레스 물 부족 현상

* **캠페인 목적**

: 물 부족 현상에 경각심을 갖게 함

* **전달 메시지 및 특징**

: 머지않은 미래에 필요한 만큼의 물이 없을지도 모름

* **메시지 구체화**

1. 머지않은 미래를 숫자로 표시

   예) 캠페인 시점 2017년으로부터 머지않은 미래인 2040년(23년 후)

2. 물이 점점 고갈되어 2040년에는 필요한 양의 물이 없을지도 모른다는 내용

   예) 시간의 흐름과 함께 물이 점점 사라짐

* **메시지 시각화**

1. 다이버를 수영장으로 뛰어들게 한 후 수영장 물을 점점 뺌
2. 물의 사라짐을 가시적으로 표현(물 부족 현상을 시청자가 심각하게 느낄 수 있도록)
3. 아직 공중에서 다이빙 진행 중인 다이버가 걱정되기 시작

* **사운드 활용**

: 도입부의 경쾌했던 음악이 중간 이후부터 늘어짐

* **메시지 강화하기**

: 다이버가 추락할 것 같은 (다음 장면이 예상되는) 시점에서 동영상 종료

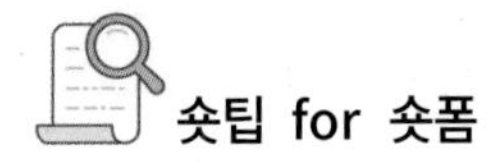

숏팁 for 숏폼

콘텐츠 주제와 내용이 '시간'과 관련 있고 '압축 표현'이 가능하다면 빨리 감기를 사용해보세요. 숏폼에서 유용한 표현 방법이 될 수 있습니다. 단, 시간만 빠르게 가는 단순한 표현보다 자막, 사운드 등의 세부적인 표현도 함께 신경 써 주고, 빨리 감기가 메시지 전달에 가장 탁월한 선택인지 한 번 더 점검해주세요.

39. 시청 시간에 의미 부여하기 | 재규어 자동차 (1편)

자동차 시속 변화와 관련된 용어 중 '제로백'이라는 것이 있습니다. 정지 상태에서 시속 100km로 변하는데 얼마나 걸리는지 의미하는 것으로, 영어의 zero와 한자의 百(일백 백)을 합친 것입니다. 독일의 벤츠(Mercedes-Benz)는 2015년, 제로백이 3.8초인 자동차를 판매하기 위해 빠름을 알리는 실제 3.8초 광고를 만들었습니다. 화면 속 자막과 자동차가 순식간에 지나가 놓치지 않으려면 주의 깊게 봐야 했습니다.

• • '벤츠'의 3.8초 광고

https://youtu.be/y9DyUQ3_zNk 

몇 년 뒤 재규어(JAGUAR)에서는 제로백이 3.5초인 차를 출시하고 광고를 만들었습니다. 벤츠가 했던 방식과 비슷한 느낌으로 자동차가 빠르게 지나가는 모습을 보여주는 형태입니다. 하지만 재규어는 6초 광고 형태를 사용했고, 워낙 속도 변화가 빨라 짧은 6초 안에서도 시간이 남음을 강조했죠. 그리고 남은 몇 초를 비영리 기관들의 로고와 (이름, 연락처 등) 정보를 보여주는 데에 사용하여 그 기관이 무료로 자신들을 알릴 수 있도록 해주었습니다. 한 편에 한 기관씩 정보를 제공한 광고를 총 열 편을 만들어 열 개 기관의 정보를 소개하였습니다.

경쟁사를 의식하여 광고를 제작했지만 제품을 알리는 데에서만 머무르지 않고, 시청 시간에 의미를 부여한 콘텐츠가 되었습니다.

No. 120 '재규어' 자동차 광고

• 광고내용 • 광고 초반에는 자동차가 아주 빠르게 지나가고, 후반에는 비영리 기관의 로고와 이름이 보입니다.

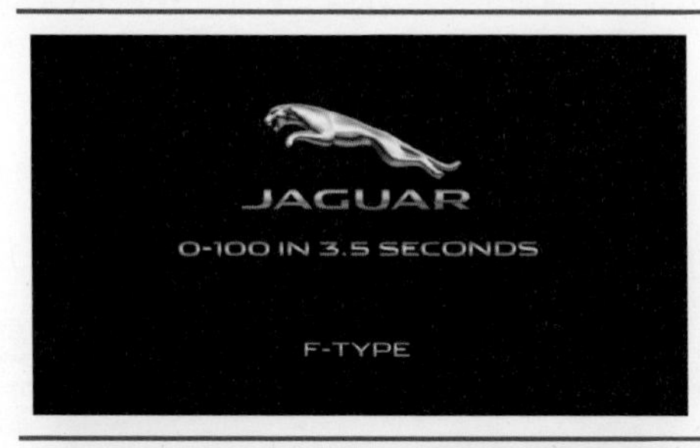

로고 및 자막
3.5초 안에 0에서 100까지

(자동차가 정지 상태에서 시속 100km까지 3.5초 안에 속도가 변화함)

매우 빠르게 지나가는 자동차

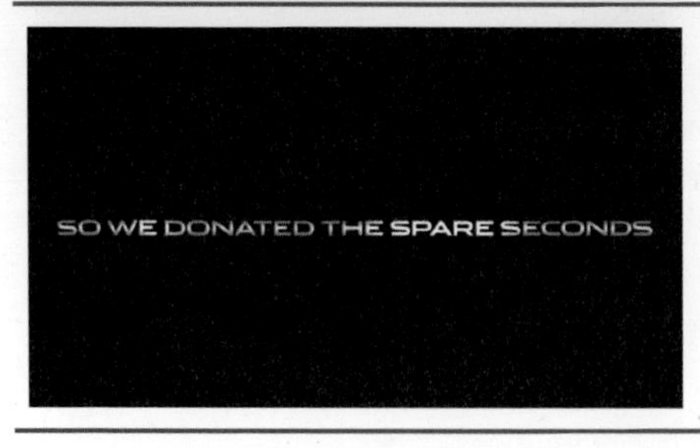

자막
(매우 빨라서)
남은 몇 초를 기부했습니다

로고
비영리 기관의 로고와 이름

https://youtu.be/29a6LqsJ5xE

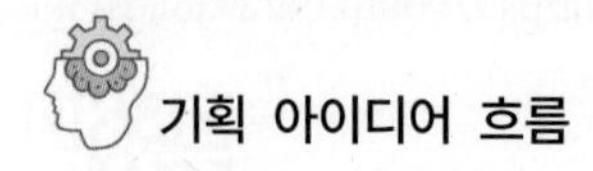

기획 아이디어 흐름

* **캠페인 브랜드:** 재규어(JAGUAR)(자동차)
* **캠페인 목적 및 특징**
  1. 속도 변화가 빠른 자동차 알리기
  2. 비영리 기관에 기부하기
* **캠페인 방법**
  1. 6초 광고 제작
  2. 광고 초반: 자동차 속도가 정지 상태에서 시속 100km로 3.5초 안에 빠르게 변화
  3. 광고 후반: 남은 몇 초 동안에 비영리 기관의 로고와 (이름, 연락처 등) 정보 소개
  4. 열 개의 시리즈를 만들어 한 편당 한 개씩, 총 열 개의 비영리 기관을 소개
  5. 광고 후반에 들어간 비영리 기관의 로고와 정보 예시

* **캠페인 기대 효과**
  1. 비영리 기관이 무료로 자신들을 알리는 기회
  2. 그 비용을 재규어가 지불(기부)
  3. 짧은 6초 광고 안에서도 몇 초가 남을 정도로 제품(자동차)이 빠르다는 것을 강조

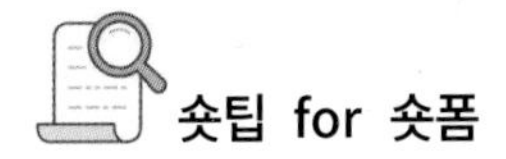

숏팁 for 숏폼

환경, 사회 등에 좋은 영향을 주는 콘텐츠라면 숏폼의 짧은 러닝 타임을 장점으로 활용해 보세요. 시청자는 상영 시간에 큰 부담을 못 느껴 콘텐츠를 지속해서 볼 가능성이 커집니다. 제작자는 콘텐츠 길이가 짧아 (긴 콘텐츠보다) 더 많은 결과물을 만들 수 있게 됩니다. 의미 있는 활동에 숏폼이 부스터가 되어 시청자와 제작자 모두에게 값진 동기 부여를 제공할 것입니다.

연희승

광고대행사 크리에이티브 디렉터(CD, Creative Director)이자 성공회대학교 미디어콘텐츠융합자율학부 겸임교수이다.
대학에서 10년 넘게 1인 미디어, 단편영화, 뮤직비디오, 광고 등 영상제작 강의를 해왔고, 기업, 교원, 전문 프리랜서를 대상으로도 영상 관련 수업을 하고 있다. 경기도 광고홍보제 심사위원장 등 다수 영상제와 영화제 심사위원을 역임했다.
시작은 미국 할리우드 방송국 E! Entertainment의 연출부였고, 이후엔 독립영화감독으로 활동하며 Academy of Art University에서 영화연출을 공부했다(예술학석사 M.F.A). 한국으로 돌아와 서강대학교 영상대학원에서 영상예술 전공으로 박사수료 했고, 강의와 광고 제작을 하고 있다.
저서로는 네이버 책 베스트셀러였던 <자막 만들기 100가지>(2023)와 <크리에이터 1:1 속성 과외>(2021), 그리고 <쉽게, 싸게, 재미있게 만드는 마케팅 동영상>(2020)이 있다.

숏폼 기획 아이디어 120개 광고에서 빌리기

초판발행 2022년 1월 15일
중판발행 2023년 4월 10일

지은이 연희승
펴낸이 안종만·안상준

편 집 전채린
기획/마케팅 정성혁
표지디자인 이소연
제 작 고철민·조영환

펴낸곳 (주) 박영사
서울특별시 금천구 가산디지털2로 53, 210호(가산동, 한라시그마밸리)
등록 1959. 3. 11. 제300-1959-1호(倫)
전 화 02)733-6771
f a x 02)736-4818
e-mail pys@pybook.co.kr
homepage www.pybook.co.kr
ISBN 979-11-303-1474-7 93320

정 가 25,000원